吉林省普通本科高校省级重点教材

2019年吉林省高校"金课"建设项目（C类）
21世纪经济管理新形态教材·电子商务系列

跨境电子商务运营实务

主　编◎王　昆
副主编◎赵　畅　苏　航　张　晓　张赫楠
参　编◎王　荣　赵晔涵　杜春晶　张大庆
　　　　赵晓冬　焦　楠　张若冰　张纯荣
　　　　张　宇

清华大学出版社
北京

内 容 简 介

《跨境电子商务运营实务》紧跟跨境电子商务的发展，在介绍基本理论的基础上，对相关平台的运营模式进行了深入的阐述、全面的分析。全书共分5章，内容包括跨境电商基本理论，阿里巴巴国际站、速卖通、亚马逊和Wish平台操作流程，使学生可以快速了解跨境电子商务平台的特点和应用技巧，丰富跨境电子商务方面的知识，同时可以使学生拥有参加跨境电子商务大赛的相关技能。

本书全面落实立德树人的根本任务，贴近现实，引入大量的具有中国特色的实践案例，注重理论和实践相结合，适合作为高等学校国际贸易、电子商务、商务英语等相关专业的教材及跨境电子商务类大赛指导教材。

图书在版编目 (CIP) 数据

跨境电子商务运营实务 / 王昆主编 . —北京：清华大学出版社，2022.8（2024.8重印）
21世纪经济管理新形态教材 . 电子商务系列
ISBN 978-7-302-58513-8

Ⅰ . ①跨… Ⅱ . ①王… Ⅲ . ①电子商务—运营管理—高等学校—教材 Ⅳ . ① F713.365.1

中国版本图书馆 CIP 数据核字 (2021) 第 121980 号

责任编辑：徐永杰
封面设计：汉风唐韵
版式设计：方加青
责任校对：王荣静
责任印制：沈　露

出版发行：清华大学出版社
　　　　　网　　　址：https://www.tup.com.cn, https://www.wqxuetang.com
　　　　　地　　　址：北京清华大学学研大厦 A 座　　　　邮　　编：100084
　　　　　社 总 机：010-83470000　　　　　　　　　　邮　　购：010-62786544
　　　　　投稿与读者服务：010-62776969, c-service@tup.tsinghua.edu.cn
　　　　　质 量 反 馈：010-62772015, zhiliang@tup.tsinghua.edu.cn
印 装 者：涿州市般润文化传播有限公司
经　　销：全国新华书店
开　　本：185mm×260mm　　　印　　张：20.5　　　字　　数：432 千字
版　　次：2022 年 10 月第 1 版　　　印　　次：2024 年 8 月第 2 次印刷
定　　价：59.80 元

产品编号：089270-01

前　言

党和国家高度重视跨境电子商务（以下简称跨境电商）等贸易新业态新模式的发展。习近平总书记在党的十九大报告中提出"拓展对外贸易，培育贸易新业态新模式，推进贸易强国建设"，在首届中国国际进口博览会开幕式的主旨演讲中再次强调"加快跨境电商等新业态新模式的发展"。李克强总理在国务院常务会议上指出"加快发展跨境电商不仅有利于更好地满足群众消费升级和国内发展需要，而且有利于稳定外贸进出口"。随着世界经济一体化进程的加快，电子商务在国际贸易中的作用越来越重要，其发展直接影响着社会经济生活的方方面面。近年来，我国的跨境电商保持快速发展态势，市场规模不断扩大，消费群体增长迅速，跨境电商已经成为经济全球化的重要组成部分。跨境电商的快速发展使得社会对于应用型跨境电商人才的需求逐渐增大，呈现爆发式增长趋势。

跨境电商是实践性很强的学科，高校作为跨境电商人才培养的重要基地，在教学中必须紧跟时代发展，以培养高水平、应用型跨境电商人才为己任，为我国跨境贸易的快速发展贡献力量。

本书紧跟跨境电商的发展，在介绍跨境电商基本理论的基础上，对阿里巴巴国际站、速卖通、亚马逊和 Wish 的平台操作流程做了较为详细的阐述，使学生可以快速了解跨境电商平台的特点和应用技巧，丰富跨境电商知识，同时本书注重理论和实践相结合，引入大量的案例，可以使学生拥有参加跨境电商大赛的相关技能。

本书适合作为高等学校国际贸易、电子商务、跨境电商、商务英语等相关专业的教材及跨境电商类大赛的指导教材。

本书由电子商务虚拟教研室教师王昆、赵畅、苏航、张晓、张赫楠、王荣、赵晔涵、杜春晶、张大庆、赵晓冬、焦楠、张若冰、张纯荣、张宇编写，同时得到了上海敏学信息技术有限公司、长春光华学院、长春工业大学人文信息学院、吉林农业科技学院等企业、高校的支持和参与。本书的编写遵循适用性、时代性、基础性原则，编者参考了大量的专家、学者的文献和研究成果，收集、整理了相关数据资料，在此一并向文献的作者们诚挚地表示感谢。

由于编者水平、时间等条件有限，不足之处在所难免，望各位专家批评、指正，以便不断地修改完善。

编者

2021 年 8 月

目 录

1 第一章
跨境电商基本理论

2019年，我国跨境电商等外贸新业态保持蓬勃发展态势，其中通过海关跨境电商管理平台进出口达到1 862.1亿元，增长38.3%。目前，跨境电子商务综合试验区、综合保税区、中国自贸试验区等特殊区域建设为跨境电商发展提供了良好的政策和平台。海关总署发布《关于开展跨境电子商务企业对企业出口监管试点的公告》，自2020年7月1日起，在杭州、宁波、郑州、广州、深圳、北京等10个城市开展跨境电商B2B出口监管试点。跨境电商将成为未来外贸和电子商务行业发展的新态势。2020年11月4日，第三届中国国际进口博览会开幕式在上海举行，国家主席习近平以视频方式发表主旨演讲，提出："中国将挖掘外贸增长潜力，为推动国际贸易增长、世界经济发展作出积极贡献。中国将推动跨境电商等新业态新模式加快发展，培育外贸新动能。"

项目目标

1. 掌握跨境电商的内涵、模式和分类。
2. 了解跨境电商的发展历程和趋势。
3. 掌握跨境电商的进出口流程。
4. 初步了解主要跨境电商平台。

建议学时

6学时。

第一节　跨境电商概述

1. 掌握跨境电商的内涵。
2. 了解跨境电商的发展历程。
3. 掌握跨境电商的模式。

2 学时。

老师讲

知识点 1：跨境电商的内涵

2021年，国务院办公厅印发了《国务院办公厅关于加快发展外贸新业态新模式的意见》，提出了六种新业态。六种新业态里面，跨境电商是当前发展速度最快、潜力最大、带动作用最强的一种外贸新业态。跨境电商是一种分属于不同关境的交易主体通过电子商务平台达成交易，进行支付结算，并通过跨境物流及异地仓储送达商品完成交易的国际商业活动。跨境电商的概念有狭义和广义之分。

狭义的跨境电商可以理解为跨境零售，是指分属于不同关境的交易主体通过网络完成交易，进行支付结算，并利用邮政快递、商业快递和专线物流等跨境物流方式，将商品送达消费者手中的商业活动。

广义的跨境电商可以理解为"传统外贸＋互联网"，是指分属于不同关境的交易主体，利用网络将传统外贸中的展示、洽谈以及成交等环节电子化，并借助跨境物流方式运送商品，完成交易的一种商业活动。跨境电商与传统国际贸易的对比见表1-1。

表　1-1

对 比 项 目	跨 境 电 商	传统国际贸易
交易主体的交流方式	通过互联网平台间接接触	面对面直接接触

对比项目	跨境电商	传统国际贸易
运作模式	借助互联网电子商务平台	基于商务合同的运作模式
订单类型	小批量、多批次、订单分散、周期相对较短	大批量、少批次、订单集中、周期长
价格、利润率	价格和利润率高	价格和利润率低
产品类目	产品类目多，更新速度快	产品类目少，更新速度慢
规模增长速度	面向全球市场，规模大，增长速度快	市场规模大，但受地域限制，增长速度相对缓慢
交易环节	简单（生产商—零售商—消费者和生产商—消费者）	复杂（生产商—贸易商—进口商—批发商—零售商—消费者），涉及的中间商众多
支付	借助第三方支付	正常贸易支付
运输	借助第三方物流企业，一般以航空小包的形式完成，物流因素对交易主体影响明显	通过空运、集装箱海运完成，物流因素对交易主体影响不明显
通关、结汇	通关缓慢或有一定的限制，无法享受退税和结汇政策（目前正尝试解决）	按传统国际贸易程序，可以享受正常的通关、结汇和退税政策
争端处理	争端处理不畅，效率低	健全的争端处理机制

知识点2：跨境电商的产生与发展

中国的跨境电商源于深圳和广州，一些企业通过eBay的中国香港站、美国站和德国站开设店铺，主要销售消费电子类商品，如MP3、MP4、车载导航仪、耳机、数据线和摄像头等。1999年，阿里巴巴实现用互联网连接中国供应商与海外买家后，中国对外出口贸易就实现了互联网化。在此之后，经历了从信息服务到在线交易、全产业链服务的跨境电商转型。

一、跨境电商1.0阶段（1999—2003年）

跨境电商1.0阶段的主要商业模式是网上展示、跨境电商线下交易的外贸信息服务模式。在跨境电商1.0阶段，第三方平台的主要功能是为企业以及产品提供网络展示平台，并不涉及任何交易环节。此时的盈利模式主要是向进行信息展示的企业收取会员费（即年服务费）。跨境电商1.0阶段发展过程中，也逐渐衍生出为供应商提供竞价推广、咨询服务等"一条龙"的信息流增值服务。

在跨境电商1.0阶段中，阿里巴巴国际站、环球资源网为典型的代表平台。这种简单的信息撮合平台存在一些问题：①对各个行业的服务不够专业、深入，物流和支付的问题没有解决。②平台服务基本为交易信息撮合服务，缺乏深度、广度的专业服务。③询盘后企业转为线下沟通与交易。随着行业的发展，以敦煌网为代表的B2B（企业对企业）平台诞生，这批B2B平台开始向交易平台的方向转变，并以收取交易佣金作为主要的盈利模式。

二、跨境电商 2.0 阶段（2004—2012 年）

2004 年，跨境电商 2.0 阶段来临。在这个阶段，跨境电商平台开始摆脱纯信息黄页的展示行为，将线下交易、支付物流等流程实现电子化，逐步成为在线交易平台。

与 1.0 阶段相比，跨境电商 2.0 阶段更能体现电子商务的本质，借助电子商务平台，通过服务资源整合，有效打通上下游供应链，包括 B2B 平台（对小企业小额交易平台模式）和 B2C（平台对用户）平台两种模式。在跨境电商 2.0 阶段，B2B 平台模式为跨境电商主流模式，通过直接对接中小企业商户，实现产业链的进一步缩短，提升商品销售利润空间。

在跨境电商 2.0 阶段，第三方平台实现了营收的多元化，同时实现后向收费模式，将会员收费改为收取交易佣金，即按成交金额的百分比来收取佣金，同时还通过平台营销推广支付服务、物流服务等获得增值收益。

三、跨境电商 3.0 阶段（2013 年至今）

2013 年是跨境电商的重要转型年，跨境电商全产业链都出现了商业模式的变化，随着跨境电商的转型，跨境电商 3.0 阶段到来。首先，跨境电商 3.0 阶段具有大型工厂上线、B 类买家成规模、中大额订单比例提升、大型服务商加入和移动用户量爆发五方面的特征。其次，服务全面升级，平台承载能力更强，全产业链服务在线化也是 3.0 阶段的重要特征。

在跨境电商 3.0 阶段，用户群体由"草根"创业者向工厂外贸公司转变，并且具有极强的生产设计管理能力，平台销售产品由二手货源向一手货源转变。3.0 阶段的主要卖家群体正处于从传统外贸业务向跨境电商业务转型的艰难时期，生产模式由大生产线向柔性制造转变，对代运营和产业链配套服务需求较高。另外，3.0 阶段的主要平台模式也由 C2C（个人对个人）、B2C 向 B2B、M2B（生产商直接面对经销商）模式转变，批发商买家的中大额交易成为平台的主要订单。

知识点 3：跨境电商的主要分类

一、按商品流向分类

按商品流向，跨境电商可分为出口跨境电商和进口跨境电商。

出口跨境电商，又称出境电商，是指商家通过电子商务平台达成交易、收取货款，并通过跨境物流运送本国生产或加工的商品输往国外市场的一种国际商业活动。

进口跨境电商，又称入境电商，是指商家通过电子商务平台达成交易、支付货款，并通过跨境物流运送国外商品输入本国市场的一种国际商业活动。

二、按商业模式分类

按商业模式，跨境电商主要有 B2B、B2C、C2C 三种模式。

B2B，即 business to business，又称在线批发，是一种分属不同关境的企业与企业之间通过互联网进行产品、服务、信息交换的商业模式。目前在中国跨境电商市场交易中，B2B 跨境电商市场交易规模占总交易规模的 80% 以上，代表企业主要有敦煌网、中国制造网、阿里巴巴国际站和环球资源网。

B2C 跨境电商和 C2C 跨境电商统称为在线零售。

B2C，即 business to customer，是指分属不同关境的跨境电商企业直接面向个人消费者开展在线销售产品和服务，通过跨境电商平台达成交易、进行支付结算，并通过跨境物流送达商品完成交易的一种国际商业活动。

C2C，即 customer to customer，是指分属不同关境的个人卖方对个人买方进行网络零售商业活动，由个人卖家通过第三方跨境电商平台发布产品和服务信息，国外的个人消费者进行筛选，最终通过跨境电商平台达成交易、进行支付结算，并通过跨境物流送达商品完成交易的一种国际商业活动。

目前我国跨境电商出口以 B2B 和 B2C 为主，进口以 B2C 为主。

除以上三种模式之外，F2C 跨境电商也日渐兴起。F2C，即 factory to customer，是指从工厂到消费者。F2C 模式直接把出自工厂的产品送到国外消费者手中，可以理解为工厂借助跨境电商平台进行了产品直销。F2C 使消费者在线向工厂下订单，可能成为 B2C 的升级版模式，其最大的优势就是强有力的线下产业支撑、有效的全程品控、快速的市场反应，这是 B2C 跨境电商无法抗衡的。

三、按运营方式分类

按运营方式，跨境电商主要有两种类型：平台运营跨境电商和自建网站运营跨境电商。

平台运营跨境电商是指从事跨境电商的交易主体在亚马逊、eBay 等诸多第三方跨境电商平台上开设网店从事外贸业务活动。

自建网站运营跨境电商，如兰亭集势、环球易购等企业自建网站从事相关外贸业务活动，其中，兰亭集势属于综合类跨境电商企业，环球易购属于垂直类电商企业。

从长期发展趋势看，平台运营跨境电商和自建网站运营跨境电商两种模式的融合度日益增强。

第二节　跨境电商的主要流程

1. 了解不同物流模式、不同支付方式、不同海关监管模式下跨境电商出口业务流程。
2. 了解不同经营模式下跨境电商进口业务流程。

2 学时。

老师讲

知识点 1：出口业务流程

　　跨境电商出口的流程：生产商或制造商将生产的商品在跨境电商平台上上线展示，在商品被选购下单并完成支付后，跨境电商企业将商品交付给物流企业进行投递，经过出口国和进口国海关通关检验后，最终送达消费者或企业手中。有的跨境电商企业直接与第三方综合服务平台合作，让第三方综合服务平台代办物流、通关、商检等一系列环节，从而完成整个跨境电商交易的过程（图1-1）。

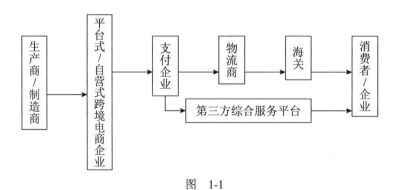

图　1-1

　　在整个跨境电商的交易过程中，可以看出跨境电商不仅是一个平台，而且需要信息技术的引领，需要快递物流的支撑。只有信息流（即卖家在网上发布所提供的产品或服务信息,消费者通过互联网搜寻需要的产品或服务信息)、物流(即产品流,消费者在网上下单,卖家委托跨境物流服务公司将产品运送到海外消费者手里)、资金流(即消费者通过第三方支付方式及时安全地付款,厂家收汇结汇)三位一体的支撑到位,跨境电商才能颠覆传统商业模式,成为中国传统贸易转型发展的战略制高点。

一、跨境电商物流模式

1. 出口

(1)中国邮政。如中国邮政航空小包、中国邮政航空大包、中国邮政跨境专线物流ePacket、国际 EMS 业务、速邮宝、Singapore Post 4PX 等。中国跨境电商出口业务 70% 的包裹都通过邮政系统投递,其中中国邮政占据 50% 左右的份额,虽然邮政网络基本覆盖全球,但运输时间长、丢包率高。

(2)国际快递。国际快递商主要指四大国际快递巨头,即 DHL、TNT、FedEx 和UPS。这些国际快递商通过自建的全球网络,利用强大的 IT(互联网技术)系统和遍布世界各地的本地化服务,为网购中国产品的海外用户带来极好的物流体验。例如,通过 UPS寄送到美国的包裹,最快可在 48 小时内到达。

国内快递主要指 EMS、顺丰和"四通一达"。国内快递如申通、顺丰均在跨境物流方面早早布局,速度较快,费用低于四大国际快递巨头,但并非专注跨境业务,覆盖的海外市场比较有限。顺丰的国际化业务相对成熟,目前已经开通到美国、澳大利亚、韩国、日本、新加坡、马来西亚、泰国、越南等国家的快递服务,发往亚洲国家的快件一般 2~3 天可以送达。在国内快递中,EMS 的国际化业务是最完善的。依托邮政渠道,EMS 可以直达全球 60 多个国家,费用相对四大国际快递巨头要低,中国境内的出关能力很强,到达亚洲国家 2~3 天,到达欧美国家 5~7 天。

(3)跨境专线物流。跨境专线物流一般是通过航空包舱方式运输到国外,再通过合作公司进行目的国的派送。其优势在于其能够集中大批量到某一特定国家或地区的货物,通过规模效应降低成本,其价格一般比商业快递低。在时效上,专线物流稍慢于商业快递,但比邮政包裹快很多。这种方式在国内的揽收范围相对有限,覆盖地区有待扩大。

(4)海外仓。卖家先将货物存储到海外仓库,然后根据订单情况进行货物的分拣、包装以及规模化递送,解决了小包时代成本高昂、配送周期漫长的问题,但也存在容易压货、运维成本高等问题,如亚马逊的 FBA(Fulfillment by Amazon)。

2. 进口

当前跨境电商进口物流模式有两大类:直邮模式和转运模式,其中直邮模式又分为商业快递直邮和两国快递合作直邮两种模式,转运模式又分为转运公司参与寄递、报关企业参与寄递和灰色转运。

二、跨境电商支付模式

跨境电商支付业务涉及资金结售汇与收付汇，主要有跨境支付的购汇方式（含第三方购汇支付、境外电商接受人民币支付、通过国内银行购汇汇出等）与跨境收入的结汇方式（含第三方收结汇、通过国内银行汇款、以结汇或个人名义拆分结汇流入等）。

常见的跨境电商支付结算方式有银行卡支付和第三方工具支付。在境内，网上支付工具类型较多，从消费者的总体使用习惯来看，以第三方支付、网银支付、货到付款为主，还有银行汇款、邮局转账的方式作为补充，交易资金来源主要是境内发行的银联卡。在境外，使用银行卡组织提供的支付工具进行网上支付约占七成，境外第三方支付居次要位置，交易资金来源主要是银行卡组织发行的信用卡和签名借记卡。

中国第三方支付机构主要为跨境电商提供购付汇和收结汇两类业务。其中，购付汇主要是消费者通过电商平台购买商品时，第三方支付机构为消费者提供的购汇及跨境付汇业务。收结汇是第三方支付机构帮助境内卖家收取外汇并兑换、结算成人民币。

三、中国跨境电商海关通关监管模式

2014年开始，海关频繁出台新的贸易监管方式，主要包括"网购保税进口""直购进口""一般出口"和"特殊区域出口"四种模式。

1."网购保税进口"海关监管模式

"网购保税进口"即海关"1210"业务，是一种"先备货后接单"模式，是指商家或平台与海关联网，将整批商品备货至海关特殊监管区域或保税物流中心（B型）内并向海关报关，海关实施账册管理。消费者下单后，商家或平台将电子订单、支付凭证、电子运单等传输给海关办理通关手续，海关按照跨境电商零售进口商品征收税款，验放后账册自动核销。

其优点是提前批量备货至保税仓库，国际物流成本低，有订单后可立即从保税仓库发货，通关效率高，并可及时响应售后服务需求，用户体验好。缺点是使用保税仓库有仓储成本，备货占用资金大。

该模式适用于业务规模大、业务量稳定的阶段，可通过大批量订货或备货降低采购成本，逐步从空运过渡到海运降低国际物流成本。

2."直购进口"海关监管模式

"直购进口"即海关"9610"业务，是一种海外直购模式。适用于境内个人或电子商务企业通过电子商务交易平台实现交易，并采用"清单核放、汇总申报"模式办理通关手续的电子商务零售进出口商品。简而言之，商家将多个已售出商品统一打包，通过国际物流运送至国内的保税仓库，电商企业为每件商品办理海关通关手续，经海关查验放行后，由电商企业委托国内快递派送至消费者手中。每个订单附有海关单据。

其优点是灵活，不需要提前备货，相对于快件清关而言，物流通关效率较高，整体物流成本有所降低。缺点是需在海外完成打包操作，海外操作成本高，且从海外发货，物流时间稍长。该模式适合业务量迅速增长的阶段，每周都有多笔订单。

3."一般出口"海关监管模式

"一般出口"海关监管模式是指商家或平台与海关联网，境外个人跨境网购后，商家或平台将电子订单、支付凭证、电子运单等传输给海关并提交申报清单，海关凭清单核放出境，商品以邮件、快件方式运送出境。海关定期把已核放清单数据汇总形成出口报关单，商家或平台凭此办理结汇、退税手续。如图1-2所示。

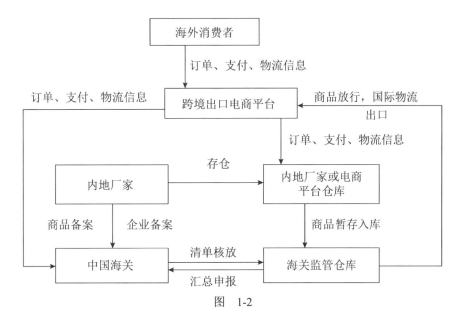

图　1-2

目前，跨境电商综合试验区海关采用"简化申报、清单核放、汇总统计"的方式通关，其他海关采用"清单核放、汇总申报"的方式通关。

4."特殊区域出口"海关监管模式

"特殊区域出口"海关监管模式，适用于境内电子商务企业通过海关特殊监管区域或保税物流中心（B型）一线进境的跨境电商零售进口商品。如图1-3所示。

商家或平台与海关联网，把整批商品按一般贸易报关进入海关特殊监管区域，企业实现退税。对于已入区退税的商品，境外网购后，海关凭清单核放，出区离境后，海关定期将已放行清单归并形成出口报关单，电商凭此办理结汇手续。

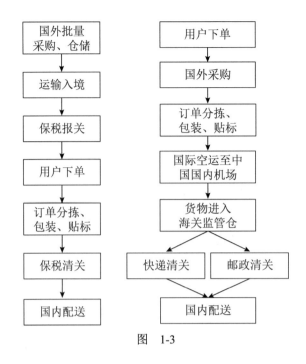

图 1-3

知识点 2：进口业务流程

跨境电商进口的流程，除了与出口流程的方向相反外，其他内容基本相同，如图 1-4 所示。

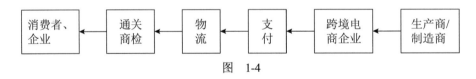

图 1-4

近年来，进口电商发展非常迅速，逐渐形成了一些典型的跨境电商进口模式，主要有海淘、海外代购平台、直发（drop shipping）或直运平台、自营 B2C 进口、跨境导购平台等模式。

一、海淘模式

海淘可以说是最早出现的一种跨境电商进口模式，海淘一个典型的流程是：国内消费者直接通过海外（境外）B2C 电商网站搜索选购产品（在线用信用卡或 PayPal 账户完成支付），然后由海外电商网站的卖家以国际快递直邮给国内买家，或由转运公司代收货后再转运给国内买家。

海淘模式涉及的最核心的网络平台往往就是海外知名的 B2C 电商网站。由于语言及习惯上的差异，普通海淘买家对海外 B2C 电商平台的操作及其他业务并不熟悉，由此产生了一些为海淘买家服务的网站，如国内的"55 海淘网"，根据国内买家的需求，提供海淘论坛、海淘转运栏目，为国内买家提供详细的海淘过程及相关攻略，同时推送海外亚马逊等各大购物网站的即进优惠折扣信息，通过注册成为"55 海淘网"会员，国内买家还可以获得一定的返利，以及通过"闪购"的方式实现代购。

二、海外代购平台模式

海外代购简称"海代"，其最原始的方式是通过在海外或经常出入境的亲戚朋友的帮助来购买国外的指定产品，现在比较典型的有海外代购平台模式和微信朋友圈模式。但朋友圈是一个较为松散的组织方式，微信朋友圈代购也缺乏一个完善的流程，产品的可靠性、代购的合法性及售后服务等方面都可能存在问题。基于以上种种原因，海外代购平台模式就快速发展起来了。

海外代购平台实质上也是为买卖双方提供的一个在线网络交易平台。一般来说，海外代购平台采用的是最为典型的 C2C 和 B2C 平台模式，C2C 模式是当前海外代购的主要方式。C2C 模式的卖家是具有一定海外购物经验或从事海外代购业务能力的个人，平台以主流的第三方平台为主，如淘宝网的海外代购店铺，而 B2C 模式的卖家往往是可以提供代购产品的企业，平台的组织形式可以是第三方，也可以是企业直营，如美国的代购网、易趣网等。一般来说，第三方海外代购平台方的运营重点在于进行海外市场影响力的扩大以及吸引更多的优质卖家入驻，而不会涉及具体产品的采购、销售及物流等交易的操作。特别针对我国消费者对海外产品的巨大需求，诸如国内的天猫国际、洋码头及海外的亚马逊、乐天等电商平台纷纷投巨资开展海外代购业务。

三、直发或直运平台模式

直发即零售商在无商品库存的情况下，把客户订单和装运要求发给供应商，而供应商直接将商品发给最终客户的一种方式。直发或直运平台一般采用典型的 B2C 模式，其供货商往往是海外品牌商、批发商或者厂商。在跨境电商进口方面，国内外很多知名电商平台对该业务均有涉及，如国内的天猫商城、洋码头、欧洲的海豚村及日本的一帆海购网等。国内很多平台在特定的产品行业领域，开展了一些特色的直发或直运业务，如上海自贸区的"跨境通"、苏宁的"全球购"及"走秀网"的全球时尚百货等。

从国内买家的角度来看，直发跨境电商平台的操作流程除了有的产品需要支付关税以外，在直发购物平台上购物并没有什么特别之处。从海外供货商的角度来看，直发货物最明显的变化就是原先的批量发货变成零售发货，根据卖家发来的订单信息进行汇总，将每件商品直接发给不同的零售买家，而发货方式往往会采用国际快递的方式。

四、自营 B2C 进口模式

自营是平台方充当卖家的角色，或反过来说卖家同时充当平台方的角色。一些海外跨境第三方平台，看到某些行业巨大的潜在利润，往往会自己组织货源，并在自己的平台上出售。而一些实力强、技术高的外贸企业或发展壮大起来的网络卖家等，在自身专长或具优势资源产品及行业领域，自建跨境电子商务平台，以出售相应的产品。跨境电商自营模式采取的是 B2C 模式。

根据涉足的产品领域的广度和深度，可将自营 B2C 进口平台分为综合型和垂直型两类。

综合型自营 B2C 进口平台往往由第三方跨境电商平台涉足自营业务转化而来，这类涉及的产品领域相对较广，可供进口的产品种类也较为丰富。目前这类平台最为典型的是亚马逊和由其支持的 1 号店。

垂直型自营 B2C 进口平台在选择自营产品时会更加集中于某些特定的领域，如母婴用品、食品、化妆品、服装及奢侈品等。如"蜜芽宝贝"，它是目前国内最大的自营进口母婴产品零售电商平台。

五、跨境导购平台模式

"导购"，就是引导顾客促成购买的过程。在跨境进口电商领域，由于对海外产品缺乏深入的了解，国内买家往往对海外产品心存疑虑，而导购平台则通过在线展示、详细介绍及用户体验等形式，消除潜在买家的各种疑虑，从而促成买家的购买行为。

"导购"过程主要有两步，一是"引导"，二是"购买"。在网络上，"引导"实质是引流，"购买"则是完成商品的在线交易。一般来说，跨境导购平台的重点在于引流，而不做商品的交易。

典型的导购平台模式是"导购＋返利"，即导购平台在自己的商品介绍页面放置海外 B2C 电商平台商品销售页面的链接，由买家通过点击该链接进入海外购物网站完成网络购物。

第三节 跨境电商平台

1. 了解阿里巴巴国际站的主要服务、发展现状、发展趋势与经营特点。
2. 了解全球速卖通平台的发展现状、行业分布和适销商品。
3. 了解 Wish 平台的特点。
4. 了解亚马逊平台的发展历程与发展现状、行业分布和全球开店业务。

1 学时。

老**师**讲

知识点 1：阿里巴巴国际站

阿里巴巴国际站贸易平台（https://www.alibaba.com）（图 1-5）向中小企业提供出口营销推广服务，帮助其拓展国际贸易。它是全球领先的企业电子商务网站，通过向海外买家展示、推广供应商的企业和产品，进而获得贸易商机和订单，是出口企业拓展国际贸易的首选网络平台之一。阿里巴巴国际站提供一站式的店铺装修、产品展示、营销推广、生意洽谈及店铺管理等全系列线上服务，帮助企业低成本、高效率地开拓外贸大市场。

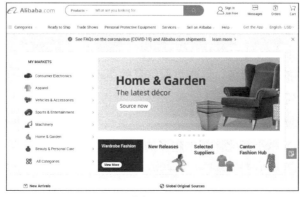

图 1-5

一、阿里巴巴国际站的发展现状与发展趋势

1999 年，阿里巴巴集团正式成立。在第二届世界互联网大会上，习近平主席了解了阿里巴巴集团电子商务业务发展的整体情况，850 万活跃卖家得以向全球 3.86 亿消费者提供无时差服务，真正体现了"消费的力量"。集团的首个网站便是 www.alibaba.com，也就是阿里巴巴国际站，这个网站致力于帮助中小企业发展出口业务，是中国最早出现的跨境电商平台。

从 1999 年开始，阿里巴巴国际站一直服务于中小企业出口，这一平台已经能影响中国 2% 的出口额，服务全球 200 多个国家和地区的买家。平台覆盖超过 40 个主要行业、5 900 多个产品类别，卖家累计超过 50 万人，中国本土供应商超过 5 000 万家，阿里巴巴国际站被美国《财富》杂志评选为"全球最佳 B2B 网站"。

阿里巴巴国际站的发展趋势包括以下几点。

1. 由信息平台转型为交易平台

在传统的国际贸易中，整个业务可以划分为先后两部分，即"谈成交易"和"完成交易"。而在 B2B 模式下，买方和卖方互动的场景同样主要有两个部分：第一部分是"Meet"环节，即买家和卖家联系、洽谈的环节。第二部分是"Work"环节，涉及交易和后续的出口流程。

以往阿里巴巴国际站大多业务是在"Meet"环节，这一环节的价值是带来更多的商机，要想实现信息平台向交易平台的转型，阿里巴巴国际站未来必须在"Work"环节有所动作。目前阿里巴巴国际站将在"Meet"环节实现买家卖家"高效匹配"的基础上，努力做好"Work"环节的配套和服务，使买卖双方能够借助阿里巴巴国际站完成支付、包装、运输、保险、通关和退税等一系列流程。

2. 实现信用与安全保障

一直以来，由于跨境 B2B 涉及的一般贸易流程环节多、贸易周期长，线下支付习惯稳固，交易功能很难推广。阿里巴巴看到了 B2B 交易的难点，在于买卖双方对大额贸易的互不信任问题，如果能够解决信用保障问题，那么在线交易和支付预付款就变得可行，因此，阿里巴巴国际站正在努力实现基于信用保障的跨境交易。

3. 构建跨境电商生态圈

阿里巴巴国际站将不仅是一个贸易信息平台，而且会逐步成为一个交易体系和生态圈。与 B2B 跨境贸易相关的各类服务，将在数据信息的驱动下融为一体，网上贸易物流、支付、通关等环节都可以在阿里巴巴国际站实现。

4. 实现在线小额批发

随着 B2B 订单越来越小额化，越来越多的标准小订单开始选择类似境内电商的直接交易，实现了一种比较灵活的贸易模式——在线小额批发。在线小额批发最大的特点是针对有标准描述且有库存的商品，明码标价可直接下单购买，并直接使用信用卡或第三方支付工具

实现支付。由于直接下单购买的商品往往在数量和价格上相对较小、较低，因此也常常采用快递、邮政小包等物流方式。随着跨境支付和物流的便利化，在线小额批发模式开始爆发。

未来阿里巴巴国际站将为国内中小企业提供更多更好的服务，满足更多的国际市场需求。

二、阿里巴巴国际站的核心价值

（1）买家可以寻找搜索卖家所发布的公司及产品信息。

（2）卖家可以寻找搜索买家的采购信息。

（3）为买家卖家行为提供了沟通工具、账号管理工具。

三、阿里巴巴国际站的特点

（1）互动：为交易双方提供社区服务频道。

（2）可信：为付费会员提供细致、周到、安全的第三方认证服务。

（3）专业：拥有人性化的网站设计、类目丰富的搜索和网页浏览、简便的沟通工具及账号管理工具。

（4）全球化：客户遍布全球。

四、阿里巴巴国际站的线下服务

（1）客户经理上门服务，一对一专业辅导。

（2）Call Center 服务专线，365 天服务。

（3）360 度客户培训。

（4）走近国际大买家，开拓贸易新商机。

（5）全球商展推广，直面买家采购。

知识点 2：全球速卖通平台

全球速卖通（https：//www.aliexpress.com）（图 1-6）于 2010 年 4 月正式上线，是阿里巴巴旗下唯一面向全球市场打造的在线交易平台，被广大卖家称为"国际版淘宝"，全球速卖通面向海外买家，通过支付宝国际账户进行担保交易，并使用国际快递发货，是全球第三大英文在线购物网站。全球速卖通是阿里巴巴为帮助中小企业接触终端批发零售商实现小批量多批次的快速销售，拓展利润空间而全力打造的融合订单、支付、物流于一体的外贸在线交易平台。

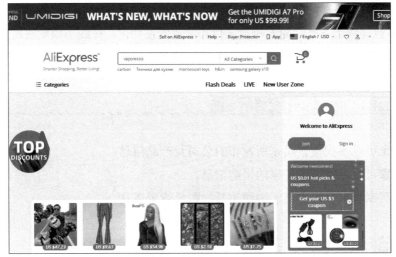

图 1-6

一、全球速卖通的发展现状

全球速卖通成立于 2010 年，客户买家范围已经遍及 220 多个国家和地区。2019 年 3 月，阿里巴巴旗下跨境电商零售平台全球速卖通在俄罗斯推出在线售车服务。俄罗斯消费者可以直接在速卖通上一键下单，支付预付款，到指定线下门店支付尾款即可提车。

二、全球速卖通的行业分布

全球速卖通覆盖 3C、服装、家居、饰品等共 30 个一级行业类目。其中优势行业主要有服装服饰、手机通信、鞋包、美容健康、珠宝手表、消费电子、电脑网络、家居、汽车摩托车配件和灯具等。

三、全球速卖通的适销产品

适宜在全球速卖通销售的商品主要包括服装服饰、美容健康、珠宝手表、灯具、消费电子、电脑网络、手机通信、家居、汽车摩托车配件、首饰、工艺品、体育与户外用品等。

四、全球速卖通的禁限售商品

很多国内允许销售的商品，速卖通平台上都会被禁止销售，如减肥药。所以速卖通卖家在开店前需要做充分的了解。

1. 禁售的商品

速卖通禁售的商品有：毒品及相关用品，医药相关商品，枪支、军火及爆炸物，管制武器，警察用品，间谍产品，医疗器械，美容仪器及保健用品，酒类及烟草产品等。

2. 限售的商品

限售商品是指发布商品前需取得商品销售的前置审批、凭证经营或授权经营等许可证明，否则不允许发布。若已取得相关合法的许可证明，需先提供给全球速卖通平台。

3. 侵权的商品

在全球速卖通平台，严禁用户未经授权发布、销售涉及第三方知识产权的商品，包括但不局限于以下三大类。

（1）商标侵权：未经商标权人的许可，在商标权核定的同一或类似的商品上使用与核准注册的商标相同或相近的商标的行为，以及其他法律规定的损害商标权人合法权益的行为。

（2）著作权侵权：未经著作权人同意，又无法律上的依据，使用他人作品或行使著作权人专有权的行为，以及其他法律规定的损害著作权人合法权益的行为。

（3）专利侵权：未经专利权人许可，以生产经营为目的，实施了依法受保护的有效专利的违法行为。

知识点 3：亚马逊平台

亚马逊（https：//www.amazon.com）成立于 1995 年，一开始只在网络上经营书籍销售业务，现在则扩及其他产品，销售范围相当广，已成为全球商品品种最多的网上零售商和全球第二大互联网企业，如图 1-7 所示。

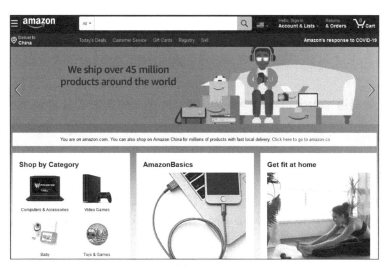

图　1-7

一、亚马逊的发展历程

1. 以线上书店起家

1994 年，贝佐斯在美国市场以规模大、标准化程度高的书籍为线上创业方向，1995 年亚马逊正式上线了 Amazon 网站，消费者只能通过线上下单购买。

2. 向综合网络零售商转型

1998—2001 年三年间，亚马逊进行了大规模品类扩张和国际业务的拓展，着眼于从客户的消费心理、消费体验出发，先后收购了 Junglee 和 Plan All。Junglee 是一家主营在线虚拟数据库的企业，而 Plan All 则是一家主营网络信息管理器的企业。亚马逊从而正式走向科技发展之路。

3. 着力提升客户体验

为着力提升客户体验，亚马逊大规模推广第三方开放平台 Marketplace，推出了网络服务 AWS（Amazon Web Services），并增加了云计算服务，推出了 Amazon Prime 亚马逊会员服务。强化图书产业链及图书市场的掌控，收购了 BookSurge、MobiPocket.com、Create Space、DTP，并在 2007 年推出了 Kindle 阅读器，收购相关软件公司，从而优化阅读器功能。

在强化商家、消费用户的物流体验上，亚马逊早年先后推出了为第三方卖家提供外包物流服务，即 FBA 服务，收购了 KIVA 机器人，布局仓储和无人机配送。此阶段亚马逊通过大量收购与兼并的方式，强化了自身在文学创作、智能硬件、电商细分领域、电商垂直模式等跨界多领域的生态布局，成为全球电商巨头。

4. 线上线下的全渠道布局

从 1995 年布局线上书店，到 20 多年后开始布局线下实体书店 Amazon book、无人便利店 Amazon Go、智能家居钥匙 Amazon Key，又收购了美国最大的天然食品零售商全食，一系列举措显示出亚马逊正在打造一张线上线下全渠道的商业网络。

二、亚马逊的发展现状

2019 年，亚马逊平台上销售额至少为 100 000 美元的卖家数量达到 280 000 家，高于 2018 年的 200 000 家、2017 年的 140 000 家和 2016 年的 70 000 家。销售额为 100 万美元及以上的卖家从 2018 年的 25 000 家增加到 30 000 家。Marketplace Pulse 的调查数据显示，2019 年市场卖家在亚马逊上的总销售额为 2 000 亿美元。

在美国，800 万卖家中有 270 万卖家在使用亚马逊平台。这些卖家中有 33% 的人在 2019 年至少进行了一次销售。其中 19% 的人出售了至少价值 100 000 美元的商品，5% 的人出售了至少 500 000 美元，而 2% 的商品的销售额超过了 100 万美元。

三、亚马逊的行业分布

截止到 2019 年 4 月，亚马逊共有 119 928 851 种产品。亚马逊最大的产品类别是图书，包含 4 420 万种产品。紧随其后的是电子产品（1 010 万种），家庭和厨房用品（660 万种）位居第三。亚马逊的产品始于书籍，逐渐扩大产品组合，几乎囊括了所有类别。

在所有的产品类别中，电子产品类别是美国亚马逊用户最喜欢购买的产品类别。44% 的美国亚马逊购物者通过亚马逊购买电子产品，紧随其后的是鞋服和珠宝，分别占 43% 和 39%。

亚马逊一直致力于增加各种产品和类别在该平台上的覆盖面，以吸引新类型的客户和各种不同的利基市场。提供多样化的产品是亚马逊核心优势之一。

四、亚马逊全球开店

亚马逊全球开店是由美国总部于 2012 年 3 月发起的旨在帮助中国卖家通过亚马逊网上销售平台将商品销售给全球各地消费者的项目，主要是为卖家开展跨境贸易提供全方位支持，包括开店前为卖家提供指导，定期提供卖家培训，为卖家提供"亚马逊物流"整体解决方案等。

企业可以通过亚马逊全球开店招商团队申请加入全球开店项目。企业可以入驻亚马逊以下三个地区国家的站点。

北美站：美国、加拿大、墨西哥。

欧洲站：英国、德国、法国、意大利、西班牙。

日本站：日本。

中国企业只要加入全球开店这个项目，就可以成为全球卖家，即使产品、工厂、公司团队都在国内，也能将业务迅速拓展到北美、欧洲、日本三个地区。

五、亚马逊全球开店和自注册的区别

全球开店账号——必须以公司名义注册，内地公司、香港公司均可。全球开店只是亚马逊的一个项目名称而已，并不是说通过这种方式开的店就是"全球店铺"，注册亚马逊卖家账号不管是什么账号都需是分站点注册。

个人自注册账号——在 www.amazon.com 自行注册即可。以个人身份、公司资质注册均可。需要注意的是，一旦自注册就无法转为全球开店账号，也无法享受全球开店的优势。目前可以注册个人账号的是美国站和日本站，欧洲站只允许注册全球开店账号。

全球开店有如下优势。①可申请各个站点秒杀活动，对于全球开店的卖家，只要符合

FBA库存数目、销售价格以及店铺绩效等要求，即可通过客户经理申请。②有相应的线上线下培训。客户经理全程指导完成注册过程，上线经理会告知卖家亚马逊对于图片、标题、描述以及关键字的要求，同时卖家在此过程中遇到任何操作问题，均可向上线经理求助。③账号有问题review预警，安全性能更强。

全球开店有如下劣势。①非常难申请。全球开店账号只接受企业入驻，对卖家的资质审核比较严格，不是想入驻就可以入驻的。卖家自己申请全球开店通过率5%不到，一旦卖家自己申请全球开店没有通过，那么申请全球开店的那个公司不能再次提出全球开店的申请。②周期非常长。全球开店账号的注册周期一般是一个多月。这里一个多月是指代理注册的平均周期，卖家自己申请的话至少需要三个月。美国站会比较快。③监管非常严。经营全球开店账号，必须严格遵守亚马逊的平台规则，产品图片、标题格式等都必须严格按照要求执行，否则会被警告。

自注册有如下优势：主要是不需要公司，个人可自行注册。

自注册有如下劣势。①比较难参加活动。自注册卖家除非表现突出，收到亚马逊申请邀请，否则卖家没有申请秒杀活动的渠道。②账号安全性低，封店率>56%（官方统计数据），账号被review之后没有预警或协助。③没有客户经理，无官方培训支持普通卖家账户。

知识点4：Wish平台

Wish（https：//www.wish.com）是时下最热门的移动跨境电商平台，2011年成立于美国硅谷，其95%的订单量来自移动端，89%的商户来自中国App，日均下载量稳定在10万上下，如图1-8所示。

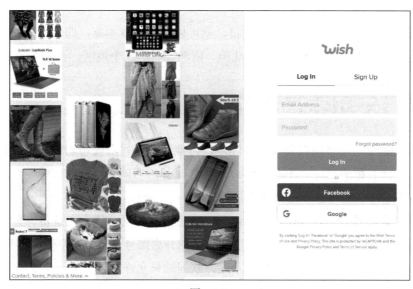

图 1-8

一、Wish 平台的特点

Wish 平台是在移动互联网的发展中诞生的，和其他跨境电商平台最大的区别在于其是基于手机端 App 的运用，买家都是通过移动端浏览和购物的，所以在平台上运营时要充分考虑到如下特点。

（1）定位明确

（2）风格简约

（3）推送精准

二、Wish 平台商户准入要求

1. 只能售卖版权归自己所有或者被授权的产品

入驻的商户可以是生产商、品牌商、授权商、零售商，也可以是手工业者、进口商、研发发明者和艺术家，但是商户必须拥有创造生产产品的能力，或者拥有分销权和零售权，才能进行销售。

2. 售卖的商品必须是有形产品

准备符合 Wish 要求的产品资料，如图片、价格、文案等。产品展示必须清楚、详细，描述和图片必须要准确地展现商品。

3. 拥有快速可靠的物流配送

订单必须在 1 ～ 5 天内发货，使用可信任的物流公司进行配送，而且需要提供有效的物流单号。

4. 为用户提供自主服务

商户自己需要履行订单并及时回复用户问题。如果采用代发货模式，那么商户必须有能力进行大规模代发货。

第四节　我国跨境电商的发展趋势

1. 了解我国跨境电商的发展现状及特点。

2. 了解我国跨境电商的发展趋势。

1 学时。

知识点1：我国跨境电商的发展现状

跨境电商从 1999 年出现以来，一直保持着快速增长，互联网在国际贸易中发挥的作用越来越重要，跨境电商已经成为中国外贸强劲的增长点，中国也成为全球主要跨境电商中心之一。

一、交易平台发展迅猛

跨境电商的大力发展与交易平台的支持、推动密不可分。近年来，我国的跨境电商交易平台迅速崛起。阿里巴巴国际站等 B2B 网站是跨境电商发展成功的典范，在海外均具有很高的知名度。亚马逊等新型的 B2C 跨境电商网站也正快速崛起，为跨境交易的进行提供了稳定、安全的平台。

二、继续保持高速增长

2017 年中国跨境电商整体交易规模（含零售及 B2B）达 7.6 万亿元人民币。2018 年跨境电商交易规模增至 9 万亿元，增速 18% 以上。在新消费观念和消费升级潮流的冲击下，商品质量更有保障的跨境电商交易规模保持快速增长。随着平台物流水平不断提高和供应链打造逐渐完善，未来市场有望得到进一步扩大。

三、以跨境出口为主导

随着我国向世界各地开放，越来越多的外国人也开始喜欢上中国产品、中国制造，随着跨境电商的发展，出口量的增长幅度也很大。截至 2018 年，中国跨境电商交易规模增长至 1.2 万亿元，同比增长 12.7%，出口占比 78%，2019 年我国跨境电商零售进出口额达到了 18 621 亿元人民币，是 2015 年的 5 倍，年均增速 49.5%，跨境电商综试区在外贸发展中的作用也日益凸显。

四、B2C 模式获得迅速发展

2017 年中国出口跨境电商网络零售市场交易规模为 12 万亿元，同比增长 21.2%。2018 年出口跨境电商网络零售市场继续快速发展，行业规模越大，其对于产品供应链和物流的整合力度越大，如可以更加快速地提供品类丰富的商品、物流成本更低等，这正是 B2C 出口电商最核心的优势所在，未来跨境电商 B2C 模式的市场规模将继续发展壮大。

五、销售目标市场继续集中化

在销售目标市场方面，以美国、英国、德国、澳大利亚、加拿大为代表的成熟市场，由于人均购买力强、跨境网购观念普及、线上消费习惯成熟、物流配套设施完善等优势，在未来仍是跨境电商零售出口产业的主要目标市场，且将持续保持快速增长。与此同时，不断崛起的新兴市场正成为跨境电商零售出口产业的新动力：日本、俄罗斯、巴西等国家的本土电商企业并不发达，消费需求旺盛，中国制造的产品物美价廉，在这些国家的市场优势巨大。日本市场离中国近，消费偏好与中国差不多，具有巨大的消费潜力。2019 年，中东和东南亚、非洲、印度市场也非常火爆，拉美市场开始成为众多平台紧盯的市场。

六、移动端成为跨境电商发展的重要推动力

使用 PC（个人计算机）端进行搜索时，购买目的明确，容易产生比价的行为，而移动端更多的是通过碎片化时间进行搜索，多为购买目的不明确的碎片化浏览，容易产生冲动消费。全球贸易小额碎片化发展的趋势明显，从购买前的渠道铺设、产品搜索、产品展示到产品口碑建设，到购买后的客户服务流跟踪等，都可以借助移动端，突破时空限制，提升买卖双方的体验。B2C 平台的优势在于 PC 端的流量投递相对容易直接转化成订单，移动端的流量投递带来用户对 App 的下载，而营收的转化以及增长有赖于 App 的精细运营、内容展示，从品控和物流上不断优化用户的购买体验。

知识点 2：我国跨境电商的发展趋势

一、仍将持续保持高速提升

从出口看，跨境电商出口卖家已经从广东、江苏、浙江向中西部扩大，产品类目已经由 3C 等低毛利率标准品向服装、户外用品、健康美容、家居园艺和汽配等新类目扩大，这将为中国的出口电商发展提供新的空间。

从进口看，由于巴西、俄罗斯等新兴市场的持续进入，以及计算机技术推广、基础建设逐步完善、新政持续推开，中国出口电商的空间将进一步扩大。研究表明，由于国际人均购买力进一步增强、网络覆盖率提高、物流水平提升、网络支付提升，未来几年中国跨境电商仍将保持 30% 的复合年均增长率。

二、进口提升迅速，出口仍占主导地位

近些年，中国的跨境电商进口持续增长，不断涌现一批活跃的进口 B2C 电商平台，"海淘"、海外代购等购物形式盛行，化妆品、护肤品、奢侈品、新潮服装、电子消费品、食品和保健品等进口量增速强劲，但伴随着国内的世界工厂影响力不断提升，跨境电商的出口占比远高于进口占比，特别是外贸 B2B 以出口为主导。伴随着国内跨境电商政策制度环境的不断完善，在电子商务服务公司的推动下，跨境电商将深入利用中国制造的品牌优势，推动"中国制造"向"国内营销"和"中国创造"加速转变。

三、公开化、清晰化的发展趋势

以前海关对邮包的综合抽查率较低，无法对各个邮包开展拆包查验货值和商品种类，大批的海淘快件邮包事实上不征税，直接造成国内跨境电商出现不符合条件、商品利用政策漏洞的灰色通关状况。

伴随着跨境电商占比的增加，开正门、堵偏门，将灰色清关物品列入法定行邮监管的必要性进一步增强。另外，跨境电商公开化有利于保障正品销售、降低运输成本、健全售后制度，是未来跨境电商发展的必然方向。未来跨境电商试点公开化会继续推进，监管经验不断累积丰富，使阳光模式流程化、制度化。

四、"自营＋平台"双重结合

保障正品、有价格优势、货运物流体验好、售后健全将是跨境电商公司的核心竞争力。跨境电商平台类公司的综合竞争优势主要体现在产品丰富等领域，其不参与交易，只是为平台上的交易双方提供商谈机会。

而自营类公司因为需要先采购海外商品，对公司资金实力和选择商品水平都提出了更高要求，其综合竞争优势主要体现在正品保障、售后服务响应强劲等领域，对母婴用品、3C、服饰等规范化、便于运输的重点消费产品，如果自营类公司能够把握市场热点，就可以在市场细分中形成较强的竞争优势。下一步跨境电商公司的发展趋势应是"自营＋平台"类型公司，融合产品丰富、正品保障等多个优点。

五、多元化的销售模式

随着我们国家新基建的发展、5G 技术的优先普及，在数据经济时代的驱动下，借助多元化的零售渠道和方式，销售更趋娱乐、互动性、分散化，传统的六大零售业态：杂货店、连锁商店、超市、折扣店、会员制商场、网络型电子商务将很难支撑零售企业进一步的发展。随之而来的供应链响应能力也将因零售模式的变化而变得更趋智能化、分散化。除了基本的多、快、好、省的特点外，全行业供应链资源的整合也会变得越来越迫切，单一的供应链企业无法快速应对商家某一场活动爆单的冲击。

1. 跨境电商与传统国际贸易相比有哪些特点？
2. 简述跨境电商的分类。
3. 绘制跨境电商的进、出口流程图。
4. 简述各跨境电商平台主要的业务与发展现状。
5. 简述跨境电商的发展趋势。

2 第二章
阿里巴巴国际站操作

阿里巴巴国际站成立于 1999 年，是阿里巴巴集团的第一个业务板块，现已成为全球领先的跨境贸易 B2B 电子商务平台。阿里巴巴国际站向中小企业提供出口营销推广服务，帮助其拓展国际贸易，通过向海外买家展示、推广供应商的企业和产品，进而获得贸易商机和订单，是出口企业拓展国际贸易的首选网络平台之一。

项目目标

1. 熟悉阿里巴巴国际站相关规则。
2. 熟悉阿里巴巴国际站跨境电商卖家操作流程。
3. 掌握阿里巴巴国际站发布产品信息的相关原则和技巧。
4. 掌握商业发票、装箱单的缮制。
5. 掌握国际货运委托书、货物运输险投保单的填写。
6. 掌握国际贸易单证制作中的相关理论知识。

建议学时

14 学时。

第一节 阿里巴巴国际站简介

1. 了解阿里巴巴国际站的定位。
2. 了解阿里巴巴国际站与速卖通的区别。

2 学时。

知识点1：阿里巴巴国际站

阿里巴巴国际站是全球领先的 B2B 企业间电子商务网站，是帮助中小企业拓展国际贸易业务的出口营销推广服务平台，商家通过该平台向海外买家展示、推广供应商的企业和产品，进而获得贸易商机和订单，是出口企业拓展国际贸易的首选网络平台（图 2-1）。阿里巴巴国际站提供一站式的店铺装修、产品展示、营销推广、生意洽谈及店铺管理等全系列线上服务和工具，帮助企业低成本、高效率地开拓外贸大市场。阿里巴巴国际站的核心价值是买家可以在此寻找卖家所发布的公司及产品信息，卖家可以在此寻找买家的采购信息，并为买家和卖家行为提供沟通工具、账号管理工具。阿里巴巴外贸机器人（Alibaba

图 2-1

27

Robot，AliRobot）是阿里巴巴国际站第一款自动化营销多功能软件，通过类似机器人工具实现高质量产品智能海量发布、多关键词全方位覆盖、产品定时批量更新、关键词排名一键查询等功能。

知识点 2：阿里巴巴国际站和速卖通的区别

阿里巴巴国际站和速卖通的区别如下：阿里巴巴国际站是 B2B 形式的平台，即企业与企业之间通过专用网络或 Internet 进行数据信息的交换、传递，开展交易活动的商业模式。而速卖通是 B2C 形式的，即企业对消费者的电子商务形式。国际站以传统的外贸模式为主，速卖通就是一般人理解的跨境电商。总的来说，国际站是大工厂对大采购商，交易周期长，通过信用证结汇，采用集装箱发货，一笔交易动辄几百万上千万美元。速卖通可以个人对个人，工厂对个人，或者工厂对小批发商、零售商，通过支付平台支付，快递包裹送货，一笔交易的额度不大，但是频次高。

知识点 3：阿里巴巴国际站的发展

1999 年，作为阿里巴巴集团的第一个业务，阿里巴巴国际站的成立开创了中国互联网的电商新纪元。这也为中小企业参与国际分工开辟了全新路径。阿里巴巴国际站致力于帮助中国中小型企业发展出口业务，也是中国最早出现的 B2B 跨境电商出口平台。

从 1999 年开始至今，阿里巴巴国际站一直服务于中小企业出口。截至 2019 年 6 月，阿里巴巴国际站拥有 1.5 亿注册会员，有全球超过 2 000 万的活跃买家，有超过 200 万的支付买家，每天有来自全球 200 多个国家和地区的中小企业在平台上进行交易，发生近 30 万笔询盘订单。阿里巴巴国际站付费会员供应商，已经覆盖中国内地 31 个省区市，中国港澳台地区以及土耳其、印度、马来西亚、韩国、巴基斯坦等境外地区也有大批商家入驻。阿里巴巴国际站目前覆盖了食品、服装、皮革、木制品、家具、汽车、电子产品、金属制品等 40 多个行业、5 900 多种产品类别，每年有超 1 亿笔采购订单通过该平台达成。

2015—2019 年，阿里巴巴国际站服务的注册会员、商家、买家逐年增加，如图 2-2～图 2-4 所示。

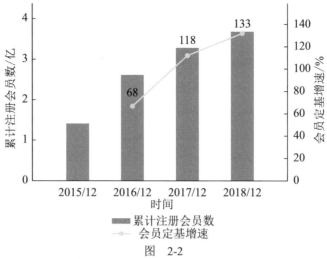

图 2-2

注：会员定基增速以2015年12月为基期。

数据来源：根据阿里巴巴国际站内部资料整理。

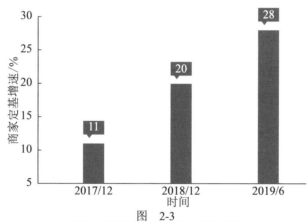

图 2-3

注：商家定基增速以2016年12月为基期。

数据来源：根据阿里巴巴国际站内部资料整理。

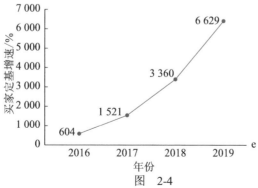

图 2-4

注：买家定基增速以2015年为基期；"e"表示2019年的定基增速是据买家的预测计算得到的。

数据来源：根据阿里巴巴国际站内部资料整理。

知识点 4：阿里巴巴国际站发展趋势

阿里巴巴国际站未来的愿景就是让做外贸跟做内贸一样简单，使中国这套操作系统可以复制到全球。任何一个国家，当地的买家也可以是卖家，卖家也可以是买家，互相之间可以去做交易。建立起全世界的多边贸易的网络，这是阿里巴巴国际站的终极目标。

在整个跨境链条中，阿里巴巴国际站从需求侧出发，针对海外市场的情况做行业分析报告，将数据开放给商家，以洞察海外市场获得新的商机。对于基础设施，阿里巴巴国际站在跨境履约上联合菜鸟、阿里云、蚂蚁金服等兄弟团队一同搭建一套完整的数字化解决方案，帮中小企业解决支付、通关、结汇、退税、金融服务等方面的难题。据阿里巴巴国际站预计，2020 年至 2025 年，平台买家数年均复合增速可达 38%，交易总规模年均复合增速可达 41%。

放眼未来，伴随"中国制造 2025"的实现和阿里巴巴国际站全球外贸操作系统的成型，国际贸易将完成从跨境电商阶段到全球数字贸易阶段的跨越。

第二节　阿里巴巴国际站运营规则

1. 熟悉阿里巴巴国际站全球旺铺装修市场规则。
2. 熟悉阿里巴巴国际站知识产权规则。
3. 熟悉阿里巴巴国际站禁限售规则。
4. 掌握阿里巴巴国际站搜索排序规则。

建议学时

4 学时。

知识点1：阿里巴巴国际站全球旺铺装修市场规则

全球旺铺是阿里巴巴平台提供给供应商的全球企业展示和营销网站，助力供应商开启全球网上贸易，不仅展示企业及产品的信息，更着重突出企业自身的营销能力。全球旺铺装修是根据行业特点、公司特点以及产品特色等进行公司包装和产品包装，以提高转化率，获得更多询盘。全球旺铺装修市场规则是阿里巴巴国际站为保护用户合法权益、维护全球旺铺装修市场秩序、促进全球旺铺装修市场发展制定的规则。

一、制定目的

为规范第三方服务商的经营行为，保护阿里巴巴国际站用户的合法权益，维护全球旺铺装修市场秩序，促进全球旺铺装修市场发展，制定本规则。

二、定义

（1）用户：本规则中的用户指使用全球旺铺装修市场服务或通过全球旺铺装修市场订购商品的单位或个人。

（2）ISV（独立软件开发商）：将其产品或服务发布于全球旺铺装修市场并通过全球旺铺装修市场进行销售的企业或经营性个人。

（3）商品：本规则中的商品指ISV发布于全球旺铺装修市场的产品或服务。

三、规则适用

（1）ISV及用户于全球旺铺装修市场的活动均应受本规则约束，本规则对ISV及用户均具有法律效力。

（2）ISV及用户应事先完整、仔细地阅读本规则，一旦ISV或用户通过其阿里巴巴国际站注册账户使用全球旺铺装修市场的任何服务，即被视为同意遵守本规则。

四、规则修订

阿里巴巴国际站（以下简称"国际站"）有权根据全球旺铺装修市场的情况单方修改

本规则，修改后的规则于国际站公告时生效（公告注明生效时间的以公告注明的时间为准），修改后的规则对 ISV 及用户具有约束力。

五、ISV 准入

（1）ISV 拟进入全球旺铺装修市场的，应事先注册成为阿里巴巴国际站注册用户，并同意遵守国际站的任何协议、规则或规定。

（2）ISV 应是经过市场监督管理部门登记注册的从事经营活动的商业组织或个体工商户，应持有合法、有效的营业执照。ISV 发布或销售商品的行为应在其经营范围内，其发布或销售商品的行为应符合国家法律、规章或政策，且不得侵犯他人的合法权益。

（3）ISV 的商品应有助于帮助外贸类企业实现其国际站旺铺的装修或优化。

（4）ISV 同意只接受"支付宝服务"或其他由支付宝（中国）网络技术有限公司（以下简称"支付宝公司"）提供的支付方式作为其通过全球旺铺装修市场达成商品交易的支付工具，ISV 应要求用户通过该支付方式向 ISV 支付购买商品的费用。ISV 理解并同意，其应注册成为"支付宝"用户，并通过"支付宝认证"，拥有"企业支付宝"账户。

（5）ISV 所销售商品的价格应符合国家法律、规章的规定，且符合行业规范或惯例，遵循市场规律，不得扰乱市场秩序。

（6）ISV 申请加入全球旺铺装修市场的，应向国际站提交 ISV 自身的下列资料，且保证所有提交的资料和信息系真实、准确、合法、有效的：

①加盖公章的营业执照复印件。

②商品的说明文档（形式可以是 MRD、PRD）。

③经实名认证的企业支付宝账号。

④法人代表或经营者身份证复印件。

⑤商品售卖模式说明。

⑥联系人及联系方式。

⑦国际站注册账号。

⑧其商品的试用账号且保证账号持续有效。

（7）国际站有权对 ISV 提交的资料进行形式审查，且有权依照自己的单方判断来确定 ISV 是否符合准入条件。

（8）ISV 应与阿里巴巴（中国）网络技术有限公司签署技术服务合同。

六、账户及安全

（1）经阿里巴巴国际站同意准入的，ISV 可以通过国际站的账号及密码登录全球旺铺装修市场并使用全球旺铺装修市场的服务。

（2）ISV 应严格保密并妥善保管其国际站账号和密码，通过其国际站账户操作的所有行为被视作该 ISV 的行为，其所有后果由 ISV 承担。

七、信息发布规范

（1）ISV 在全球旺铺装修市场发布信息（包括企业信息、商品信息等）的，应遵循如下规范。

①发布的任何信息，其内容及形式应符合法律、规章、政策，并应真实、准确、完整。且不会出现含淫秽、不道德、欺诈、诽谤（含商业诽谤）、虚假、引人误解、滥用或过度承诺、恐吓或骚扰内容的信息。其发布的信息不会侵犯任何第三方的合法权利或利益。

②不应直接或间接地链接任何法律、规章所禁止发布或销售的产品或服务，以及与国际站有竞争关系的主体 / 网站或其产品 / 服务，或者其他甲方认为不适合链接的内容。

③不得含有任何类型的恶意计算机程序或病毒。

④不得重复提交或发布同款产品。

⑤发布的信息不得含影响用户浏览路径的功能，如弹出式广告。

⑥商品标题或其他地方描述的价格应与成交价格一致，不得利用价格吸引用户购买而描述的价格却与成交价格不一致。

⑦如果商品信息里推荐了其他商品，则点击后必须链接到其他商品于全球旺铺装修市场的具体商品详情页面，不得链接到其他任何地方。

⑧不得在商品名称或商品介绍中进行关键词堆砌。

（2）ISV 发布于全球旺铺装修市场的商品信息应包含以下内容。

①商品的功能及描述。

②多版本商品应清楚地描述不同版本的功能对比。

③售后服务说明（应包含售后联系方式）。

④使用帮助教程。

⑤售卖方式。

⑥联系方式（建议含旺旺在线）。

（3）国际站有权在不通知 ISV 的前提下删除其认为涉嫌违法、侵犯他人合法权益、违反阿里巴巴国际站协议 / 规则或其他国际站认为不妥当的信息。

八、服务规范

（1）ISV 应本着"客户第一"的原则服务于用户。

（2）ISV 负责解答及解决各类用户咨询及投诉。ISV 应在收到用户或阿里巴巴转交的咨询或投诉后 2 小时之内作出应答，6 小时内妥善解决。

（3）ISV 应保证服务客服一周至少 5 个正常工作日，每天至少 8 小时（9：00—17：00）在线。

（4）ISV 因系统升级、机房调整、线路切换等原因需要中断服务的，应提前 3 个工作日于其全球旺铺装修市场的服务页面向用户进行公告。此类情形下的中断服务应尽量放在对用户影响最小的时间段内完成。中断时间应在合理的时间范围内。

（5）ISV 应使其服务稳定、可靠，服务不稳定导致服务中断的，应给用户足额补偿。服务中断时间不得累计超出 3 个工作日或连续服务不稳定不得累计超出 1 个工作日（均含本数）。

（6）ISV 销售的商品或提供的服务不得出现危及人身或者财产的安全故障、隐患或漏洞。

（7）ISV 应向购买其商品的用户提供持续有效的服务，不得擅自中断服务。擅自中断服务或出现侵犯用户利益情形的，应及时解决并提供合理的解决方案。该解决方案无法使用户满意的，应对用户给予补偿。

（8）因任何原因 ISV 退出全球旺铺装修市场，或某商品或类目被删除的，ISV 应本着维护用户权益的原则，对已购买且在服务期内的用户提供合理的解决方案。该解决方案无法使用户满意的，应对用户给予补偿。

九、运营规范

（1）ISV 应于用户下单后通过各种方式向用户交付商品使用指南。

（2）全球旺铺装修市场作为用户使用 ISV 商品的注册、登录和计费的唯一入口，严禁 ISV 通过其他方式向用户提供任何产品（包括 ISV 自身的或其他第三方的产品），严禁 ISV 通过任何方式向用户引导至其自身运营平台或任何其他平台。

（3）ISV 的所有运营数据，包括但不限于用户的资料（包括账号信息、旺旺 ID、手机号、住址等）和产品使用数据，未经阿里巴巴及用户事先书面同意，ISV 不得因任何目的而擅自保存、使用或许可他人使用。

（4）ISV 之间应公平、公正竞争，严禁恶意订购、恶意抄袭或进行其他不正当竞争的行为。

（5）未经阿里巴巴和用户事先书面同意，禁止 ISV 通过任何方式向用户发送任何信息。

（6）禁止 ISV 以阿里巴巴或其关联公司名义进行宣传或推广。

（7）ISV 的推广内容必须符合其商品实际情况，不得虚假宣传、滥用承诺或过度承诺。

（8）未经用户事先书面授权，禁止 ISV 获取买家隐私数据（如地址、电话和购买记录等）。

（9）未经阿里巴巴事先同意，ISV 不得下架商品。

十、诚信经营

（1）ISV 于全球旺铺装修市场实施的任何行为应遵循诚实信用原则。

（2）ISV 不得以任何方式将能够在全球旺铺装修市场达成的交易转入线下或其他平台，或不使用支付宝服务而通过其他付款方式向用户收取费用。

（3）ISV 之间不得进行抄袭或实施其他不正当的竞争行为。

（4）ISV 应诚信经营，不得引诱、欺骗用户进行不合理的消费。向用户收取的费用应符合法律、规章、政策、行业惯例或规范、市场规律。ISV 应就其销售商品行为自行依法纳税且应按照用户要求开具发票，发票金额应与用户付款金额相同，不得虚开。

（5）ISV 之间不得相互联合抬高价格。

（6）ISV 不得以任何不正当手段获取他人信息。同时 ISV 应对其通过全球旺铺装修市场获得的用户信息（包括但不限于联系人、联系方式、交易信息等）及国际站数据（包括但不限于通过全球旺铺装修市场技术接口及其他渠道获得的任何网站数据）采取保密措施并严格保密，不得擅自使用、披露或许可他人使用。

（7）ISV 不得利用支付宝公司提供的服务从事洗钱、贿赂、欺诈等非法活动或用于其他不道德的用途。

十一、评价

（1）用户可以在全球旺铺装修市场服务中心对其购买的商品进行评价（可多次评价），评价包括评分及评论。

（2）评分星级（1～5星）。

（3）用户可根据实际情形自行填写评论。评论中不得含法律、规章禁止发布的信息，不得含有披露他人隐私，侮辱、诽谤或侵犯他人合法权益的内容。

（4）恶意评价：下列评价被视为恶意评价。

①以给予低分评价（2 星及以下，下同）为威胁，提出不合理要求（如免费）或谋取其他利益。

②ISV 购买同行的商品后给出低分评价。

（5）用户、ISV、他人对评价进行投诉（包括恶意评价）的，应在评价后 7 天内提交并提供相关证件，逾期提交或提供的，国际站有权不予处理。国际站有权根据其单方判断来认定投诉是否成立及是否删除相关评价。

（6）国际站如发现评语里含有法律、规章禁止发布的信息，含有政治敏感信息，或含有披露他人个人隐私、侮辱或诽谤他人等侵犯他人合法权益的信息，有权以国际站的单方判断决定是否删除或屏蔽相关文字。

（7）如某一类目超过 60% 的商品，与该商品相关的评价平均分连续 3 个月在 2 分及以下的，则国际站有权关闭该类目且删除类目下的所有信息。

十二、违规及处理

（1）ISV 同意国际站有权依其单方判断认定 ISV 的行为是否违反本规则。国际站有权要求 ISV 在国际站要求的时间内提供能证明 ISV 行为合法或符合本规则的证据，ISV 未在要求的时间内提供或虽提供但不能充分证明其主张的，国际站有权作出对其不利的认定。国际站有权责令 ISV 纠正违反本规则的行为，在 ISV 纠正其行为前，国际站有权暂停 ISV 使用全球旺铺装修市场的任何服务。

（2）ISV 出现下列情形之一的，国际站有权停止 ISV 于全球旺铺装修市场的任何活动（包括关闭权限）并删除其于全球旺铺装修市场的任何信息，且有权关闭 ISV 的国际站账户。

①ISV 发布的信息内容或形式违反法律、规章或政策。

②违反本规则 9.2 款、10.2 款或 10.6 款规定的。

③发布的信息或销售的商品中植入计算机病毒的。

④ISV 对其他同行作出恶意评价，或利用评价 / 留言发布广告，或伪造 / 篡改用户评论 / 留言的。

⑤ISV 发布信息或销售商品的行为涉嫌侵犯他人知识产权的。

⑥ISV 违反国际站禁限售规则的。

⑦ISV 销售的商品存在危及人身或者财产安全的故障或隐患的。

⑧出现除 12.1 款以外的其他违反法律、规章、政策的行为。

（3）ISV 出现除 12.2 款以外的违反本规则的任何情形累计达 6 次的，国际站有权停止 ISV 于全球旺铺装修市场的任何活动（包括关闭权限）并删除其于全球旺铺装修市场的任何信息，且有权关闭 ISV 的国际站账户。

（4）ISV 因违反国际站协议、规则而被关闭站账户的，则 ISV 使用全球旺铺装修市场的权限被同时停止。

十三、国际站定位

全球旺铺装修市场仅作为交易平台，全球旺铺装修市场的信息由 ISV 及用户自行发布。用户或 ISV 使用外贸市场服务，并不意味着国际站成为用户在全球旺铺装修市场上与 ISV 所进行交易的参与者。对前述交易，国际站不对 ISV 和用户行为的合法性、有效性及商品的质量、安全、合法性等进行任何明示或默示的担保，也不对任何用户或 ISV 的损失承担责任。

十四、费用收取

就用户或 ISV 使用全球旺铺装修市场服务，国际站保留向 ISV 或用户收取费用的权利。在国际站有收费计划时，将修改本规则并于国际站公告。

十五、免责和有限责任

（1）对由下列原因导致的服务或系统不适用、不便利、出现故障而造成损失的，国际站不承担违约责任，不需要支付任何性质的赔偿：①系统停机维护的。②通信终端或电信设备出现故障不能进行数据传输的。③因台风、地震、海啸、洪水、停电、战争、恐怖袭击等不可抗力因素造成系统障碍而不能执行业务的。④由于黑客攻击、电信部门进行技术调整或出现故障、网站升级、第三方问题等原因而造成的服务中断或者延迟的。

（2）ISV 独自承担开发、运营、维护 ISV 商品所产生的任何风险和后果，国际站没有责任和义务对于用户的发布、销售或其他任何行为负责。

十六、其他

（1）与用户或 ISV 使用全球旺铺装修市场或其他与本规则有关的任何争议，可提交被告住所地人民法院诉讼解决。

（2）本规则于国际站公告时生效。

（3）本规则里的"日"或"天"，除非注明是工作日，否则均系自然日。

知识点 2：阿里巴巴国际站知识产权规则

为了打击产品侵权行为规范平台卖家运营，阿里巴巴国际站针对产品侵权问题，出台了一系列的知识产权保护规范和制度，只要卖家违反了这些规定，就会受到一定程度的惩罚。《阿里巴巴国际站知识产权规则》于 2017 年 11 月 1 日正式生效。

一、知识产权的侵权行为

阿里巴巴国际站用户不得利用网站服务从事侵犯他人知识产权的行为，包括一般侵权行为和严重侵权行为。

一般侵权行为如下。

（1）在所发布的商品信息、店铺或者域名中不当使用他人的商标权、著作权等权利。

（2）发布、销售商品时不当使用他人的商标权、著作权等权利。

（3）所发布的商品信息或者所使用的其他信息造成用户混淆或者误认等情形。

严重侵权行为如下。

（1）未经著作权人许可复制其作品并进行发布或者销售，包括图书、音像制品、计算机软件等。

（2）发布或者销售未经商品来源国注册商标权利人或者其被许可人许可生产的商品。

二、知识产权侵权行为的处理

1. 一般侵权行为的处理

对一般侵权行为的处理见表 2-1。

表 2-1

类型	触发原因	扣分计算方式
一般侵权行为	权利人投诉	6 分 / 次。首次被投诉不扣分，基于同一知识产权原因且发生在首次被投诉后 5 天内的投诉算一次投诉。从第 6 天开始，每次被投诉扣 6 分。一天内若由于同一知识产权原因被多次投诉的，扣一次分。这里的所有时间均以投诉受理时间为准
	国际站抽样检查	每退回 1 次扣 2 分，一天内扣分不超过 6 分。如一般侵权行为情节严重的，每退回 1 次扣 4 分，一天内扣分不超过 12 分
此处所指的"投诉"均指成立的投诉，即被投诉方被投诉，在规定期限内未发起反通知，或者虽发起反通知，但反通知不成立		

对应的账号积分处罚标准（除特别说明外，国际站全站的罚分累加计算），请参见《阿里巴巴国际站用户违规处罚标准》。

2. 严重侵权行为的处理

对严重侵权行为的处理见表 2-2。

表 2-2

类型	累计被记振次数	处理方式
严重侵权行为	1 次	权限 7 天 + 考试 （若考试未在 7 天内通过，则最长权限 30 天）
	2 次	权限 14 天 + 考试 （若考试未在 14 天内通过，则最长权限 60 天）
	3 次	关闭账号

（1）针对国际站上的严重侵权行为实施"三振出局"制，即每次针对用户严重侵权行为的投诉记振一次。3 天内如果出现多次针对同一用户的严重侵权行为投诉，记振一次，时间以第一次投诉的受理时间开始计算。若针对同一用户记振累计达 3 次的，则关闭该用户账号。

（2）此处所指的"投诉"均指成立的投诉，即被投诉方被投诉，在规定期限内未发起反通知；或者虽发起反通知，但反通知不成立。

（3）除被三振关闭账号外，被记振的用户还需要进行知识产权学习及考试。通过考试的用户可以在限权期限届满后恢复账号正常状态。详见考试说明。

（4）严重侵权行为的记振次数按行为年累计计算，行为年指的是每项严重侵权行为的处罚会被记录365天。

（5）当情况特别极端时，国际站保留对用户单方面解除会员协议或服务合同、直接关闭用户账号以及国际站酌情判断与其相关联的所有账号及/或实施其他国际站认定的合适措施的权利。"情况特别极端"包括但不限于：①用户侵权行为的情节特别严重。②权利人针对国际站提起诉讼或法律要求。③用户因侵权行为被权利人起诉，被司法、执法或行政机关立案处理。④应司法、执法或行政机关要求，国际站处置相关账号或采取其他相关措施。

知识点3：阿里巴巴国际站禁限售规则

阿里巴巴国际站禁止发布法律法规禁止的任何产品信息，以及含有或指向性描述禁限售信息。有任何违反阿里巴巴国际站规定发布违规信息行为的卖家，阿里巴巴均有权依据《阿里巴巴国际站禁限售规则》对其进行处罚。

一、概述

平台禁止发布任何含有或指向性描述禁限售信息。任何违反本规则的行为，阿里巴巴均有权依据《阿里巴巴国际站禁限售规则》进行处罚。

用户不得通过任何方式规避本规则、平台发布的其他禁售商品管理规定及公告规定的内容，否则有可能被加重处罚。

二、违禁信息列表

平台用户不得在阿里巴巴国际站平台发布任何违反各个国家、地区及司法管辖区的法律规定或监管要求的商品。

表2-3是平台禁止发布或限制发布的部分信息列表，仅供用户参考。

表 2-3

1. 毒品、易制毒化学品及毒品工具【解读】	
（1）麻醉镇定类、精神药品、天然类毒品、合成类毒品、一类易制毒化学品	严重违规，扣 48 分
（2）二类易制毒化学品、类固醇	一般违规，6 分 / 次
（3）三类易制毒化学品	一般违规，2 分 / 次
（4）毒品吸食、注射工具及配件	一般违规，2 分 / 次
（5）帮助走私、储存、贩卖、运输、制造毒品工具	一般违规，1 分 / 次
（6）制作毒品的方法、书籍	一般违规，1 分 / 次
2. 危险化学品【解读】	
（1）爆炸物及引爆装置	严重违规，扣 48 分
（2）易燃易爆化学品	一般违规，6 分 / 次
（3）放射性物质	一般违规，6 分 / 次
（4）剧毒化学品	一般违规，6 分 / 次
（5）有毒化学品	一般违规，2 分 / 次
（6）消耗臭氧层的物质	一般违规，1 分 / 次
（7）石棉及含有石棉的产品	一般违规，1 分 / 次
（8）剧毒农药	一般违规，1 分 / 次
（9）烟花爆竹、点火器及配件（限售）	一般违规，0.5 分 / 次
3. 枪支弹药【解读】	
（1）大规模杀伤性武器、真枪、弹药、军用设备及相关器材	严重违规，扣 48 分
（2）仿真枪及枪支部件	一般违规，6 分 / 次
（3）有潜在威胁的工艺品类	一般违规，2 分 / 次
4. 管制器具【解读】	
（1）刑具及限制人身自由的工具	一般违规，6 分 / 次
（2）管制刀具	一般违规，6 分 / 次
（3）严重危害他人人身安全的管制器具	一般违规，6 分 / 次
（4）弩（限售）	一般违规，0.5 分 / 次
（5）一般危害他人人身安全的管制器具	一般违规，2 分 / 次
5. 军警用品【解读】	
（1）制服、标志、设备及制品	一般违规，2 分 / 次
（2）限制发布的军警用品（限售）	一般违规，0.5 分 / 次
6. 药品【解读】	
（1）处方药、激素类、放射类药品	一般违规，6 分 / 次
（2）特殊药制品	一般违规，6 分 / 次
（3）有毒中药材	一般违规，2 分 / 次
（4）口服性药及含违禁成分的减肥药、保健品	一般违规，2 分 / 次
（5）非处方药（限售）	一般违规，0.5 分 / 次
7. 医疗器械【解读】	
（1）医疗咨询和医疗服务	一般违规，6 分 / 次
（2）三类医疗器械（限售）	一般违规，0.5 分 / 次

8. 色情、暴力、低俗及催情用品【解读】	
（1）涉及兽交、性虐、乱伦、强奸及与儿童色情相关的信息	严重违规，扣48分
（2）含有色情淫秽内容的音像制品及视频、色情陪聊服务、成人网站论坛的账号及邀请码	严重违规，扣48分
（3）含真人、假人、仿真器官等露点及暴力图片	一般违规，2分/次
（4）原味产品	一般违规，0.5分/次
（5）宣传血腥、暴力及不文明用语	一般违规，0.5分/次
9. 非法用途产品【解读】	
（1）用于监听、窃取隐私或机密的软件及设备	一般违规，6分/次
（2）信号干扰器	一般违规，6分/次
（3）非法软件及黑客类产品	一般违规，2分/次
（4）用于非法摄像、录音、取证等用途的设备	一般违规，2分/次
（5）非法用途工具（如盗窃工具、开锁工具、银行卡复制器）	一般违规，2分/次
（6）用来获取需要授权方可访问的电视节目、网络、电话、数据或其他受保护、限制的服务的译码机或其他设备（如卫星信号收发装置及软件、电视棒）	一般违规，2分/次
10. 非法服务【解读】	
（1）政府机构颁发的文件、证书、公章、勋章、身份证及其他身份证明文件，用于伪造、变造相关文件的工具、主要材料及方法	严重违规，扣48分
（2）单证、票证、印章、政府及专门机构的徽章	严重违规，扣48分 一般违规，6分/次
（3）金融证件、银行卡，用于伪造、变造相关的工具、主要材料及方法。洗黑钱、非法转账、非法集资	严重违规，扣48分 一般违规，2分/次
（4）涉及伪造证件类及金融类证件的相关敏感信息	一般违规，6分/次
（5）个人隐私信息及企业内部数据。提供个人手机定位、电话清单查询、银行账户查询等服务	一般违规，2分/次
（6）法律咨询、彩票服务、医疗服务、教育类证书代办等相关服务	一般违规，2分/次
（7）追讨服务、代加粉丝或听众服务、签证服务（代办签证服务限售）	一般违规，0.5分/次
11. 收藏类【解读】	
（1）货币、金融票证，明示或暗示用于伪造、变造货币、金融票证的主要材料、工具及方法	严重违规，扣48分 一般违规，6分/次 或0.5分/次
（2）虚拟货币（如比特币）	一般违规，6分/次
（3）金、银和其他贵重金属	一般违规，2分/次
（4）国家保护的文物、化石及其他收藏品	一般违规，2分/次
12. 人体器官、受保护的动植物及捕杀工具【解读】	
（1）人体器官、遗体	严重违规，扣48分
（2）重点或濒危保护动物的活体、身体部分、制品及工具	一般违规，2分/次
（3）鲨鱼、熊、猫、狗等动物的活体、身体部分、制品及任何加工机器	一般违规，2分/次
（4）重点或濒危保护植物、制品	一般违规，1分/次

续表

13. 危害国家安全及侮辱性信息【解读】	
（1）宣扬恐怖组织和极端组织信息	严重违规，扣48分
（2）宣扬国家分裂及其他各国禁止传播发布的敏感信息	严重违规，扣48分
（3）涉及种族、性别、宗教、地域等的歧视性或侮辱性信息	一般违规，2分/次
（4）其他含有政治色彩的信息	一般违规，0.5分/次
14. 烟草【解读】	
（1）成品烟及烟草制品	一般违规，6分/次
（2）电子烟液	一般违规，6分/次
（3）制烟材料及烟草专用机械（限售）	一般违规，0.5分/次
15. 赌博【解读】	
（1）在线赌博信息	一般违规，2分/次
（2）赌博工具	一般违规，2分/次
16. 制裁及其他管制商品【解读】	
（1）禁运物	一般违规，1分/次
（2）其他制裁商品	一般违规，1分/次
17. 违反目的国产品质量技术法规/法令/标准的及劣质的、存在风险的商品【解读】	
（1）经权威质检部门或生产商认定、公布或召回的商品。各国明令淘汰或停止销售的商品。过期、失效、变质的商品，以及无生产日期、无保质期、无生产厂家的商品	一般违规，2分/次
（2）高风险及安全隐患类商品	一般违规，1分/次

三、违规处理

平台有权根据所发布信息本身的违规情况及会员行为做加重处罚或减轻处罚的处理。见表2-4。

恶意行为举例：包括但不限于对商品信息采用隐藏、遮挡、模糊处理等隐匿的手段，通过暗示性描述或故意通过模糊描述、错放类目等方式规避监控规则，同时发布大量违禁商品，重复上传违规信息，以及恶意测试规则等行为。对于恶意违规行为，将视情节的严重性程度进行加重处罚，如一般违规处罚翻倍，或达到严重违规程度时关闭相关账号。

一般违规加重处罚：对于被认定为恶意行为的一般违规将做加重处罚处理（如发现同类重复违规行为，二次处罚分数加倍）。

附：账号处罚标准（除特别说明外，阿里巴巴国际站全站的罚分累加计算），见表2-4。

表　2-4

累计罚分	处罚方式	备　注
6 分	严重警告	邮件通知
12 分	搜索屏蔽 7 天 & 旺铺屏蔽 7 天	邮件通知和系统处罚
24 分	搜索屏蔽 14 天 & 旺铺屏蔽 14 天	
36 分	搜索屏蔽 21 天 & 旺铺屏蔽 21 天	
48 分	关闭账号	

（1）分数按行为年累计计算，行为年指的是每项违规等级的扣分都会被记录 365 天。已被关闭账号处罚的除外。

（2）用户累计罚分达到 24 分或以上的，阿里巴巴有权拒绝或限制用户参加阿里巴巴国际站的各类推广、营销活动或产品 / 服务的使用。

（3）用户违规情节特别严重的（包括但不限于对商品信息采用隐藏、遮挡、模糊处理等隐匿的手段规避平台管理，经平台合理判断账号使用者本人或其控制的其他账号已因严重违规事件被处罚，账号使用者本人或其控制的其他账号被国内外监管部门立案调查，或虽未立案但平台有理由认为其有重大嫌疑等严重影响平台管理秩序或造成一定负面影响的情况），阿里巴巴有权立即单方解除合同、关闭账号，且不退还剩余服务费用，并有权作出在阿里巴巴国际站及 / 或其他媒介进行公示，给予关联处罚及 / 或永久不予合作等的处理。

知识点 4：阿里巴巴国际站搜索排序规则

《阿里巴巴国际站搜索排序规则》主要从正向引导和反向排除两个角度入手，辅以部分图、表、数据等对阿里巴巴国际站搜索排序的原则及机制进行解释及说明。

《阿里巴巴国际站搜索排序规则》是对目前阿里巴巴国际站（即 www.alibaba.com，以下也称"平台"）搜索排序机制的相关说明，由阿里巴巴（中国）网络技术有限公司编制并于 2014 年 9 月首次发布，于 2016 年 5 月进行更新。

发布本规则的目的是为阿里巴巴国际站中国供应商用户在平台上发布信息提供一定的指引及帮助。需要明确的是，阿里巴巴国际站搜索排序机制会根据用户需求、市场环境、政府监管等不断地进行优化调整，搜索排序结果将由诸多内外部因素共同作用而成，变化和不确定性较大。因此，本规则所示内容（包括但不限于图、表、文字示例等）在任何情况下均不构成对阿里巴巴国际站搜索排序相关技术服务或排序结果的承诺或保证。

一．阿里巴巴国际站搜索排序功能的定义及目标

搜索是各类大型网站最基本的功能，它能让用户更高效快捷地表达自己的需求并得到网站返回的结果，而排序则是这一类结果的体现。同样地，阿里巴巴国际站搜索排序功能的目标是让用户快速高效地匹配到最合适的产品、供应商或者资讯。

二、阿里巴巴国际站搜索排序分类

目前阿里巴巴国际站的搜索排序主要包含类目浏览排序（categories）、产品搜索排序（products）、供应商搜索排序（suppliers）、供应商店铺内搜索排序等，这几种搜索排序类别的排序机制大体相同，仅在细微处有差异，且都是综合排序。

三、阿里巴巴国际站搜索排序原则

搜索排序主要是买家需求的体现，阿里巴巴国际站的搜索排序机制正是从买家角度出发逐步进行筛选后作出决策的。

以产品搜索排序为例，平台的搜索排序机制主要有作弊过滤、匹配、排序3个阶段，即平台会首先过滤掉作弊产品，然后根据类目和文本的关联程度筛选出符合搜索需求的产品，最后根据买家偏好、产品及供应商信息进行排序。图2-5为产品搜索排序框架图。

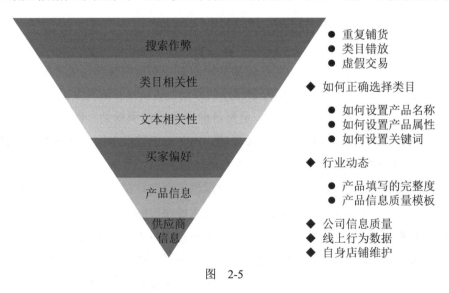

图　2-5

（一）搜索作弊

搜索作弊指的是部分供应商故意通过重复铺货、类目错放、虚假交易等虚假行为影响

平台搜索排序效果，骗取平台搜索曝光资源。搜索作弊行为严重破坏了公平竞争的市场秩序，极大地伤害了买家的搜索体验，是平台严厉打击的行为。

1. 重复铺货

重复铺货指的是部分供应商通过滥发重复产品的方式提高产品在平台搜索结果中的曝光量。对此类行为，阿里巴巴将依据平台相关规则进行处理（查看网址 http：//www.alibaba.com/help/rules/seller/post008.html 可了解详情）。建议供应商在店铺产品信息发布时，注意在产品图片、标题、属性、详细描述等方面体现不同产品的差异性和特点，避免出现重复铺货。

2. 类目错放

类目错放指的是部分供应商故意将其产品发布到与产品实际描述不符的类目下，以期获得热门类目下产品高曝光度的行为。此类行为一经识别，平台将按搜索排序下调或搜索屏蔽等方式对相关产品信息作出处理。建议供应商根据产品的实际描述选择合适的类目以获得更好的搜索曝光效果，避免类目错放。

需要注意的是，阿里巴巴国际站搜索排序机制认定的作弊行为并不仅限于以上两种，任何不诚信的行为、效果虚假行为等一经认定，均会受到严厉处罚。

为便于供应商对搜索作弊行为进行自查自纠，目前，阿里巴巴在供应商管理后台（即供应商的 My Alibaba 后台）的"搜索诊断"工具中提供了类目错放及重复铺货两类搜索作弊行为的相关提示，供应商可以根据后台提示进行相应的操作。同时，阿里巴巴建议供应商对搜索作弊行为及相关处罚给予足够重视，并在企业员工中培养相关意识，以免因此遭受处罚，蒙受损失。

3. 虚假交易

虚假交易指的是通过不正当方式提高账户的商品销量或交易量及增加网站会员积分、信用积分等以获取不当利益的行为。此类行为一经识别，平台将按搜索排序下调或搜索降权等方式对相关产品信息作出处理，并对供应商采取限制参加平台营销活动、限制国际站账号部分或全部权限等处理。

（二）匹配

这里的匹配指的是搜索返回结果要与买家输入的搜索词相匹配，主要考虑类目相关性和文本相关性两个方面。

1. 类目相关性

类目即产品的类别，搜索功能首先要保证类目相关性，以期快速定位到买家需求所属的同类产品。

建议供应商发布产品时选择正确、合适的类目。

（1）不要错放类目。阿里巴巴国际站将恶意把产品放置在不正确的类目下以期获得曝光的行为认定为作弊行为，此类行为将会受到平台反作弊机制的严厉打击，并会对供应商的产品展示效果产生负面影响。

（2）存在准确类目的产品不要放在"其他"类目下。如果供应商难以找到合适的类目或认为平台的类目建设不够合理，可以随时通过客服或者客户经理向平台反馈。

2. 文本相关性

文本相关性指的是搜索精准匹配到买家需求的产品集合。搜索功能会根据产品标题、属性、关键词等产品关键信息进行检索，并与买家搜索词的文本相关性进行匹配。

建议供应商发布产品时作出真实、准确、合理、完善的关键信息描述。

（1）将产品词真实、准确地体现在产品标题中，并可以在产品标题中添加相关的修饰词、关键词，通过完善属性等方式来更好地匹配买家搜索词。

（2）避免堆砌、滥用产品关键词。在产品信息描述中单纯地重复使用关键词的行为，如关键词堆砌、关键词滥用、标题滥用等，非但不会增加文本相关性，反而会降低搜索匹配效果。

（三）排序

排序是指在匹配条件同等的情况下将买家偏好的、更好的产品、更优质的供应商优先展示，主要考虑产品信息、供应商信息、买家偏好 3 个要素。

1. 产品信息

平台排序功能会从产品信息描述的易读性、丰富性、一致性来判断产品质量的高低。

建议供应商：

（1）产品标题做到言简意赅。简要、清楚地描述产品的名称、型号以及关键特征、特性，使买家一看即知产品的关键信息。切忌反复堆砌、罗列相同或者意思相近的词组。过于冗长的标题会使买家找不到重点，难以判别产品标题的中心内容。

（2）产品属性尽量完整、准确填写，主图尽量清晰、明确，这些能够帮助买家清楚地了解相关产品。

（3）产品详细描述中的信息一定要真实、准确，避免和标题、属性出现互斥或者不一致的情况，以免对买家或平台的判断造成干扰。恰当地使用图片或表格介绍产品功能、特点、质量、优势，有助于买家快速了解产品信息。

另外，非自然语言描述或信息重复严重的产品表述会降低该产品的搜索排序效果。

2. 供应商信息

平台排序功能会从供应商信息的完整度、真实度、供应商在平台的活跃度，以及供应商对其店铺与产品的管理、维护程度等多方面进行供应商信息质量的判断。

建议供应商：

（1）完善供应商表单中的内容，尽可能完成认证或者提供更多的认证信息。一般来说，供应商认证信息展示得越多，买家对该供应商真实性的疑虑越小，沟通的成本也越低，这样发生询盘的概率也会越高。

（2）积极、及时地对自身的店铺进行维护，如合理地控制产品总量、突出重点产品、对逾期或者不具有太大价值的产品进行清理等。店铺内相似产品或无效产品的大量累积会使买家产生视觉疲劳，从而失去对该店铺的兴趣，并将直接影响供应商信息的质量，进而影响供应商的搜索排序效果。

（3）及时回复买家的各类询盘、咨询等。及时的回复能提升买家的好感度，有助于达成贸易，以免错失商机。

3. 买家偏好

平台排序功能会根据买家的行为识别买家偏好，使买家更喜欢的产品排序靠前。

建议供应商：

（1）及时了解自身所在行业的动态信息和买家需求点，与自有产品的优势、特点进行分析和结合，并在产品标题、关键词、自定义属性、描述中加以体现。

（2）需要说明的是，买家偏好更多地取决于买家自身的采购意愿。不同的买家搜索相同的关键词，因为买家偏好、意愿不同，买家对产品或供应商的选择也会不同。

第三节　阿里巴巴国际站案例分析

1. 掌握阿里巴巴国际站跨境电商卖家操作流程。

2. 掌握阿里巴巴国际站注册流程。

3. 掌握发布产品标题和产品描述的技巧。

4. 掌握询盘回复的原则。

5. 掌握供应商选择的准则。

6. 掌握商业发票的填写。

7. 掌握装箱单的填写。

8. 掌握委托报关协议和委托报检协议的填写。

9. 掌握国际海运货物委托书的填写。

10. 掌握货物运输险投保单的填写。

8 学时。

一、阿里巴巴国际站跨境电商卖家操作流程

阿里巴巴国际站跨境电商 B2B 业务的卖家操作流程如图 2-6 所示。

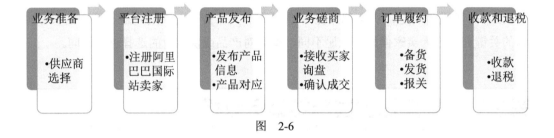

图 2-6

1. 业务准备

进行供应商的选择,落实货源。出口企业应在开展出口业务前从专业的批发市场或专业网站了解潜在的供应商,确定一家合适的供应商,等到将来与买家确认成交后,让供应商安排生产或组织货物。

2. 平台注册

在阿里巴巴国际站进行注册,成为阿里巴巴国际站跨境电商 B2B 业务卖家。

3. 产品发布

平台卖家准备好产品名称、图片、关键词、产品标题、产品的规格属性等信息,通过 My Alibaba 后台发布到阿里巴巴国际站,供全球买家浏览。

完成产品信息发布后,卖家公司进行产品对应,确认无误后,卖家产品发布工作完成。

4. 业务磋商

通过 Trade Manager 接待国际客户并进行磋商,或者通过 My Alibaba 后台接收买家询盘。经过几次磋商达成一致,双方签订合同。

5. 订单履约

让供应商组织备货、发货,之后向国际货运代理企业办理托运,委托其安排运输、报关、报检等。

一般成交金额较大、数量较多时选择传统发货操作。其过程为电商企业向国际货运代理企业托运，委托其订舱，安排运输，货物运抵海关监管区后，委托一家报关行代为报关。

一般成交金额较小、数量较少时选择线上发货操作。其过程为在电商平台选择国际物流方式和服务商，并选择平台提供的外贸综合服务，阿里巴巴国际站的卖家可选择一达通服务，发货后由一达通提供通关、外汇、退税服务。

6. 收款和退税

传统的收款方式包括信用证、托收、汇付。汇付方式是由买家主动从境外把货款汇到境内卖家的外汇账户。信用证和托收方式要等卖家把商业发票、装箱单、汇票等单据通过国内银行寄到国外银行后，再由买家去银行付款，付款后取得商业单据去报关提货。

货物报关出口并且已经收到外汇以后，电商企业到税务机关办理出口退税申报。

二、跨境电商实战实训平台阿里巴巴国际站案例分析

下面完成和解析两个基于跨境电商实战实训平台阿里巴巴国际站的案例。两个案例都是 B2B 业务实操，操作流程一致，但是各有侧重、互为补充。案例 2-1 侧重平台注册、产品发布、业务磋商等内容，案例 2-2 侧重供应商选择、订单履约的内容。在分析中，对各自侧重的部分结合案例进行知识和技巧的详细讲解，相同部分不做重复讲解。

案例 2-1　Alibaba7 上海惠仁

上海市惠仁进出口贸易有限公司（以下简称"上海惠仁"）成立于 2009 年，拥有出口许可证，是一个稳定逐步发展中的外贸公司。公司拥有向世界各地出口产品的经验，产品主要销往欧美市场，广受欢迎。目前，公司致力于通过跨境电商平台开发更多的新项目，扩展更广的市场。上海惠仁关注到人们更加注重卫生健康的环境，对于清洁工具的需求增加，准备进军清洁工具行业，并与供应商浙江绿都洁具有限公司（以下简称"浙江绿都"）达成合作，通过阿里巴巴国际站经营拖把和扫帚。

1. 业务准备

由于案例 2-1 中系统已经为上海惠仁指定了供应商为浙江绿都，所以可跳过供应商选择（供应商的选择原则及方法详见案例 2-2），直接进入平台注册环节。

2. 平台注册

第一步为上海惠仁注册阿里巴巴国际站卖家账号，因此需要先了解公司资料，以便注册信息的填写。

（1）了解公司资料。平台注册需要知道公司的电子邮箱、法人姓名、手机号码、固定电话和联系地址等信息，可以在实训平台中按照"我的公司"—"文件夹"—"公司资料"

的路径找到，如图 2-7 所示。

公司名称	上海市黄仁进出口贸易有限公司
	Huiren Import & Export Trading Co., Ltd
所在城市	上海市
公司地址	上海市黄浦区重庆南路287号
	Chongqing South Road No.287 Huangpu, Shanghai, China
公司电话	021-53069026
公司传真	021-53069026
联系手机	16978543423
电子邮箱	Huirencompany@126.com
法人姓名	马丽丽
	Claire
法人身份证号	310101199004057000
营业执照号	310000111132563
经营范围	清洁工具的生产与销售
开户行	中国银行
银行账号	6214830210369850
发货港口	上海港
	Shanghai
阿里巴巴国际站账号	huirencompany@126.com
阿里巴巴国际站密码	000000
企业支付宝账号	
企业支付宝密码	
企业支付宝支付密码	

图　2-7

（2）填写注册信息。在实训平台中按照"我的公司"—"我的电脑"—"阿里巴巴国际站卖家入口"—"Join Free"进入阿里巴巴国际站注册页面，将图 2-7 中的电子邮箱填写到"电子邮箱"一栏中，并单击"下一步"，如图 2-8 所示。

图　2-8

邮箱填写之后将在邮箱中收到一封由阿里巴巴国际站发出的注册认证邮件，如图 2-9所示，继续单击完成注册。

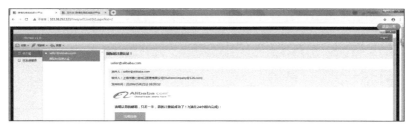

图　2-9

单击完成注册之后，回到阿里巴巴注册界面，如图 2-10 所示，需要填写的信息有自定义的登录密码，再次输入相同的密码进行密码确认，姓名写法人姓名，手机号、固定电话和联系地址信息在图 2-7 中均有体现，填写后单击"确认"。全部正确填写之后会出现"恭喜注册成功"的字样，如图 2-11 所示。

图　2-10

图　2-11

若注册邮箱等信息填写过程存在错误，会被相应扣分，但是若手机号码等信息出现错误，将会出现错误提示，无法完成账号的注册工作。

实操小贴士2-1 ≫

1. 阿里巴巴国际站的加入条件

需要有内地工商注册的做实体产品的企业（生产型和贸易型都可以），收费办理。

注：若公司服务类型是物流、检测认证、管理服务等，则暂不能加入，另外离岸公司和个人也办理不了。

2. 注册邮箱的选择

建议用 yahoo 或 hotmail、gmail 邮箱，因为很多客户也都是用这些邮箱，特别是前面两个，这样在收发邮件的时候也可以减少收不了或发不了的问题。

3. 阿里巴巴国际站服务开通流程

新签客户已确认合同并款项到账，请主账号根据后台首页完成如图 2-12 所示三项内容。

图 2-12

（1）提交认证信息，并完成认证。

（2）提交公司信息，并审核通过。

（3）至少发布一款产品，且审核通过。

完成以上三项后，2～3 小时同步时间后，会需要你完成国际站规则考试，如图 2-13 所示，通过考试后即可选择网站开通时间。

开通时间一旦确认将无法修改，请你谨慎选择。

图　2-13

3. 产品发布

平台注册完成之后，会收到将产品信息发布到店铺中的任务，单击"下一步"即可开始产品发布的任务。

1）了解产品信息

需要了解上海惠仁从浙江绿都采购了哪些产品，在实训平台中按照"我的公司"—"文件夹"—"供应商报价"的路径就可以找到上海惠仁的供应商浙江绿都的供应商报价（图2-14）和上海惠仁的产品信息（图2-15和图2-16）。

图　2-14

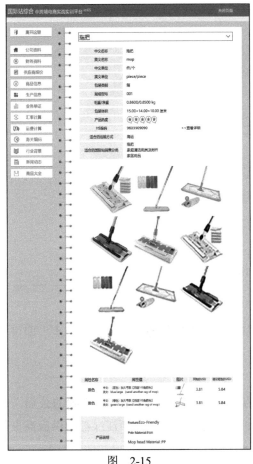

图 2-15

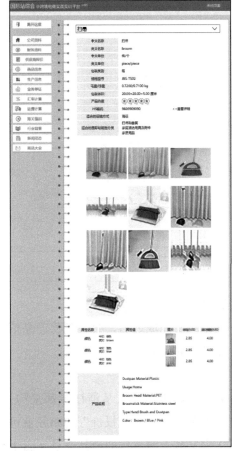

图 2-16

2）发布产品信息

（1）登录阿里巴巴国际站后台，前往阿里巴巴国际站上海惠仁的店铺发布产品信息。在实训平台中按照"我的公司"—"我的电脑"—"阿里巴巴国际站卖家入口"—"Sign in"的路径来到阿里巴巴国际站登录页面，进入阿里巴巴国际站 My Alibaba 后台，如图 2-17、图 2-18 所示。

（2）选择产品类目。类目，即产品的类别。买家在阿里巴巴国际站通过搜索来寻找所需产品，这就要求我们发布的产品应该与类目具有高度相关性，这样才会快速定位到买家需求所属的同类产品。

根据产品信息图片中的类目信息进行选择，如拖把的产品类目信息为：家居用品—家庭清洁用具及附件—拖把，依此在类目中选择，如图 2-19 所示。

图 2-17

图 2-18

图 2-19

实操小贴士2-2 >>

1. 类目选择的原则

最合适：产品选择合适的类目，才能在相关性高的买家面前获得好的前台效果。

最精细：选择类目越细，分类越精准。建议选择系统推荐的最小类目，并且在有可匹配类目时不能选择其他类目。

2. 类目错放的处罚

类目错放指的是卖家在发布或者修改产品时，将产品放在错误或者不适合的产品类目下。

商品：涉及类目错放的产品将无法参与搜索排序，且阿里巴巴保留对该产品信息进行处理的权利，包括但不限于下架或删除等。

账号：涉及类目错放的账号，被阿里巴巴认定成立后，将给予整个店铺 7 天的搜索排名靠后处理。

（3）产品信息发布。产品类目选择完毕后单击"我已阅读以下规则，现在发布产品"，进入发布产品页面。按照图 2-15 和图 2-16 给出的上海惠仁拖把和扫帚产品信息将"产品基本属性""包装信息""物流设置""服务模板""其他信息"各项填写完整，确认无误后单击"提交"。上海惠仁拖把产品信息详情如图 2-20 所示，扫帚产品信息详情如图 2-21 所示。

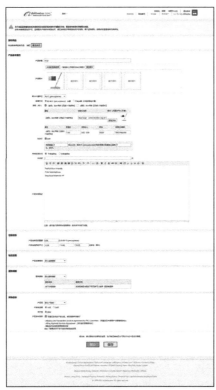 

图　2-20　　　　　　　　　　　　　　　　图　2-21

全部产品发布后回到 My Alibaba 后台查看产品列表，如图 2-22 所示。

图　2-22

实操小贴士2-3 ≫

图片质量规范

（1）单张不超过 5M，支持 jpeg、jpg、png 格式。

（2）尺寸大于 640 像素 ×640 像素的正方形，建议 750 像素 ×750 像素，主题鲜明、图片清晰。

（3）图片凸显产品主体（白底、无边框、多角度展示），细节部分放大。

（4）如有 Logo 标志，放左上角。

实操小贴士2-4 ≫

1. 产品标题设置技巧

优质标题的结构为：营销词 + 属性词 + 产品中心词 + 使用场景

2. 产品描述技巧

（1）产品详情描述是产品信息中重要的一部分，卖家可以将丰富的产品信息在描述中充分展示，可以添加视频、上传精致的图片与插入完善的表格信息。

（2）产品详情的作用体现在买家在前台产品详情页中会根据描述是否专业翔实来判断是否要发送询盘给供应商，详情填写的完整度和丰富度也将影响产品在网站的排名与曝光。详情页内容建议多做几个版本更换测试。

（3）产品详情参考格式。

①产品参数信息：可用表格形式展示。

②产品细节描述：图文结合（成品图、细节图、360度展示图）展示产品的材质、包装、卖点。

③设计研发能力：资质证书、研发车间与流程。

④生产能力：材料与工艺、生产线展示与生产流程、生产设备清单与最大产能展示。

⑤服务能力：售前、售后、选择后、常见问题、相关提醒。

⑥出口能力：包装、支付、物流地域说明等。

3. 产品标题及关键词设置方法

产品的标题信息通常包含产品关键词，关键词是阿里巴巴国际站排名的重要因素，客户通常会通过关键词搜索到店铺或产品，优质的关键词可以增加店铺流量、提高转化率。

1）产品标题与关键词的设置技巧

（1）产品标题要尽量详细。

（2）产品标题中出现想要排名的主关键词和长尾关键词。

（3）主关键词前加一些词对其进行描述。

（4）主关键词后放一些长尾词对产品进行描述。

2）关键词的选取方法

（1）从客户询盘内容中分析并选取关键词。

（2）从搜索引擎的相关搜索量较大的词语中选取关键词。

（3）从同行的网站或店铺的关键词中选取关键词。

（4）从阿里巴巴国际站产品关键词提示中选取关键词。

3）关键词设置建议

【营销词＋产品中心词】如：Best-selling Tablet pc

【重要属性词＋产品中心词】如：16GB 10.1 Tablet pc

【营销词／重要属性词＋产品中心词近义词／变体】如：New style laptops／32GB red laptops

建议产品关键词与标题中的内容存在差异，包含修辞词、属性词、产品核心词的差异均可。

4. 产品信息发布注意事项

产品发布的质量会直接影响到店铺在阿里巴巴国际站中的搜索排名，进而影响到店铺的转化率。在产品信息质量发布过程中，经常会遇到以下问题：重复铺货、类目错放、图片质量不佳、标题拼写错误、标题堆砌、标题缺少核心产品词、产品信息冲突、价格不合理和产品信息不完整。

产品信息的展示除了用图片之外，也可以用视频。

实操小贴士2-5 ≫

1. 产品视频发布流程

优质的视频对买家有较大的吸引力，能提升对店铺产品的好感度，产品视频的上传从"My Alibaba"后台进行，其流程如下。

（1）将阿里巴巴国际站旺铺升级为新版2.0旺铺，旧版旺铺没有视频功能。

（2）将拍摄比例为16：9（或4：3）的高质量视频上传至"视频银行"。

（3）到旺铺2.0编辑后台添加视频，进入旺铺2.0PC版"旺铺首页／自定义页"的编辑器，在左侧导航栏的"视频"模块中，拖曳并添加到装修展示区。

（4）完善视频模块内容。视频模块除添加视频外，还有更多设置项，可帮助完成自定义区的内容填充。

2. 产品主图视频质量要求

（1）用户须保证上传的视频中包含的商品、品牌、音乐、文字、肖像、背景等均真实、准确、合法，不侵犯其他任何方的权益。

（2）视频时长不超过 45 秒，不论是无线端主图视频，还是 PC 端的主图视频，其时长要求都在 45 秒以内。主图视频，最好时长控制在 9 ～ 30 秒。这是因为时长过短的视频无法展现产品的全貌或细节，而时长过长的视频不仅不会吸引消费者，反倒可能会因为冗长而导致消费者观看得不完整，也无法展示产品的全部卖点。

（3）视频清晰度须为 480 像素及以上。

（4）视频大小不超过 100 MB。

（5）每个产品只能关联一个视频，每个视频关联不超过 20 个产品。

3.产品详情页视频质量要求

（1）用户须保证上传的视频中包含的商品、品牌、音乐、文字、肖像、背景等均真实、准确、合法，不侵犯其他任何方的权益。

（2）视频时长不超过 10 分钟。

（3）视频清晰度须为 480 像素及以上。

（4）视频大小不超过 500 MB。

（5）视频比例要求 4 ：3（视频的分辨率的宽度除以高度，数值接近或超过 1.7 的尺寸为 16 ：9，数值接近 1.3 的尺寸为 4 ：3）。

视频展示位置：在产品详情描述的上方。

网店图片和视频的设计决定了网店的风格，进而决定了买家对网店的第一印象，网店的色彩（尤其是首页）并不是随意搭配的，如何利用色彩给消费者一个良好的视觉效果，是我们必须要考虑的。

实操小贴士2-6 >>

网店配色的基本原则

（1）色彩的黄金法则。"6 ：3 ：1"是色彩的黄金法则，是指主色彩占据约 60%的比例，次要色彩占据约 30% 的比例，辅助色彩占据约 10% 的比例。

（2）总体协调，局部对比。首页的配色应遵循该原则。总体协调是指首页的整体色彩效果应该是和谐的，而只有局部、小范围区域才有强烈的对比。

（3）不同色彩的视觉效果。不同的色彩会给消费者带来不同的视觉效果，见表2-5。了解这些不同色彩的视觉效果能够帮助我们更好地选择配色方案。

表 2-5

色彩	关键词
红色	热情、活泼、喜庆、热烈、温暖、警示等
黄色	明快、愉悦、希望、发展、智慧、明朗等
橙色	活泼、快乐、兴奋、甜蜜、积极、光明等
蓝色	理智、安稳、宁静、深邃、忧郁、清透等
绿色	健康、和平、平静、青春、安全、柔和等
紫色	优雅、神秘、魅力、高贵、骄傲、权威等
白色	纯真、朴素、柔弱、虚无、明亮、洁净等
黑色	恐怖、严肃、崇高、绝望、强壮、沉稳等

（4）产品信息对应。产品发布完成后，需要对发布产品进行属性的对应，以免产品信息与实际产品不符，日后引发贸易纠纷。从实训平台中按照"我的公司"—"我的同事"的路径请同事帮你确认在阿里巴巴国际站发布的产品属性正确无误，如图 2-23 所示，单击"报告对应"，然后把发布的每个产品一一进行对应，如图 2-24 所示。

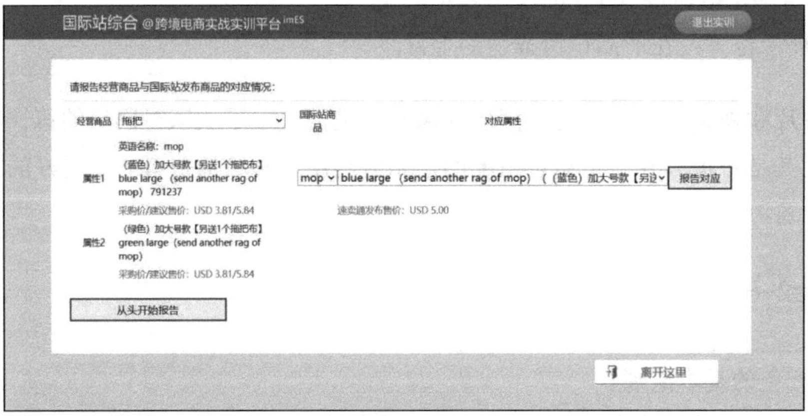

图　2-23

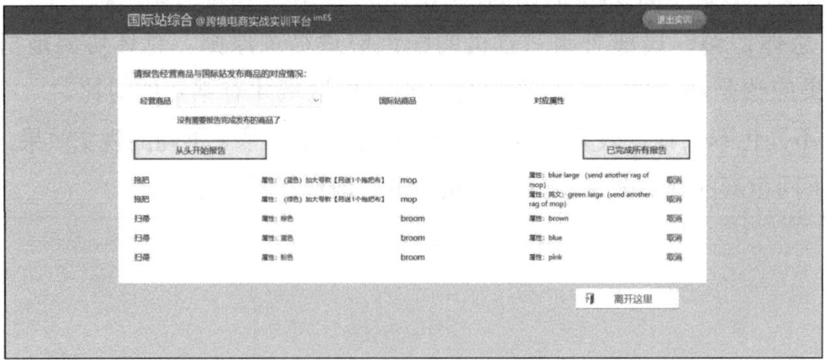

图　2-24

注意：如果产品类目选择错误，在产品发布过程中可以完成发布任务，在产品信息对应中也可以单击"报告对应"，但是却不会出现图 2-24 中的"已完成所有报告"的字样，无法进入下一环节。

至此，在阿里巴巴国际站的产品发布工作全部完成。

4. 业务磋商

阿里巴巴国际站产品发布的工作完成后将开始销售的工作，包括客户的接待、磋商与业务跟进工作。阿里巴巴国际站卖家与国际客户业务磋商可以使用 TradeManager 或询盘。

实操小贴士2-7 >

> TradeManager 就是阿里旺旺的国际版，帮助卖家与外国买家之间进行顺利沟通的即时通信工具，功能上变化不大，支持在线沟通、联系人管理、消息管理、登录记录查询等操作，只是在语言沟通上下了一番功夫，让全球的商户与采购者能够方便地进行洽谈交易。

这时会发现实训平台中 TradeManager 有新的消息，进入 TradeManager 阅读新消息，接待并与国际站客户磋商，如图 2-25 所示。

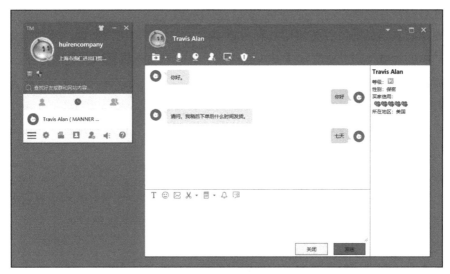

图　2-25

业务磋商的另一种手段就是询盘，询盘模式是以函电的形式进行的，询盘在国外的交易中也很常用。询盘的位置在"My Alibaba"—"商机 & 客户中心"—"询盘"，如图 2-26 所示。也可以在千牛工作台中选择"商机 & 客户中心"—"询盘"。还可以在阿里旺旺国际版（TradeManager）中单击"未读询盘"。

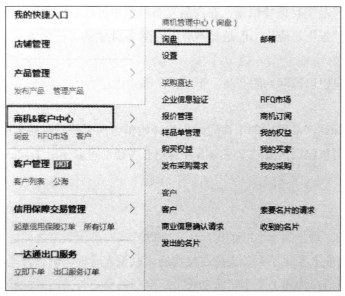

图 2-26

实操小贴士2-8 》

询盘回复的内容及原则

简短地回复询盘的内容和日期并表示感谢，回答买家提出的问题，适当提供买家索取的材料以展示自己的专业度，引导买家尽快下单，表明积极促成业务的态度。

询盘回复的三大原则。

1. 针对性

在询盘回复时一定要理解买家在询盘中提出的问题，有针对性地提供买家索取的资料或者信息，展示自己的专业度。

2. 及时性

询盘回复一定要及时，如果不能及时回复，则会给买家留下怠慢和不专业的印象，通常，买家会同时向多个卖家询盘，先回复的卖家有更多机会赢得订单。

3. 专业性

回复询盘，要准确地回答买家的问题，如果买家询问技术指标，那么可以向技术人员或工厂咨询之后再回答。如果买家定制新规格的产品，那么应该仔细核实和计算之后再回答。如果买家询问交货期、支付条件、包装运输方式、通关与关税等具体问题，那么应该准确了解之后再回答。

与客户经过几轮磋商，双方达成一致后客户确定下单，会在电子邮箱中收到国际站新订单，如图 2-27 所示。

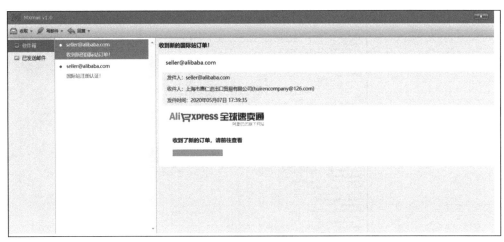

图 2-27

5. 订单履约

接受新订单之后，立即要求供应商浙江绿都准备国际站客户订单所需货物。之后请货代公司办理托运、报关、报检委托等业务。

在实训平台中按照"货代公司"—"业务办理"的路径来办理以上业务，如图 2-28 所示。

图 2-28

根据与客户签订的出口合同（图 2-29）和系统给出的买卖双方关于此次交易的补充资料（图 2-30），填写商业发票（图 2-31）、装箱单（图 2-32）、代理报关委托书（图 2-33）、代理报检委托书（图 2-34）。出口合同显示，上海惠仁的这笔业务是以 FOB 价格成交，因此不需要填写国际货运委托书、货物运输险投保单。

SALES CONFIRMATION

卖方：Hainan Import & Export Trading Co., Ltd
地址：Chongqing South Road no.287 Huangpu, Shanghai, China
NO.: CT0011
DATE: 2020-08-28
买方：WANHER COLLECTION
地址：793 ATLANTA SOUTH PKWY STE, 601, ATLANTA, CO.USA

经买卖双方同意成交下列商品，订立条款如下：
This contract is made by and agreed between the BUYER and SELLER, in accordance with the terms and conditions stipulated below.

名称及规格 Description of goods	数量 Quantity	单价 Unit Price	金额 Amount
rug			
blue (large (send another rug of mag)	787 pcs	FOB Shanghai USD 5.94 per	USD 4596.88
brown			
blue	875 pcs	FOB Shanghai USD 4.00 per	USD 3500.00

Say Total(金额大写):	SAY USD EIGHT THOUSAND NINETY SIX AND CENTS EIGHT ONLY		USD 8096.08
总值 TOTAL:	1662	PCS	

Transshipment(转运)：
☐Allowed(允许) ☒Not allowed(不允许)

Partial shipments(分批装运)：
☒Allowed(允许) ☐Not allowed(不允许)

Port of Shipment(装运港)：
Shanghai,China

Port of Destination(目的港)：
San Francisco,USA

Shipment(装运条款)：
SHIPMENT WITHIN 45 DAYS AFTER PAYMENT   By sea

Marks and Numbers(唛头)：
N/M

Insurance(保险)：
☐To be covered by the Buyer.
由买方负责。
☒To be covered by the Seller FOR 110% of the invoice value covering
ALL Risks additional WAR Risks,Strikes Risk
由___按发票金额___投保___

Terms of payment(付款条件)：
___% 以___预付，其余 ___% 以___支付。

Documents required(单据)：
The sellers shall present the following documents required.
卖方应提供下列单据。
☒Full set of clean on Board Ocean Bills of Lading.
整套全正洁海运提单。
☐Airway bill/cargo receipt/copy of railway bills.
空运提单或货运收据或铁路联运提单。
☒Signed commercial invoice in 3___copies.
现款发票一式 3___份。
☒Packing list/weight memo in 3___copies.
装箱单或重量单一式 3___份。
☐Certificate of Quantity/Weight in___copies issued by ___
由___签发的数量/重量证明书一式___份。
☐Certificate of Quantity in___copies issued by ___
由___签发的品质证明书一式___份。
☐Health Certificate in___copies issued by ___
由___签发的健康证明书一式___份。
☐Certificate of phytosanitary in___copies issued by ___
由___签发的植物检疫证明书一式___份。
☐Veterinary (Health) Certificate in___copies issued by ___
由___签发的兽医(卫生)证书一式___份。
☐Sanitary Certificate in___copies issued by ___
由___签发的卫生证书一式___份。
☐Fumigation/Disinfection Certificate in___copies issued by ___
由___签发的熏蒸/消毒证书一式___份。
☐Certificate for CCC in___copies.
CCC 认证证书一式___份。
☐Insurance   policy in 3___copies.
保险单一式 3___份。
☐Certificate of Origin in___copies issued by ___
由___签发的一般原产地证一式___份。
☒Certificate of Origin Form A in 3___copies issued by   inspection agency
由 3___签发的普惠制产地证一式___份。
☐Certificate of Origin Form B in___copies issued by ___
由___签发的(中国-东盟自由贸易区)优惠原产地证明书一式___份。
☐Certificate of Origin Form B in___copies issued by ___
由___签发的(亚太贸易协定)优惠原产地证书一式___份。

Shipping advice(装运通知)：
The sellers shall immediately, upon the completion of the loading of the goods, advise the buyers of the Contract No, names of commodity, loaded quantity, invoice values, gross weight, names of vessel and shipment by TLX/FAX.
一旦装运完毕，卖方应立即电告买方合同号、商品号、已装载数量、发票金额、毛重、运输工具名称及出具的日期等。

Inspection and Claims(检验与索赔)：
1. The buyers shall have the qualities, specifications, quantities of the goods carefully inspected by the Inspection Authority, which shall issue Inspection Certificate before shipment.
卖方在发货前由检验机构对货物的品质、规格和数量进行检验，并出具检验证明书。
2. The buyers have right to have the goods inspected by the local commodity inspection authority   after the arrival of the goods at the port of the destination if the goods are found damaged/short/their specifications and quantities not in compliance with that specified in the contract, the buyers shall lodge claims against the sellers based on the Inspection Certificate issued by the Commodity Inspection Authority within___days after the goods arrival at the destination.
货物到达目的港口之后，买方有权就当地商品检验机构对货物进行复检。如果发现货物有损坏、残缺或规格、数量与合同规定不符，买方须于货物到港后的___天内，凭当地检验机构出具的检验证明书向卖方提出索赔。
3. The claim, if any regarding to the quality of the goods, shall be lodged within 9___days after arrival of the goods at the destination, if any regarding to the quantities of the goods, shall be lodged within ___days after the arrival of the goods at the destination. The sellers shall not take any responsibility if any claims concerning the shipping goods is up to responsibility of Insurance Company/Transportation Company/Post Office.
如买方提出索赔，凡属品质异议须于货到目的口岸之起 9___天内提出，凡属数量异议须于货到目的口岸之日起___天内提出，对所装货物所提任何异议由应由保险公司、运输公司或邮政机构负责者，卖方不负任何责任。

Force Majeure(人力不可抗拒)：
The sellers shall not hold any responsibility for partial or total non-performance of this contract due to Force Majeure. But the sellers advise the buyers on time of such occurrence.
如因人力不可抗拒的原因造成本合同全部或部分不能履约，卖方概不负责，但应在事故发生后向买方通知其事故。

Disputes settlement(争议解决方式)：
All disputes in connection with this contract of the execution thereof shall be amicably settled through negotiation. In case no amicable settlement can be reached between the two parties, the case under dispute shall be submitted to arbitration, which shall be held in the country where the defendant resides, or in third country agreed by both parties. The decision of the arbitration shall be accepted as final and binding upon both parties. The Arbitration Fees shall be borne by the losing party.
凡因执行本合同或与本合同有关的事项所发生的一切争议，双方应通过友好协商解决。如果协商不能达成一致时，应提交仲裁。仲裁应在被告方所在国进行，或在双方同意的第三国，仲裁裁决具有最终约束力。仲裁费用由败诉方承担。

Law application(适用法律)：
It will be governed by the law of the People's Republic of China under the circumstances that the contract is signed or the goods while the disputes arising are in the People's Republic of China or the defendant is Chinese legal person, otherwise it is governed by United Nations Convention on Contract for the International Sale of goods.
本合同之签订地、或货物之所在地货物所在地在签字时在中华人民共和国境内或被诉人为中国法人的，适用中华人民共和国法律。除此规定外，适用《联合国国际货物销售合同公约》。
The terms in the contract based on INCOTERMS 2010 of the International Chamber of Commerce. 本合同所使用的价格术语按国际商会《INCOTERMS 2010》。

Versions(文字)：
This contract is made out in both Chinese and English of which version is equally effective. Conflicts between these two languages arising therefrom, if any, shall be subject to Chinese version.
本合同用中、英两种文字具有同等效力。如文字解释上，若有异议，以中文解释为准。
This contract in 3___copies, effective since being singed/sealed by both parties.
本合同共3___份，自双方代表签字(盖章)之日起生效。

The Buyer	The Seller
WANHER COLLECTION	Hainan Import & Export Trading Co., Ltd
793 ATLANTA SOUTH PKWY STE 601,ATLANTA, CO.USA	Chongqing South Road No.287 Huangpu, Shanghai, China

图 2-29

补充资料	
补充项	
1.进口商名称	MANNER COLLECTION
2.进口商地址	763 ATLANTA SOUTH PKWY STE. 601, ATLANTA, CO,USA
3.进口商电话	587-44693521
4.货代公司名称	汕头市齐齐国际货运代理有限公司
5.货代公司社会信用代码证	18965423
6.货代公司法人	林刚
7.货代公司电话	0714-86943367
8.发票号	BQ0023
9.发票日期	2020-05-31
10.装箱单号	BQ0023
11.装箱单日期	2020-05-31
12.海运委托书日期	2020-06-01
13.海运提单号	SO834567
14.船名及航次	ELBMASTER TBN
15.集装箱规格及数量	20'GP*1
16.保险单号	RTYU0310
17.保险单日期	2020-05-29
18.保险费率	8‰
19.保险金额	USD:10123.9498
20.保险费	USD:89.0908
21.运费	USD:1,018.42
22.代理报关委托书号	20180089
23.代理报检委托书号	1120180305856
24.代理报关委托书日期	2020-05-29
25.代理报检委托书日期	2020-05-29
26.商品贸易方式	一般贸易
27.商品名称	mop 　blue large （send another rag of mop) broom 　blue
28.单品包装单位	纸箱（CARTON）箱重忽略
29.商品包装方式(不可混装)	每箱含商品【24】件
30.商品总净重	1290.2 kg
31.商品总毛重	1306.82 kg
32.商品总体积	3.4027 m³
33.商品原产地	中国
34.进出口日期	2020-05-29

图 2-30

图 2-31

图 2-32

图 2-33

代理报检委托书

编号：1120180305856

出入境检验检疫局：

本委托人（备案号/组织机构代码 310000111132563 ）保证遵守国家有关检验检疫法律、法规的规定、保证所提供的委托报检事项真实。单货相符。否则，愿承担相关法律责任。具体委托情况如下：

本委托人将于 2020 年 5 月间进口/出口 如下货物：

品名	mop blue large（send another rag of mop） broom I	HS 编码	9603909090，9603909090
数（重）量	1662 PCS	包装情况	纸箱（CARTON） 箱重忽略 每箱含商品【24】件
信用证/合同号	CT0011	许可文件号	
进口货物收货单位及地址	MANNER COLLECTION 763 ATLANTA SOUTH PKWY STE. 601, ATLANTA, CO,USA	进口货物提/运单号	S0834567
其他特殊要求			

特委托 汕头市齐杰国际货运代理有限公司 （代理报检注册登记号 18965423 ）代表本委托委托人办理上述货物的下列出入境检验检疫事宜：

☑ 1.代理报检手续；

☑ 2.代缴纳检验检疫费；

☑ 3.联系和配合检验检疫机构实施检验检疫；

☑ 4.领取检验检疫证单。

☐ 5.其他与报检有关的相关事宜：

联 系 人：Claire

联系电话：16978543423

本委托书有效期至：2020 年 5 月 29 日

委托人（加盖公章） Claire

2020 年 5 月 29 日

受托人确认声明

本企业完全接受本委托书。保证履行以下职责：

1. 对委托人提供的货物情况和单证的真实性、完整性进行核实；
2. 根据检验检疫有关法律法规规定办理上述货物的检验检疫事宜；
3. 及时将办结检验检疫手续的有关委托内容的单证、文件移交委托人或其他指定的人员；
4. 如实告知委托人检验检疫部门对货物的后续检验检疫及监管要求。

如在委托事项中发生违法或违规行为，愿承担相关法律和行政责任。

联 系 人：

联系电话：

受托人（加盖公章）

年 月 日

图 2-34

1）商业发票

商业发票的相关知识和填写规则详见案例 2-2。

案例 2-1 的卖方是 Huiren Import & Export Trading Co., Ltd.，买方是 MANNER COLLECTION。

产品合同中显示运输中要求从装运港 Shanghai,China 运到目的港 San Francisco,USA，且 Transshipment and partial shipment is not allowed，即不允许转运和分批装运。

付款方式在产品合同中要求 100% by T/T at sight，即见单即付全款。

发票的装箱单号 NO.BQ0023 可以在补充资料中找到。

发票的销售合同号 S/C NO.CT0011 可以在出口合同中找到。

发票的 Description of goods，Quantity，Unit Price，Amount，SAY TOTAL 和 MARKS AND NUMBERS 信息均可在出口合同中查询。

2）装箱单

装箱单的相关知识和填写规则详见案例 2-2。

DATE 是补充资料中的装箱单日期，即 2020-05-31。

INVOICE NO. 是补充资料中的发票号 BQ0023。

PACKING LIST NO. 是补充资料中的装箱单号 BQ0023。

Description of goods 是出口合同给定的内容。

Package、G.W.、N.W. 和 Meas. 的计算方法见案例 2-2 实操小贴士 2-13。

具体计算如下。

Package 即包装数量，以 CARTONS 为单位。每箱含产品数在补充资料中查得为 24 件 / 箱，故：

mop：787÷24=32.79，进位取整为 33 CARTONS

broom：875÷24=36.46，进位取整为 37 CARTONS

G.W. 即毛重，在"文件夹"—"产品信息"中查询，具体计算为

mop：787×0.86=676.82 （kg）

broom：875×0.72=630 （kg）

N.W. 即净重，在"文件夹"—"产品信息"中查询，具体计算为

mop：787×0.85=668.95 （kg）

broom：875×0.71=621.25 （kg）

Meas. 即总体积，在"文件夹"—"产品信息"中查询。具体计算为

mop：787×0.15×0.14×0.1=1.652 7 （m^3）

broom：875×0.2×0.2×0.05=1.75 （m^3）

Total 为对应各项之和，Package、G.W.、N.W. 和 Meas. 分别为 70CARTONS，1 306.82 kg，1 290.2 kg 和 3.402 7 （m^3）。

SAY TOTAL 为 Total 中 Package 的数据，使用英文大写，即 SAY SEVENTY CARTONS ONLY。

MARKS AND NUMBERS：N/M。

3）代理报关委托书（略）

4）代理报检委托书（略）

商业发票、装箱单、代理报关委托书、代理报检委托书填写完成之后，单击图 2-35 中的"报告生成"，提交此合同下的单据资料，之后系统显示该合同号的单据资料已提交，如图 2-36 所示。

图 2-35

图 2-36

至此，发票、装箱单、委托报关、委托报检业务全部完成，等待买方收货确认。

在实训平台中按照"我的公司"—"文件夹"—"业务单证"的路径查看订单状态，如图 2-37 所示，此时显示订单在备货中。

图 2-37

回到实训平台国际站综合首页，单击"日期前进"，手动模拟前进天数完成备货，如图 2-38 所示。

图 2-38

前进天数调整完成，再次回到"业务单证"看订单状态，如图 2-39 所示。此时显示备货已经完成，货物在运输中，进行海运需要 27 天。

图 2-39

再次调整前进天数，完成运输。再次回到"业务单证"看订单状态，如图 2-40 所示。此时显示订单已经完成。

图 2-40

订单完成后会在电子邮箱收到新邮件，显示客户已经确认收货，如图 2-41 所示。

图 2-41

在实训平台中按照"我的公司"—"文件夹"—"财务资料"的路径查看订单收支状况，如图 2-42 所示。

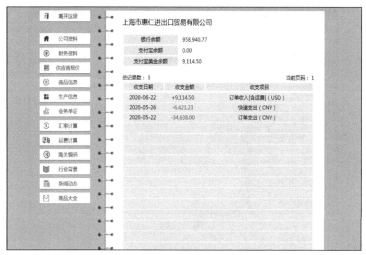

图 2-42

至此，在实训平台中上海惠仁在阿里巴巴国际站出口清洁工具业务全部完成。

在实训平台中前进到最后一天，案例 2-1 阿里巴巴国际站实训结束。

案例 2-2　广东温尼

广东省温尼进出口有限公司（以下简称"广东温尼"）成立于 2009 年，拥有出口许可证，是一家稳定发展中的外贸公司。广东温尼拥有丰富的出口产品的经验，产品主要销往欧美市场。目前，广东温尼致力于通过阿里巴巴国际站开发更多的新项目，拓展更广的市场。广东温尼关注到互联网的发展使得世界对电脑配件的需求增加，现准备进军电脑配件行业，通过阿里巴巴国际站经营鼠标、键盘、主板等电脑配件产品。

1. 业务准备

与案例 2-1 实训平台已经指定了供应商不同，案例 2-2 并没有指定供应商。因此，案例 2-2 的第一步是为广东温尼选择合适的供应商，了解可供选择的潜在供应商及产品。

实操小贴士2-9 ≫

供应商选择的准则

企业进行供应商选择的基本准则是"Q.C.D.S"原则，也就是质量（quality）、成本（cost）、交付（delivery）、服务（service）并重的原则。

在这四者中，质量因素最重要，首先要确认供应商是否建立有一套稳定有效的质量保证体系，确认供应商是否具有生产所需特定产品的设备和工艺能力。其次是成本与价格，要运用价值工程的方法对所涉及的产品进行成本分析，并通过双赢的价格谈判实现成本节约。再次，在交付方面，要确定供应商是否拥有足够的生产能力、人力资源是否充足、有没有扩大产能的潜力。最后，也是非常重要的，就是供应商的售前、售后服务的记录。

案例 2-2 为广东温尼提供的潜在供应商如图 2-43 所示。

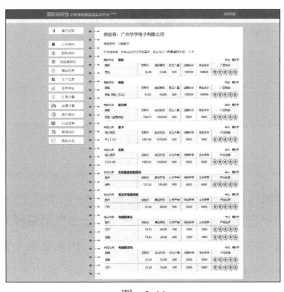

图 2-43

根据各潜在供应商提供的采购价和订单下达后配送到广东温尼所需的天数这两项指标来确定供应商，最终广东温尼确定采购价最低、送货时间最短的广州华宇电子有限公司（以下简称"广州华宇"）作为开展跨境电子商务 B2B 业务的供应商。广州华宇产品报价和配送时间如图 2-44 所示。

图 2-44

由于广东温尼已经有了阿里巴巴国际站账号，因此供应商选择之后即可进行产品发布工作。

2. 产品发布

1）了解产品信息

我们需要知道广东温尼采购的产品具体信息。在实训平台中按照"我的公司"—"文件夹"—"供应商报价"的路径就可以找到广东温尼的产品信息，如图2-45所示。

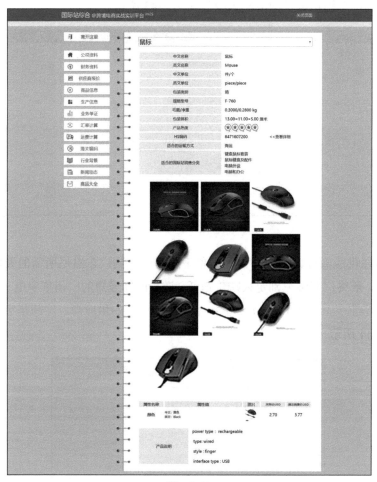

图　2-45

2）发布产品信息

前往阿里巴巴国际站广东温尼的店铺发布产品信息。在实训平台中按照"我的公司"—"我的电脑"—"阿里巴巴国际站卖家入口"—"Sign in"的路径来到阿里巴巴国际站登录页面。由于广东温尼已经有了阿里巴巴国际站账号，因此这里不需要进行注册，直接填写广东温尼阿里巴巴国际站的账号和密码即可。广东温尼的公司资料可以在"我的公司"—"文件夹"—"公司资料"的路径下找到，如图2-46所示。

公司名称	广东省温尼进出口有限公司
	Winnie Import & Export Trading Co.,Ltd
所在城市	佛山市
公司地址	广东省佛山市顺德区伦敦街道6556号
	London Street No.6556,Shunde,Foshan,Guangdong.China
公司电话	0757-86934685
公司传真	0757-86934685
联系手机	13626687892
电子邮箱	Winnie@126.com
法人姓名	张芳琪
	Winnie
法人身份证号	440606198811197000
营业执照号	440000111196588
经营范围	电脑配件的生产与销售
开户行	招商银行
银行账号	6214830101775744
发货港口	厦门港
	Xiamen
阿里巴巴国际站账号	Winnie@126.com
阿里巴巴国际站密码	123456
企业支付宝账号	Winnie @126.com
企业支付宝密码	123456
企业支付宝支付密码	Aa123456

图　2-46

（1）登录阿里巴巴国际站后台。登录阿里巴巴国际站，并进入国际站后台 My Alibaba，发布产品。

（2）选择产品类目。单击 My Alibaba 的"发布产品"，进入类目选择页面，根据广东温尼的产品选择类目。以广东温尼的第一个产品鼠标为例，根据图 2-45 给出的鼠标产品信息可知，该产品适合的阿里巴巴国际站销售分类应为：电脑和办公—电脑外设—鼠标键盘及配件—键盘鼠标套装，依此在各级类目下分别作出选择，如图 2-47 所示。

图　2-47

（3）产品信息发布。产品类目选择完毕后单击发布产品，进入发布产品页面。按照图 2-45 给出的鼠标产品信息将"产品基本属性""包装信息""物流设置""服务模板""其他信息"各项填写完整，确认无误后单击"提交"，如图 2-48 所示。

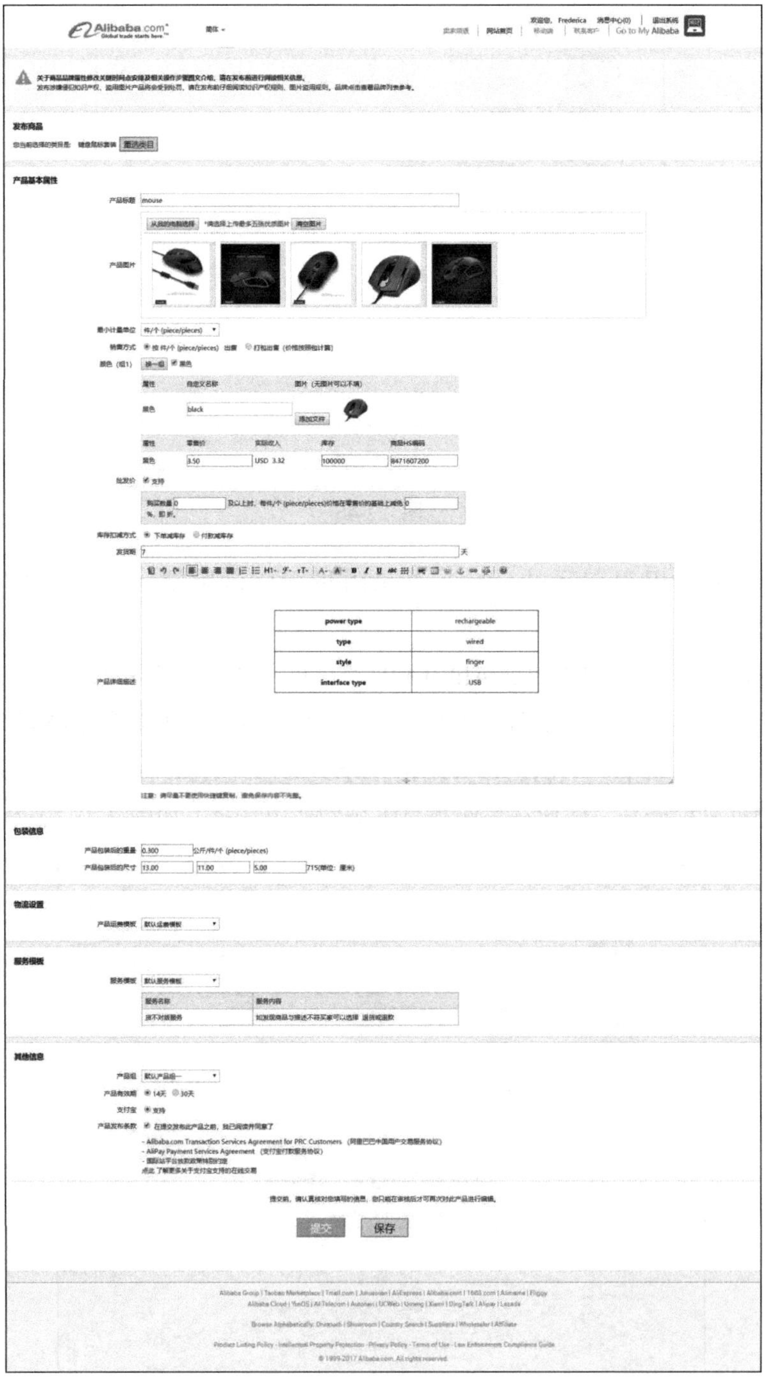

图　2-48

依照上面步骤发布广东温尼的其他产品，结果如图 2-49 所示。

3）产品信息对应

在实训平台中按照"我的公司"—"我的同事"的路径完成产品对应。如图 2-50 和图 2-51 所示。

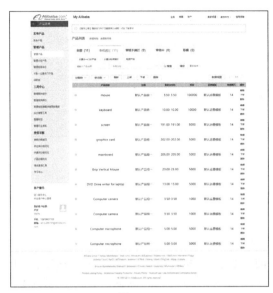

图 2-49

图 2-50

图 2-51

至此，广东温尼在阿里巴巴国际站的产品发布工作全部完成。

3. 业务磋商

进入 TradeManager 阅读新消息，接待并与国际站客户业务磋商，与客户几轮磋商后，客户确定下单，我们会在电子邮箱中收到国际站新订单。此过程与案例 2-1 一致，不再详述。

4. 订单履约

与案例 2-1 采用 FOB 价格成交不同，案例 2-2 采用 CIF 价格成交，因此，除了要填写商业发票、装箱单、代理报关委托书、代理报检委托书之外，广东温尼还需要承担本次交易产品的运输和保险，因此就需要填写相关单证，即国际海运货物委托书、货物运输险投保单。

从实训平台中按照"货代公司"—"业务办理"的路径来办理发票、装箱、报关、报检委托、货运委托、保险等业务。如图 2-52 所示。

图 2-52

知识加油站2-1 》

　　货代，货运代理的简称，接受客户的委托完成货物运输的某一个环节或与此有关的环节，涉及这方面的工作都可以直接或间接地找货代来完成，以节省资金。

　　报关是指进出口货物装船出运前，向海关申报的手续。

　　报检是指出口前产品的生产、经营部门或进口商品的收货、运货或代理核运部门按照《中华人民共和国进出口商品检验法实施条例》的规定，向商检机构申请办理检验、鉴定手续，报验人办理报验时要填制"报验申请单"，并提交买卖合同、信用证、往来函电等有关资料。

　　根据与客户签订的出口合同和系统给出的买卖双方关于此次交易的补充资料，填写商业发票、装箱单、代理报关委托书、代理报检委托书、国际海运货物委托书、货物运输险投保单。

　　1）商业发票

知识加油站2-2 》

　　商业发票（commercial invoice 或者 invoice），商业发票又称发货单，是出口商开给进口商作为进货记账或结算货款和报关缴税的价目清单，用以说明此票货物的品名、数量、单价、总值等，以及其他一些说明货物情况的内容。

　　商业发票无固定格式，一般由公司自行拟定，但基本栏目大致相同。

　　根据广东温尼与客户签订的出口合同（图 2-53）和出口合同的补充资料（图 2-54），填写完成商业发票（图 2-55）。

SALES CONFIRMATION

卖方: Winlea Import & Export Trading Co.,Ltd.
地址: London Street No.6356,Shunde,Foshan,Guangdong,China

NO.: C70000
DATE: 2020-05-22

买方: ROYCE INTERNATIONAL, INC.
地址: UNIT 10-13,25F PROGRESS COMMERCIAL BUILDING,6 IRVING STREET,CAUSEWAY BAYU

经买卖双方同意成交以下列商品，订立条款如下:
This contract is made by and agreed between the BUYER and SELLER, in accordance with the terms and conditions stipulated below.

名称及规格 Description of goods	数量 Quantity	单价 Unit Price	金额 Amount
mainmount J179-SB Computer microphone black	45 pcs 1125 pcs	CIF Xiamen USD 265.00 per pc CIF Xiamen USD 8.50 per pc	USD 9945.00 USD 9600.00

品名 TOTAL: 1190　PCS　USD 15440.00

Say Total(金额大写): SAY USD FIFTEEN THOUSAND FOUR HUNDRED FORTY ONLY

Transshipment(转运):
Allowed(允许) ☒ Not allowed(不允许)

Partial shipments(分批装运):
Allowed(允许) ☒ Not allowed(不允许)

Port of Shipment(装运港):
Xiamen,China

Port of Destination(目的港):
San Francisco,USA

Shipment(装运条款):
SHIPMENT WITHIN 45 DAYS AFTER PAYMENT　　By sea

Marks and Numbers(唛头):
N/N

Insurance(保险):
To be covered by the Buyer.
由买方负责。
☐To be covered by the Seller FOR 110% of the invoice value covering
ALL Risks additional WAR Risks,Strikes Risk
由____按发票金额____投保____。

Terms of payment(付款条件):
100% by T/T at sight
___% 以___预付,其余___% 以___支付.

Documents required(单据):
The sellers shall present the following documents required.
卖方应提交下列单据。
☒Full set of clean on Board Green Bills of Lading.
整套正本清洁提单。
Airway bill/cargo receipt/copy of railway bills.
空运提单或承运货收据或铁路运输单。
☒Signed commercial invoice in 3 copies.
商业发票一式 3 份。
☒Packing list/weight memo in 3 copies.
装箱单或重量单一式 3 份。
Certificate of Quantity/Weight in ___ copies issued by
由____签发的数量/重量证明书一式____份。
Certificate of Quantity in ___copies issued by
由____签发的质量证明书一式____份。
Health Certificate in ___ copies issued by ____.
由____签发的健康证明书一式____份。
Certificate of phytosanitary in ___copies issued by
由____签发的植物检疫证书一式____份。
Veterinary(Health) Certificate in ___copies issued by ____.
由____签发的兽医(卫生)证书一式____份。
Sanitary Certificate in ___copies issued by ____.
由____签发的卫生证书一式____份。
Fumigation/Disinfection Certificate in ___copies issued by ____.
由____签发的熏蒸/消毒证书一式____份。
Certificate for CCC in ___copies.
CCC 认证证书一式____份。
☒Insurance policy in 3 copies.
保险单一式 3 份。
Certificate of Origin in ___copies issued by
由____签发的一般原产地证一式____份。
☒Certificate of Origin Form A in 3 copies issued by Inspection agency.
由____签发的普惠制产地证一式____份。
☒Certificate of Origin Form E in ___copies issued by
由____签发的（中国-东盟自由贸易区）优惠原产地证明书一式____份。
Certificate of Origin Form E in ___copies issued by
由____签发的（亚太贸易协定）优惠原产地证明书一式____份。

Shipping advice(装运通知):
The sellers shall immediately, upon the completion of the loading of the goods, advise the buyers of the Contract No., names of commodity, loaded quantity, invoice values, gross weight, names of vessel and shipment by TLX/FAX.
一旦装运完毕，卖方应即电告买方合同号、商品名、已装载数量、发票总金额、毛重、船名及装运日期传真。

Inspection and Claims(检验与索赔):
1. The buyers shall have the qualities, specifications, quantities of the goods carefully inspected by the Inspection Authority, which shall issue Inspection Certificate before shipment.
买方在货发前应检验机构对货物的品质、规格和数量进行检验，并出具检验证明书。
2. The buyers have right to have the goods inspected by the local commodity inspection authority after the arrival of the goods at the port of destination if the goods are found damaged/short/their specifications and quantities not in compliance with that specified in the contract, the buyers shall lodge claims against the sellers based on the Inspection Certificate issued at the Commodity Inspection Authority within 3 days after the goods arrival at the destination.
货物到达目的口岸后，买方可委托当地的商品检验机构对货物进行复验。如发现货物有损坏、残缺或规格、数量与合同规定不符，买方须于货物到达目的口岸 3 天内凭当地的商品检验机构出具的检验证书向卖方索赔。
3. The claims, if any regarding to the quality of the goods, shall be lodged within 3 days after arrival of the goods at the destination, if any regarding to the quantities of the goods, shall be lodged within 3 days after the arrival of the goods at the destination. The sellers shall not take any responsibility if any claims covering the shipping goods is up to responsibility of Insurance Company/Transportation Company/Post Office.
如买方提出索赔，凡属品质异议应于货到目的口岸之日起 3 天内提出，凡属数量异议应于货到目的口岸之日起 3 天内提出，对所货物所属保险公司或运输机构负责者，卖方不负任何责任。

Force Majeure(人力不可抗拒):
The sellers shall not hold any responsibility for partial or total non-performance of this contract due to Force Majeure. But the sellers advise the buyers on time of such occurrence.
如因人力不可抗拒的原因造成本合同全部或部分不能履行，卖方概不负责，但卖方须将发生的情况及时通知买方。

Disputes settlement(争议之解决方式):
All disputes in connection with this contract of the execution thereof shall be amicably settled through negotiation. In case no amicable settlement can be reached between the two parties, the case under dispute shall be submitted to arbitration, which shall be held in the country where the defendant resides, or in third country agreed by both parties. The decision of the arbitration shall be accepted as final and binding upon both parties. The Arbitration Fees shall be borne by the losing party.
凡因执行本合同或有关本合同所发生的一切争执，双方应协商解决。如果协商不能解决时，应提交仲裁。仲裁地点在被告方所在国内，或在双方同意的第三国。仲裁决定是最终的，对双方都有约束力。仲裁费用由败诉方承担。

Law application(法律适用):
It will be governed by the law of the People's Republic of China under the circumstances that the contract is signed or the goods while the disputes arising are in the People's Republic of China or the defendant is Chinese legal person, otherwise it is governed by United Nations Convention on Contract for the International Sale of goods.
本合同之签订地，或货物之当地在中华人民共和国境内或被告为中国法人的，适用中华人民共和国法律，除此规定外，适用《联合国国际货物销售合同公约》。
The terms in the contract based on INCOTERMS 2010 of the International Chamber of Commerce. 本合同使用的价格术语系根据国际商会《INCOTERMS 2010》。

Versions(文字):
This contract is made out in both Chinese and English of which version is equally effective. Conflicts between these two languages arising therefrom, if any, shall be subject to Chinese version.
本合同用，英两种文字具有同等法律效力，在文字解释上，如有异议，应以中文解释为准。
This contract is in 3 copies, effective since being singed/sealed by both parties.
本合同共____份，自双方代表签字（盖章）之日起生效。

The Buyer	The Seller
ROYCE INTERNATIONAL, INC.	Winlea Import & Export Trading Co.,Ltd
UNIT 10-13,25F PROGRESS COMMERCIAL BUILDING,6 IRVING STREET,CAUSEWAY BAY	London Street No.6356, Shunde,Foshan,Guangdong,China

图　2-53

补充资料

补充项	
1.进口商名称	ROICE INTERNATIONAL, INC.
2.进口商地址	UNIT 12-13,28/F,PROGRESS COMMERCIAL BUILDING,8 IRVING STREET,CAUSEWAY BAY,USA
3.进口商电话	563-74469512
4.货代公司名称	广州市盛日国际货运代理有限公司
5.货代公司社会信用代码证	3712660610
6.货代公司法人	周舟
7.货代公司法人电话	020-62838588
8.发票号	XY0002
9.发票日期	2020-05-31
10.装箱单号	XY0002
11.装箱单日期	2020-05-31
12.海运委托书日期	2020-06-01
13.海运提单号	G1234567
14.船名及航次	ELBMASTER TBN
15.集装箱规格及数量	20'GP*1
16.保险单号	8090306
17.保险单日期	2020-05-29
18.保险费率	8‰
19.保险金额	USD:18395.1319
20.保险费	USD:161.8772
21.运费	USD:1,120.97
22.代理报关委托书号	20180001
23.代理报检委托书号	1120180305001
24.代理报关委托书日期	2020-05-29
25.代理报检委托书日期	2020-05-29
26.商品贸易方式	一般贸易
27.商品名称	mainboard Z170-AR Computer microphone black
28.单品包装单位	纸箱（CARTON），箱重忽略
29.商品包装方式(不可混装)	每箱含商品【24】件
30.商品总净重	312 kg
31.商品总毛重	328 kg
32.商品总体积	1.184512 m³
33.商品原产地	中国
34.进出口日期	2020-05-29

图　2-54

图　2-55

（1）ISSUER。ISSUER 即出票人，通常也可以表述为 SELLER 或 EXPORTER。一般情况下，ISSUER 即为出口公司，制单时应标出出票人名称和地址。

案例 2-2 的 ISSUER 是广东温尼，填写：Winnie Import & Export Trading Co.,Ltd.。

（2）TO。TO 即抬头人，通常也可以表述为 BUYER 或 IMPORTER。

通常是以买方或者开证申请人为抬头人，除非信用证另有规定。

案例 2-2 的 TO 是：ROICE INTERNATIONAL,INC.。

实操小贴士2-10 ≫

发票填写买卖双方时注意事项

（1）公司名称和地址要分两行打，而且必须打上名称和地址的全称。

（2）公司名称一般一行打完，不能换行，地址则可合理分行。

（3）书写要精确到标点、空格和字母。

（3）NO.。NO. 即发票号码，通常也可以表述为 INVOICE NO.。发票号码由出口公司根据实际情况自行编制，一般在编制时，在发票号码的顺序数字中能看出这一票业务是哪个部门及谁做的和具体的年份，以便于日后查找。

案例 2-2 的 NO. 在补充资料里查寻，填写：XY0002。

（4）DATE。DATE 即开票日期，通常也可以表述为 INVOICE DATE。开票日期一般晚于合同签订和信用证开证日期，早于提单日期，银行接受早于开证日期的发票。

案例 2-2 的 DATE 为 2020-05-31，发票开票日期为 2020-05-31。

（5）S/C NO.。S/C NO.（SALE CONTRACT NUMBER）即合同号码。合同号码应与信用证上所列的一致，如果一笔交易牵涉到几个合同，应在发票上全部显示出来。

案例 2-2 的 S/C NO. 在合同中查寻，填写：CT0005。

（6）L/C NO.。L/C NO.（LETTER OF CREDIT NUMBER）即信用证号码。当采用信用证结算方式时，填写信用证号码 L/C NO.。如果信用证没有要求在发票上标明信用证号码，此项可以不填，当采用其他支付方式时，此项也可不填。

案例 2-2 没有采用信用证方式结算，所以此处不填写。

（7）TRANSPORT DETAILS。TRANSPORT DETAILS 即运输事项，包括填写货物实际装卸港名称，以及运输方式、运输工具。

知识加油站2-3 >

转运与分批装运的概念

Transshipment is not allowed，不允许转运。如果是海运，就是指货物从起运港上船后就不能在中途（中转港）卸货，必须在合同规定的目的港卸货。与之相对的是 Transshipment is allowed，即允许转运。

Partial shipment is not allowed，不允许分批装运，意味着不可以分批结算。与之相对的是 Partial shipment is allowed，即允许分批装运，即只要在信用证的有效期内并符合信用证的有关规定就可以分批结算。

案例 2-2 要求"Transshipment and partial shipment is not allowed"，即不可转运和不可分批装运。当有转运港时，转运港填在目的港后面，如若改为：从上海经夏威夷转运至旧金山，那么 TRANSPORT DETAILS 应改为：From Shanghai to San Francisco（With Transshipment）W/T AT Hawaii by vessel，或者写为：From Shanghai Via Hawaii and Thence to San Francisco。

（8）TERMS OF PAYMENT。TERMS OF PAYMENT 是指付款方式。

知识加油站2-4 >

国际贸易中常用的付款方式有三种，即汇款（remittance）、托收（collection）、信用证（letter of credit，L/C）。

汇款，又称汇付，是付款方通过第三者（一般是银行）使用各种结算工具，主动将款项汇付给收款方的一种业务处理方式。常用的汇款方式有三种：①信汇，M/T（mail transfer），即汇出行应汇款人申请，将其交来的汇款通过信汇委托书邮寄至汇入行，委托其解付给收款人。②电汇，T/T（telegraphic transfer），即汇出行应汇款人申请，以

电报或电传通知国外汇入行，委托其将汇款支付给指定收款人。③票汇，D/D（demand draft），即汇出行应汇款人申请，代开以汇入行为付款人的汇票，交给汇款人自行邮寄或携带出国，交给收款人向汇入行领取汇款。

托收是出口商（债权人）为向国外进口商（债务人）收取货款，开具汇票委托出口地银行通过其在进口地银行的联行或代理行向进口商收款的结算方式。

信用证是指银行根据进口商（买方）的请求，开给出口商（卖方）的一种保证承担支付货款责任的书面凭证。在信用证内，银行授权出口人在符合信用证所规定的条件下，以该行或其指定的银行为付款人，开具不得超过规定金额的汇票，并按规定随附装运单据，按期在指定地点收取货款。

案例 2-2 的付款方式采用的是"100% by T/T at sight"。

T/T，即以电汇的形式进行付款。

at sight 即见单即付。单即提货单。与之相对的是 after sight，即见单后一定时间内付款。如是 30 天付款，应写成 T/T after 30 days sight.

100%，即全款付清。

T/T at sight，即见单付款。

因此，案例 2-2 采用的付款方式是见单即付全款。

此外，还有其他付款形式，如：T/T In Advance，即先付款后发货。在实际外贸工作中，预付全款的情况并不多见，通常（尤其是对新客户）采用的是：30% T/T In Advance，即 30% 电汇预付。

与 T/T In Advance 相对应的是 T/T After Arrival，即发货后付款。在实际外贸工作中，发货后付款的情况也不多见，因为卖方风险太大。

在实际外贸工作中最常见的付款方式是混合式支付，即预付＋即期支付。

混合式支付常见的有：30% T/T In Advance and 70% L/C at sight，即 30% 电汇预付，70% 信用证即期支付。30% T/T In Advance and 70% T/T at sight of B/L copy 或者 30% T/T In Advance and 70% balance against the copy B/L，即 30% 电汇预付，70% 见提单副本支付。

知识加油站2-5 ≫

提单（bill of lading，B/L）是指用以证明海上货物运输合同和货物已经由承运人接收或者装船，以及承运人保证据以交付货物的单证（《中华人民共和国海商法》第 71 条）。在对外贸易中，提单是运输部门承运货物时签发给发货人（可以是出口人也可以是货代）的一种凭证。收货人凭提单向货运目的地的运输部门提货（若收货人手里是小单，则需要向国内货代换取主单），提单须经承运人或船方签字后始能生效。

（9）Unit Price。Unit Price，即单价。

商业发票中，Unit Price 包括贸易术语＋港口＋货币名称＋单价金额＋计量单位，缺一不可。案例 2-2 是 CIF 价格成交，港口为目的港；案例 2-1 是 FOB 价格成交，港口为起运港。

案例 2-2 Unit Price：CIF San Francisco USD 205.00 per pc

CIF San Francisco USD 5.00 per pc

作为卖方的广东温尼需承担运费和保险费。

（10）MARKS AND NUMBERS。MARKS AND NUMBERS 即唛头，通常也可以表述为 MARKS NO.，是进出口货物的包装上所做的标记。

如果没有唛头，或者裸装货、散装货等，要填写 NO MARK 或 N/M，不能空项。

如信用证或合同中没有规定唛头，出口商可自行设计唛头。

知识加油站2-6

贸易术语的概念及分类

贸易术语（trade terms）也称为价格术语（price terms），是用来表示成交价格的构成和交货条件，确定买卖双方风险、责任、费用划分等问题的专门用语。

常用的贸易术语有 FOB、CFR、CIF。

FOB（free on board），船上交货价，又称离岸价。买方负责派船接运货物，卖方应在合同规定的装运港和规定的期限内将货物装上买方指定的船只，并及时通知买方。货物在装运港被装上指定船时，货物灭失或损坏的一切风险即由卖方转移至买方。此外卖方必须办理货物出口相关手续。本术语仅适用于海运或内河运输。

CFR（cost and freight），成本＋运费。卖方在装运港船上交货，需支付将货物运至指定目的港所需的费用。但货物的风险是在装运港船上交货时转移至买方。按 CFR 条件成交时，由卖方安排运输，由买方办理货运保险。本术语适用于海运或内河运输。

CIF（cost，insurance and freight），成本＋保险费＋运费。卖方除具有与 CFR 术语相同的义务外，还要为买方办理货运保险，支付保险费。按 CIF 成交，虽然由卖方安排货物运输和办理货运保险，但卖方并不承担保证把货送到约定目的港的义务，因为 CIF 属于装运交货的术语，而不是目的港交货的术语，也就是说 CIF 不是"到岸价"。

实操小贴士2-11

唛头的构成

唛头一般由 4 部分构成：买方公司简称、目的港、参考号、件数。

件数：NO.1/UP，UP 要用最大包装数来代替。如：此商品有 1 000pcs，用 carton 装，每 carton 容纳 100pcs，则 UP 为 10。件数就是：NO.1/10。

有时买方要求唛头具有某些几何图形，但在信用证中只能用文字描述，比如：

（1）"HAIER" in diamond

（2）"PHILIPS" in square

（3）"SIEMENS" in triangle

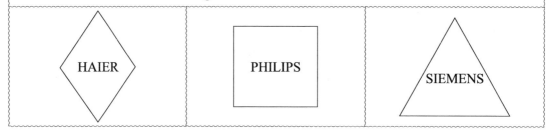

案例 2-2 的 MARKS AND NUMBERS 为 N/M，即为没有唛头。

2）装箱单

根据案例 2-2 的商业发票和补充资料填写装箱单，广东温尼的装箱单如图 2-56 所示。

ISSUER	
Winnie Import & Export Trading Co.,Ltd London Street No.6556, Shunde, Foshan, Guangdong, China	**装箱单** **PACKING LIST**

TO	DATE
ROICE INTERNATIONAL, INC. UNIT 12-13,28/F,PROGRESS COMMERCIAL BUILDING,8 IRVING STREET,CAUSEWAY BAY,USA	2020-05-31

	INVOICE NO.	PACKING LIST NO.
	XY0002	XY0002

Description of goods	Package	G.W	N.W	Meas.
mainboard 2170-AR	2 CARTONS @24/48 pcs	48 KG	43.2 KG	0.064512 m3
Computer microphone black	47 CARTONS @24/1120 pcs	280 KG	268.8 KG	1.12 m3
Total:	49 CARTONS	328 KG	312 KG	1.184512 m3

SAY TOTAL: SAY FORTY NINE CARTONS ONLY

MARKS AND NUMBERS: N/M

Winnie Import & Export Trading Co.,Ltd
Winnie

图 2-56

知识加油站2-7 >>

　　装箱单（packing list）是发票的补充单据，它列明了信用证（或合同）中买卖双方约定的有关包装事宜的细节，便于国外买方在货物到达目的港时供海关检查和核对货物，通常可以将其有关内容加列在商业发票上，但是在信用证有明确要求时，就必须严格按信用证约定制作。

　　信用证中通常对于装箱单的缮制没有太过具体的要求，出口企业可根据自己的产品特点自行设计缮制装箱单。

　　（1）Package。Package 是指产品的包装数量。常用的有纸箱 CARTON、盒 BOX、包 BALE、桶 DRUM 等。

　　（2）G.W.。G.W. 是指毛重（gross weight），即产品连同它的包装的重量。

　　（3）N.W.。N.W. 是指净重（net weight），即产品本身的重量，或者说是除去包装物后的产品实际重量。

　　（4）Meas.。Meas. 是指体积（measurement），即根据产品外包装的长、宽、高，核算出来产品总的体积。

实操小贴士2-12 >>

　　装箱单制作

　　（1）名称应与信用证的规定一致。

　　（2）应列明每件的毛重、净重、体积和总毛重、总净重、总体积，且数字必须与其他单据相符。

　　（3）如信用证要求列明内包装（inner packing）情况，必须在单据中充分表示出来。

　　（4）装箱单一般不应显示货物的单价和总价，也不显示收货人。

　　（5）单据的号码、出单日期与发票一致。

实操小贴士2-13 >>

　　装箱单数据的计算

　　（1）Package 的单位为最大外包装的单位，Package 数 = 商品件数 ÷ 每 Package 包含商品数，计算结果进位取整。

（2）包装单位不同的货物，如：一类是 CARTONS，另一类是 BALES，合计的件数单位用 PACKAGES。

（3）G.W.：毛重 = 商品件数 × 每件商品毛重。

（4）N.W.：净重 = 商品件数 × 每件商品净重。

（5）Meas.：体积 = 商品件数 × 每件商品体积，每件商品体积 = 长 × 宽 × 高，单位为 m。

案例 2-2 的 Package、G.W.、N.W.、Meas. 计算如下：

Package：mainboard =48÷24=2 CARTONS

Computer microphone =1 120÷24=46.667，取整数为 47 CARTONS

Total Package：2+47=49 CARTONS

G.W.：mainboard =48×1.0=48（kg）

Computer microphone =1 120×0.25=280（kg）

Total G.W.：48 +280=328（kg）

N.W.：mainboard =48×0.9=43.2（kg）

Computer microphone =1 120×0.24=268.8（kg）

Total N.W.：43.2+268.8=312（kg）

Meas.：mainboard =48×0.16×0.14×0.06=0.064 512（m³）

Computer microphone =1 120×0.1×0.1×0.1=1.12（m³）

Total Meas. =0.064 512+1.12=1.184 512（m³）

3）代理报关委托书

知识加油站2-8 ≫

代理报关委托书和代理报检委托书的概念

代理报关委托书和代理报检委托书，是在海关进行进出口报关所申报的海关单证文件，是托运人委托承运人或其代理人办理报关等通关事宜，明确双方责任和义务的书面证明。委托方应及时提供报关报检所需的全部单证，并对单证的真实性、准确性和完整性负责。出口的退税、进口的付汇联的内容都是和报关单一致的。

代理报关委托书根据商业发票和补充资料填写，案例 2-2 广东温尼代理报关委托书如图 2-57 所示。委托书中被委托方内容不用广东温尼填写。

代理报关委托书

编号：20180001

广州市盛日国际货运代理有限公司

我单位现逐票委托贵公司代理填单申报、辅助查验、垫缴税款、办理海关证明联、审批手续、核销手续、申办减免税手续等通关事宜。

我单位保证遵守《海关法》和国家有关法规，保证所提供的情况真实、完整、单货相符。否则，愿承担相关法律责任。

本委托书有效期自签字之日起至 2020 年 6 月 1 日止。

委托方（盖章）： Winnie Import & Export Trading Co. Ltd

法定代表人或其授权签署《代理报关委托书》的人（签字） Winnie

2020 年 5 月 29 日

委托报关协议

为明确委托报关具体事项和各自责任，双方经平等协商签定协议如下：

委托方	Winnie Import & Export Trading Co. Ltd
主要货物名称	mainboard Z170-AR,Computer microphone black
HS 编码	8471504090, 8515100090
货物总价	USD 15440.00
进出口日期	2020 年 5 月 29 日
提单号	G1234567
贸易方式	一般贸易
原产地/货源地	中国
其他要求：	
背面所列通用条款是本协议不可分割的一部分，对本协议的签署构成了对背面通用条款的同意。	
委托方业务签章：Winnie Import & Export Trading Co., Ltd	
经办人签章： Winnie	
联系电话：13626687892	2020 年 5 月 29 日

被委托方		
*报关单编码	No.	
收到单证日期	年 月 日	
收到单证情况	合同 □	发票 □
	装箱清单 □	提（运）单 □
	加工贸易手册 □	许可证件 □
	其他	
报关收费	人民币： 元	
承诺说明：		
背面所列通用条款是本协议不可分割的一部分，对本协议的签署构成了对背面通用条款的同意。		
被委托方业务签章：		
经办报关员签章：		
联系电话：	年 月 日	

（白联：海关留存、黄联：被委托方留存、红联：委托方留存） 中国报关协会监制

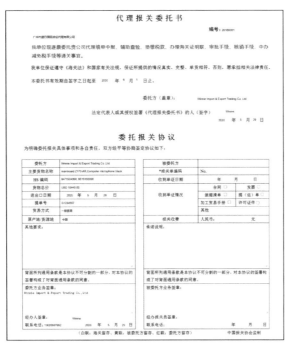

图 2-57

4）代理报检委托书

代理报检委托书根据案例 2-2 的商业发票和补充资料填写，广东温尼代理报检委托书如图 2-58 所示。委托书中被委托方内容不用广东温尼填写。

代理报检委托书

编号：1120180305001

出入境检验检疫局：

本委托人（备案号/组织机构代码 440000111196588 ）保证遵守国家有关检验检疫法律、法规的规定，保证所提供的委托报检事项真实、单货相符。否则，愿承担相关法律责任。具体委托情况如下：

本委托人将于 2020 年 5 月间进口/出口 如下货物：

品名	mainboard Z170-AR，Computer microphone black	HS 编码	8471504090，8515100090
数（重）量	1168 PCS	包装情况	49 CARTONS
信用证/合同号	CT0005	许可文件号	
进口货物收货单位及地址	ROICE INTERNATIONAL, INC. UNIT 12-13, 28/F, PROGRESS COMMERCIAL BUILDING, 8 IRVING STREET, CAUSEWAY BAY, USA	进口货物提/运单号	01234567
其他特殊要求			

特委托 广州市盛日国际货运代理有限公司 （代理报检注册登记号 3712680510 ）代表本委托委托人办理上述货物的下列出入境检验检疫事宜：

☑1.代理报检手续；
☑2.代缴纳检验检疫费；
☑3.联系和配合检验检疫机构实施检验检疫；
☑4.领取检验检疫证单。
□5.其他与报检有关的相关事宜：

联 系 人：Winnie

联系电话：13626687892

本委托书有效期至：2020 年 6 月 1 日

委托人（加盖公章） Winnie Import & E

2020 年 5 月 29 日

受托人确认声明

本企业完全接受本委托书，保证履行以下职责：

1. 对委托人提供的货物情况和单证的真实性、完整性进行核实；
2. 根据检验检疫有关法律法规规定办理上述货物的检验检疫事宜；
3. 及时将办结检验检疫手续的有关委托内容的单证、文件移交委托人或其他指定的人员；
4. 如实告知委托人检验检疫部门对货物的后续检验检疫及监管要求。

如在委托事项中发生违法或违规行为，愿承担相关法律和行政责任。

联 系 人：

联系电话：

受托人（加盖公章）

年 月 日

图 2-58

5）国际海运货物委托书

国际海运货物委托书，是出口商向船公司或其他代理人订舱或委托订舱时需提交的单据。该委托书根据案例 2-2 的出口合同、商业发票、装箱单、补充资料填写，广东温尼国际海运货物委托书如图 2-59 所示。

INSTRUCTION FOR CARGO BY SEA 国际海运货物委托书					
DATE(日期)	2020-06-01				
SHIPPER(发货人)	Winnie Import & Export Trading Co.,Ltd		TEL	0757-86934685	
ADDRESS(地址)	London Street No.6556,Shunde,Foshan,Guangdong,China				
CONSIGNEE(收货人)	ROICE INTERNATIONAL, INC.		TEL	563-74469512	
ADDRESS(地址)	UNIT 12-13,28/F,PROGRESS COMMERCIAL BUILDING,8 IRVING STREET,CAUSEWAY BAY,USA				
ALSO NOTIFY(并通知)	ROICE INTERNATIONAL, INC.		TEL	563-74469512	
ADDRESS(地址)	UNIT 12-13,28/F,PROGRESS COMMERCIAL BUILDING,8 IRVING STREET,CAUSEWAY BAY,USA				
PLACE OF SHIPMENT(起运地)	Xiamen,China				
PLACE OF DELIVERY(目的地)	San Francisco,USA				
PORT OF DISCHARGE(卸货港)	San Francisco,USA				
OCEAN VESSELNOYAGE(航名航次)	ELBMASTER TBN				
DESCRIPTION OF GOODS 货物名称及描述	MARKS & NUMBERS 唛头	NO.OF PACKAGE 件数	GROSS WEIGHT/KG 毛重	NET WEIGHT/KG 净重	MEAS/CBM 体积
mainboard Z170-AR	N/M	2 CARTONS	48 KG	43.2 KG	0.064512 m3
Computer microphone black	N/M	47 CARTONS	280 KG	268.8 KG	1.12 m3
TOTAL:		49 CARTONS	328 KG	312 KG	1.184512 m3

RATE AGREED 运费议定		SPECIAL INSTRUCTION 特别附注		
☑ 货柜 FCL	USD:1,120.97			
☐ 拼箱 LCL				
柜型及数量 Container Type and Quantity	☑ 20' GP(普柜) X 1	☐ 40' GP(普柜) X	☐ 40' HC(普高柜) X	
	☐ 20' RF(冻柜) X	☐ 40' RF(冻柜) X	☐ 40' RH(冻高柜) X	
	☐ 20' Platform X	☐ 40' Platform X		
	☐ 20' Car X	☐ 40' Car X		
IMPORTANT.Please indicate freight payment by WHOM.	FREIGHT(运费)	☑ PREPAID ☐ COLLECT	LOCAL CHARGES (本地运费)	☐ PREPAID ☐ COLLECT
OTHER CHARGE(其他费用)				
DOCUMENT 文件单据:	INVOICE 发票#: XY0002	OTHER DOCUMENT 1#& NO:		
	PACKING LIST 装箱单#: XY0002	OTHER DOCUMENT 2#& NO:		
DECLARED VALUE 价值	INSURANCE AMOUNT 保险额 USD.18395.1	Service Mode	FOR Customs 报关金额	
			FOR Carriage 运输金额	

注意事项：
委托请仔细阅读
1. 由于收货人拒绝收货或拖延收货，所产生的所有费用与后果货物请求的费用，由委托人承担，委托人在拖到通知7日内支付，并承担相关法律责任。
2. 委托人交付的货物，其申报价值如果为USD600以上，请自行购买保险，并承诺通知发货人员工，如果发生虚报产生责任由委托人承担。
3. 货物应具有符合海运运输要求的完整包装，若委员人对货物有任何异议，应在提货前确认，并得到此货物单位书面确认，任何跨期被放弃为主动放弃。
4. 托运人需要接受拖资的付款时间内结清全部费用，托运人来若如不能到付支付运费，将货5%滞纳期罚金，货承运人有权采取任何措施催期追讨款。
5. 客户应及时，准确提供有关单位，如无按特殊要求，一律按并同处理、可分推处理、运费时，预付不明，按预付处理，托运人来由自起起的一切风险。

CONSIGNOR'S DETAIL 委托人资料		
CONSIGNOR'S NAME &ADDRESS (公司名称及地址)	INSTRUCTION BY:(经手人) SIGNED& CHOPPED: 签字及盖章	委托人声明：1.已经阅读以上注意事项并同意。2.所委托的货物及包装不涉及任何运输国和目的国相关法及国际海运运输安全规定，并对此承担相应责任
Winnie Import & Export Trading Co.,Ltd London Street No. 6556, Shunde, Foshan, Guangdong, China		Winnie

图 2-59

（1）NOTIFY。NOTIFY 即通知人，是指通知给谁，通常也可以表述为 Notify Party（通知人）。

通知人是指货到目的港及时接收船方发出到货通知的人，其职责是及时转告真实收货人接货。在国际贸易中，通知人有时是买方本人，有时也可能是其代理人，通知人无权提货。

案例 2-2 的 NOTIFY 就是买方本人，即 ROICE INTERNATIONAL, INC.

（2）PLACE OF SHIPMENT，PLACE OF DELIVERY，PORT OF DISCHARGE。PLACE OF SHIPMENT，即起运地，又称"装运港"，与合同"Port of Shipment"完全一致，

格式为："港口名＋国家"。

案例 2-2 的 PLACE OF SHIPMENT 为：Xiamen，China。

PLACE OF DELIVERY，即目的地，又称"目的港"，与合同"Port of Destination"完全一致，格式为"港口名＋国家"。

案例 2-2 的 PLACE OF DELIVERY 为 San Francisco，USA。

PORT OF DISCHARGE，即卸货港，如合同无特殊规定，卸货港即为目的地。

案例 2-2 的 PORT OF DISCHARGE 为 San Francisco，USA。

（3）MARKS & NUMBERS。海运委托书中的唛头通常也可以表述为：SHIPPING MARKS，与装箱单中的唛头保持一致。

（4）Container Type and Quantity。Container Type and Quantity 即货柜类型和数量。

案例 2-2 的海运委托书中有货柜 FCL 和拼箱 LCL 两种类型可选。有 GP（普柜）、RF（冻柜）、Platform（平台集装箱）、Car（汽车集装箱）四种类型可选，有 20′柜、40′柜、40′高柜可选。

知识加油站2-9 ＞＞

1. 集装箱装运分类

货柜 FCL（full container load），FCL 即整柜装运。表示客户为他的货物使用单独一整个集装箱。由发货人负责装箱、计数、积载并加铅封。整箱货的拆箱，一般由收货人办理，但也可以委托承运人在货运站拆箱，可是承运人不负责箱内的货损、货差。除非货方举证确属承运人责任事故的损害，承运人才负责赔偿。承运人对整箱货，以箱为交接单位。只要集装箱外表与收箱时相似和铅封完整，承运人就完成了承运责任。整箱货运提单上，要加上"委托人装箱、计数并加铅封"的条款。

拼箱 LCL（less than container load），LCL 即拼箱货运，指装不满一整箱的小票货物。通常是由承运人分别揽货并在集装箱货运站或内陆站集中，而后将两票或两票以上的货物拼装在一个集装箱内，同样要在目的地的集装箱货运站或内陆站拆箱分别交货。在 LCL 集装箱的情况下，航运公司对货物的包装、状态和运输负责。

2. 集装箱类型

（1）GP（general purpose container），即普柜，又称为"通用集装箱"，是指适用于普通干杂货的、无通风装置的集装箱。

（2）RF（reefer container），即冻柜，又称为"冷藏集装箱"，是指一种有良好隔热，且能维持一定低温要求，适用于各类易腐食品的运送、储存的特殊集装箱。

（3）Platform（platform container），即平台集装箱，形状类似铁路平板车，是具有高承载能力的底板而无上部结构的一种集装箱，主要应用于装载超规格和重量非常重的货物。

（4）Car（car container），即汽车集装箱，是一种运输小型轿车用的专用集装箱，其特点是在简易箱底上装一个钢制框架，通常没有箱壁（包括端壁和侧壁）。

3. 集装箱规格

20 尺柜，该"尺"的英文表述是"feet"，即"英尺"。各尺寸集装箱规格见表 2-6。

表　2-6

类型	大小 /ft	内长 /m	内宽 /m	内高 /m	门高 /m	门宽 /m	容积 /m³	载重 /t	皮重 /t
普柜	20	5.898	2.352	2.385	2.28	2.343	28	17.5	2.3
	40	12.032	2.352	2.385	2.28	2.343	57	28	3.4
高柜	40HC/HQ	12.032	2.352	2.69	2.585	2.343	67	28	4
	45HC/HQ	13.556					83		

HC（high cube），即高柜，指的是集装箱高柜，一般是 9′6″的。

英语中 cube 发音为 Q，high cube 也简写为 HQ，因此 HC 和 HQ 是一个意思，指的都是高柜。

RH（reefer high cube），即冻高柜。

如果选择货柜，可以选择一种或多种不同的柜型及数量。例如可以同时选择 1 个 20′柜和 1 个 40′柜。

如果产品详细资料的运输说明中注明"需冷藏运输"，则应选择冻柜，否则选择普柜。

案例 2-2 涉及的产品为电脑配件，无须冷藏运输，因此采用普柜。

（5）FREIGHT。FREIGHT 即运费。通常也可以表述为 PAYMENT OF FREIGHT，即运费支付。

运费支付一般根据国际贸易术语填写，FOB 价格成交，采用运费到付，填写"FREIGHT COLLECT"。CFR、CIF 价格成交，采用运费预付 / 已付，填写"FREIGHT PREPAID"或"FREIGHT PAID"。

托运单上一般不显示具体运费，只填写运费到付或运费预付 / 已付。

案例 2-2 采用 CIF 价格成交，因此运费要填写"FREIGHT PREPAID"。

6）货物运输险投保单

知识加油站2-10 》》

保险单

为保障收货人在货物受损后获得经济补偿，货主在货物出运前向保险公司办理有关投保事宜，保险公司在接受投保后签发承保凭证，即保险单（insurance policy）。

保险单有如下作用。

（1）保险单是保险公司对被保险人的承保证明，是保险公司和被保险人之间的保险契约，货物安全抵达目的地后保险单效力即告终止。

（2）保险单是被保险人的索赔依据，也是保险公司理赔的主要依据。

保险单根据案例 2-2 的出口合同、商业发票、装箱单、国际海运货物委托书、补充资料填写，广东温尼货物运输险投保单如图 2-60 所示。

货 物 运 输 险 投 保 单

APPLICATION FOR CARGO TRANSPORTATION INSURANCE

投保单号 8090306

注意：请您在保险人明确说明本投保单及适用保险条款后，如实填写本投保单，您所填写的材料将构成签订保险合同的要约，成为保险人核保并签发保险单的依据。除双方另有约定外，保险人签发保险单且投保人向保险人缴清保险费后，保险人开始按约定的险种承保货物运输保险。

投保人 Applicant	Winnie Import & Export Trading Co.,Ltd				
投保人地址 Applicant 's Add	London Street No.6556,Shunde,Foshan,Guangdong,China			邮编 Code	528000
联系人 Contact	张芳琪	电话 Tel.	0757-86934685	电子邮箱 E-mail	Winne@126.com
被保险人 Insured	Winnie Import & Export Trading Co.,Ltd			电话 Tel.	0757-86934685
贸易合同 Contract NO.	CT0005	信用证号 L/C No.		发票号 Invoice No.	XY0002

标记 Marks & Nos.	包装及数量 Packing & quantity	保险货物项目 Description of goods
N/M	49 CARTONS	mainboard Z170-AR Computer microphone black

装载运输工具：Name of the Carrier ELBMASTER TBN

起运日期：Departure Date 2020-06-01　　赔付地点：Claims Payable At San Francisco,USA IN USD

航行线路：自 Route from Xiamen,China　经 Via　到达（目的地）To（destination）San Francisco,USA

包装方式：Manner of packing 24 pc per carton

运输方式：Mode of transport By sea

承保条件 投保人可根据投保意向选择投保险别及条款，并划 √ 确认，但保险人承保的险别及适用条款以保险人最终确定并在保险单上列明的险种、条款为准。

Conditions:

Marine risk: 进出口海洋运输：☑ ALL Risks（一切险）　□ WPA（水渍险）　□ FPA（平安险）　（PICC《海洋运输货物保险条款》）

□ ICC（A）　□ ICC（B　□ ICC（C）　（ICC《伦敦协会条款》）

Aviation risk: 进出口航空运输：□ AIL TPT ALL Risks（航空运输险）　□ AIR TPT Risks（航空运输一切险）　（PICC《航空运输货物保险条款》）

Land risk: 进出口陆上运输：□ Overland Transportation Risks（陆运险）　□ Overland transportation ALL Risks（陆运一切险）　（PICC《陆上运输货物保险条款》）

Special Additional Risks: 特殊附加险：☑ WAR Risk（战争险）　☑ Strikes Risk（罢工险）

特别约定：Special Conditions:

1、加成 Value Plus About

2、CIF 金额 CIF value USD 15440.00　　3、保险金额 Insured Value USD 16984

4、费率（%）Rate USD 8‰　　5、保险费 Premium USD 135.872

投保人声明：

1、本人填写本投保单之前，保险人已经就本投保单及适用的保险条款的内容，尤其是关于保险人免除责任的条款及投保人核被保险人义务条款向本人合作了明确说明，本人对该保险条款及保险条件已经完全了解，并同意接受保险条款的约束。

2、本投保单所填写的各项内容均属事实，同意以本投保单作为保险人签发保险单的依据。

3、保险合同自保险单签发之日起成立。

投保人签字（盖章）Signature Winnie Import & Export Trading Co.,Ltd　　日期 2020 年 5 月 29 日

图　2-60

（1）Applicant。Applicant 即投保人，通常也可以表述为 Insurance Applicant。

投保人是指与保险人订立保险合同，并按照保险合同负有支付保险费义务的人。

案例 2-2 的 Applicant 应为广东温尼，即 Winnie Import & Export Trading Co.,Ltd.。

（2）Insured。Insured 即被保险人。

被保险人是指保险标的如果在保险期间发生了承保范围内的风险损失，有权凭保险单及其他相关文件向承保人办理索赔的人。

如信用证无特别规定，被保险人应是合同的出口方或信用证的受益人。

如信用证有特殊要求，所有单据以 ××× 为抬头人，那么应在被保险人栏以 ××× 为被保险人，这种保险单就不要背书了。

信用证规定保单为第三者名称，可以填写：TO WHOM IT MAY CONCERN。

案例 2-2 的 Insured 应为广东温尼，即 Winnie Import & Export Trading Co.,Ltd.。

投保人和被保险人可以是同一个人，即自己为自己投保。案例 2-2 的投保人和被保险人就同为广东温尼。

（3）Packing & Quantity。Packing & Quantity 指包装及数量。

实操小贴士2-14 ≫

包装及数量

如以包装件数计价者，则将最大包装的总件数填入。

如以毛重或净重计价，可填毛重或净重。

如果是裸装货物，则表示其件数即可。

散装货物则表示其重量，并在其后注明 IN BULK 字样。

案例 2-2 的 Packing & Quantity 按最大包装 CARTONS 填写：49 CARTONS。

（4）Departure Date。Departure Date，即起运日期，通常也可以表述为 DATE OF COMMENCEMENT。

可以填写提单的签发日期，也可以填写提单签发日前后各 5 天之内的任何一天的日期。

（5）Claims Payable At。Claims Payable At 即赔付地点。

按合同和信用证要求填写，如果信用证中并未明确，一般将目的港作为赔付地点。

填写赔付地点后用"IN"引出赔付币别。

案例 2-2 的赔付地点没有明确要求，因此应填写：San Francisco,USA IN USD。

（6）Conditions。Conditions 即承保险别。

我国现行保险条款由中国人民保险公司（PICC）制定，其货物运输保险分为基本险与附加险两大类，基本险可单独投保，附加险不能单独投保。

知识加油站2-11 >>

海上货物运输险

1. 基本险

基本险是海上货物运输保险的必选险种。基本险中有一般货物险和特别货物险两类。一般货物险中又分为平安险、水渍险和一切险三种。特别货物险分为散装桐油险和冷藏货物险两种。在两类五个险种中，投保人必须根据货物特性和运输条件从中选定一种作为基本险。如果投保人愿意，可以选择一些附加险投保。没有投保基本险的保险合同无效。

（1）FPA（free from particular average），即平安险，又称"单独海损不赔险"。保险人只负责货物全部损失和特定意外事故部分损失的赔偿责任的保险，为海上货物运输保险中责任范围最小的一种。保险责任范围为：①海上自然灾害和意外事故造成整批货物的全部损失或推定全损。②因运输工具遭受搁浅、触礁、互撞、沉没、与流冰或其他物体碰撞，以及失火、爆炸而造成的货物全部或部分损失。③装卸、转运时整件货物的落海损失。④避难港的卸货损失与在避难港、中途港支付的特别费用。⑤共同海损的牺牲、分摊和救助费用。⑥合同订有船舶互撞条款时，应由货方偿还船方的损失。⑦货物遭受保险责任内危险时，被保险人合理的施救费用。

（2）WPA/WA（with particular average/ with average），即水渍险，又称"单独海损险"。这里的"海损"是自然灾害及意外事故，导致货物被水淹没，引起货物的损失。水渍险的责任范围除了包括上列平安险的各项责任外，还负责被保险货物由于恶劣气候、雷电、海啸、地震、洪水等自然灾害所造成的部分损失。

（3）All Risks，即一切险，又称"综合险"。除承保平安险、水渍险全部责任外，还承保在运输过程中因各种外来原因所造成的保险货物全部和部分损失保险。承保的外来原因损失包括偷窃、提货不到、淡水雨淋、破碎、渗漏、碰损、短量、混杂、串味、沾污、受热受潮、锈损、钩损、包装破裂等危险造成的损失。一切险并非承保一切损失，对被保险人故意行为、货物自然损耗、固有瑕疵与本质缺陷以及战争、罢工等造成的损失，保险人不承担赔偿责任。All Risks 范围最大、费用最大，是目前我国出口业务中使用频率最高的险别。

2. 附加险

附加险是基本险别责任的扩大和补充，不能单独投保，有一般附加险和特殊附加险。

（1）一般附加险包括：偷窃、提货不着险，淡水雨淋险，短量险，渗漏险，混杂、沾污险，碰损、破碎险，串味险，受潮受热险，钩损险，包装破裂险，锈损险。这11种附加险，只能在投保平安险和水渍险的基础上加保一种或数种险别，但若投保"一切险"，因上述险别均包含在内，故无须加保。

（2）特殊附加险包括：交货不到险，进口关税险，舱面险，拒收险，黄曲霉素险，卖方利益险，出口货物到港九或澳门存仓火险责任扩展条款，罢工险（strikes risk），海运战争险（ocean marine cargo war risk）等。

①海上货物运输战争险。海上货物运输战争险是保险人承保战争或类似战争行为导致的货物损失的特殊附加险。

②海上货物运输罢工险。海上货物运输罢工险是保险人承保因罢工等人为活动造成被保险货物损失的特殊附加险。

罢工险与战争险的关系密切，按国际海上保险市场的习惯，保了战争险，再加保罢工险时一般不再加收保险费。如仅要求加保罢工险，则按战争险费率收费。所以一般被保险人在投保战争险的同时加保罢工险。

如果信用证没有规定具体险别，或只规定"MARINE RISK""USUAL RISK"或"TRANSPORT RISK"，则可投保平安险、水渍险、一切险三种基本险中的任何一种。

案例 2-2 只规定了 MARINE RISK，因此广东温尼投保了 All Risks（一切险），又投保了 WAR Risk（战争险）和 Strikes Risk（罢工险）。

（7）Insured Value。Insured Value 即保险金额，通常也可以表述为 Insured Amount。

保险金额是投保人与保险公司之间实际投保和承保的金额，赔偿与索赔的最高限额，也是保费的计收依据。根据《UCP600》（跟单信用证统一惯例，Uniform Customs and Practice for Documentary Credits）的规定，如果信用证对保额未做规定，投保金额必须至少为货物价格的110%。

保险金额不要小数，出现小数时无论多少一律进位取整。

案例 2-2 的 Insured Value=CIF Value×110%=15 440×1.1=16 984（美元）

（8）Value Plus。Value Plus 即投保加成，通常也可以表述为 Additional Value Insured。

投保加成是指投保人在向保险公司办理投保手续时，要求按超出保险标的物价值一定百分比的保险金额投保，超出部分被称为投保加成。

投保加成用于万一保险货物损失或灭失，被保险人除了获得受损保险标的本身价值的赔偿以外，同时还可以获得一定的本笔生意先期的费用以及预期利润的价值补偿。

投保加成是一个绝对数与之对应的相对数，就是投保加成率。在一般情况下，保险公司是按货物 CIF 价值的 10% 加成的。超过 30% 的加成率，保险公司一般不予承保。

保险金额 =CIF 价 + 保险加成 =CIF 价 ×（1+ 保险加成率）

（9）Premium。Premium 即保险费，通常也可以表述为 Insurance Premium。

保险费指投保人为取得保险保障，按合同约定向保险人支付的费用，投保人按约定方式缴纳保险费是保险合同生效的条件。

（10）Rate。Rate 即保险费率，通常也可以表述为 Premium Rate。

保险费率是由保险公司根据一定时期、不同种类的货物的赔付率，按不同险别和目的地确定的。

保险费的计算公式是：保险费 = 保险金额 × 保险费率

案例 2-2 Premium=Insured Value×Rate=16 984×8‰ =135.872（美元）

商业发票、装箱单、代理报关委托书、代理报检委托书、国际海运货物委托书、货物运输险投保单填写完成之后，提交此合同下的单据资料。

知识加油站2-12 >>

出口报价核算方法

1. 国内总成本

国内总成本包括向国内供应商采购货物的价格（含税价），把货物运到装运港的国内费用（包括公司业务综合费用、内陆运费、报关费等），并且要扣除后续的出口退税收入。国内总成本如公式2-1所示。出口退税与增值税税率和退税率有关，出口退税如公式2-2所示。

公式 2-1　　　　　　　国内总成本 = 采购价 + 国内费用 − 出口退税

公式 2-2　　　　　　　出口退税 =[采购价 /（1+ 增值税税率）]× 退税率

2. FOB 价格

FOB 价格与结算货币的银行汇率有关，FOB 价格如公式 2-3 所示。

公式 2-3　　　　　　　FOB 价 =（国内总成本 + 利润）/ 银行汇率

利润率的设定，不同企业表示方式不一样，有些企业用销售价，有些用成本价，利润如公式 2-4 所示。

公式 2-4　　　　　　　利润 = 销售价（或者成本价）× 利润率

3. CFR 价格

CFR 价格可以在 FOB 价格的基础上进行换算，CFR 价格如公式 2-5 所示。

公式 2-5　　　　　　　CFR 价 =FOB 价 + 国际运费

4. CIF 价格

CIF 价格可以在 CFR 价格或 FOB 价格的基础上进行换算，CIF 价格如公式 2-6 和公式 2-7 所示。

公式 2-6　　　　　　　CIF 价 = CFR 价 + 保险费

公式 2-7　　　　　　　CIF 价 = FOB 价 + 国际运费 + 保险费

保险费与保险金额和保险费率有关，保险费如公式 2-8 所示。

公式 2-8　　　　　　　保险费 = 保险金额 × 保险费率

保险金额与 CIF 价和保险加成率有关，保险金额如公式 2-9 所示。

公式 2-9　　　　　　　保险金额 = CIF 价 ×（1+ 保险加成率）

由公式 2-8 和公式 2-9 可得保险费如公式 2-10 所示。

公式 2-10　　　　　　保险费 = CIF 价 ×（1+ 保险加成率）× 保险费率

由公式 2-6 和公式 2-10 可得 CIF 价格如公式 2-11 所示。

公式 2-11　　　　　CIF 价 = CFR 价 /[1-（1+ 保险加成率）× 保险费率]

或者，由公式 2-7 和公式 2-10 可得 CIF 价格如公式 2-12 所示。

公式 2-12　　　CIF 价 =（FOB 价 + 国际运费）/[1-（1+ 保险加成率）× 保险费率]

至此，广东温尼货代业务办理完成，接下来将对合同中产品进行备货并发给客户。

7）备货、发货

广东温尼备货、发货过程与案例 2-1 完全一致，因此不再展示细节。

5. 收款、退税

1）根据商业发票中的付款方式收取货款

由于国内业务结算都需要使用人民币，因此在需要的时候可将账户中的外币结汇为人民币。结汇就是将外币转换成人民币的操作，跨境企业收到的外汇可以暂时存于账户中，无须立即将外币转成人民币。

查看实训平台订单收支状况，显示广东温尼在该出口业务中的收款情况，如图 2-61 所示。

图　2-61

2）到退税机关办理退税申报

企业将退税资料及一套退税申请表交给退税机关，退税机关会将一张退税汇总申报表签字盖章后返还给企业，同时按规定将退税款项划到企业银行账户。

　　如果企业与阿里巴巴国际站签订外贸综合服务，阿里巴巴国际站的一达通服务将完成退税工作，一达通公司获得税务机关的退税之后再转给出口企业。

　　至此，在实训平台中广东温尼的阿里巴巴国际站电脑配件跨境电商业务全部完成。

一、计算题

　　A 公司一批出口货物 CFR 价为每件 10 美元，现客户要求改报 CIF 价，加成 10% 投保海运一切险和战争险，A 公司同意照办，若一切险费率为 0.5%，战争险费率为 0.5%，A 公司应改报的价格为多少？

二、设计题

　　假如你是一名水壶类生产公司的外贸业务员，请准备好发布相关产品需要的资料并发布一款新产品。要求：

　　1. 产品信息填写正确和完整。

　　根据产品素材正确选择商品类目：

　　（1）产品主图不少于 6 张，并按照逻辑顺序展示。

　　（2）产品主图为正方形设计、像素为 800 像素 ×800 像素、大小不超过 3 MB。

　　（3）产品内页设计不能出现中文字样，不能出现别人的品牌 Logo 等信息。

　　（4）根据素材将产品的基本信息、交易信息、物流信息填写正确和完整。

　　2. 产品详情描述采用普通编辑模式，包含产品图片描述、包装物流信息、公司信息和 FAQ，按照逻辑顺序展示，排版清晰、有条理。

三、分析题

　　买方与卖方签订一笔 50 000 吨的粮食合同，贸易条件为 FOB 上海，1 月 1 日，买方指定的船舶抵达上海港将货物装船。1 月 2 日 6 点货物装船完毕，7 点载货船舱起火，船长组织船员灭火后发现，已有 500 吨粮食被烧毁，卖方立即将情况向买方汇报，征询处理意见。1 月 3 日，买方来电要求卖方重新备齐货物装船，否则将不付款。问：买方的要求是否合理？为什么？卖方应如何处理？

3 第三章
速卖通平台操作

速卖通是阿里巴巴集团旗下唯一面向全球市场的在线交易平台，致力于跨境电商业务，被广大卖家称为"国际版淘宝"。速卖通于 2010 年 4 月上线，经过 10 多年的迅猛发展，已经成为中国最大的跨境电商交易平台。

1. 了解速卖通的定位及发展历程。
2. 熟悉速卖通的商业模式以及注册规则、发布规则。
3. 了解速卖通的交易规则、放款规则。
4. 掌握速卖通的操作流程。

建议学时

10 学时。

第一节 速卖通平台简介

1. 了解速卖通的定位及发展历程。
2. 熟悉速卖通的商业模式。

2 学时。

老师讲

知识点：速卖通的定位、发展历程和商业模式

一、速卖通的定位与宗旨

全球速卖通是阿里巴巴旗下的跨境电商平台，也是中国最大的出口 B2C 电商平台，致力于帮助中小企业直接与来自全球的个人消费者实现在线交易，集合商品展示、客户下单、在线支付、跨境物流等多种功能于一体，可以实现批量小且批次多的快速销售模式，有利进一步提高卖家的利润，为其提供更多商机。在经济全球化的背景之下，来自全球的卖家的采购方式正在不断发生着变化，越来越多的买家趋向于小批量、多批次的采购模式。在这样的形势之下，速卖通可助力全球更多的个人消费者实现直接线上采购及付款并通过跨境物流拿到商品。全球速卖通使卖家和买家实现了双赢。

速卖通的宗旨：服务全球，让天下没有难做的生意。

二、速卖通的发展历程

全球速卖通平台于 2010 年 4 月正式发布，成立之初，速卖通凭借阿里巴巴国际站的资源吸引了第一批卖家和买家。与此同时，速卖通不断在海外知名网站、杂志、报纸与电视等媒体投放大量的广告，还利用 SNS（社交网络服务）、电子邮件等方式扩大其在海外的影响力，提高了访问流量，精确锁定了海外买家，宣传效果极其显著。2014 年，速卖通首次开展"双 11"活动，旨在打造全球购物狂欢节，为扩大影响力与提高参与度，速卖通买断全球流量，并发放了总量约为千万美元的优惠券，最终总订单量达到 680 万笔以上，订单范围覆盖全球。

如今，经过 10 多年的高速发展，速卖通平台日趋成熟：①平台已覆盖全球 220 多个国家和地区，主要的交易市场为俄罗斯、美国、西班牙、巴西及法国等国。②支持世界 18 种语言站点，为海外的平台使用者扫清了语言方面的障碍。③海外成交买家数量突破 1.5 亿，流量十分瞩目。④ 22 个行业囊括日常消费类目，商品备受海外消费者欢迎。⑤ AliExpress App 海外装机量超过 6 亿，入围全球应用榜单 TOP 10。

随着跨境电商行业的不断发展以及速卖通平台自身的不断完善，这些数字将会不断地提升。

三、速卖通的商业模式分析

1. 产品提供

对于全球的消费者而言，可以通过全球速卖通平台方便快捷地采购到其所需的、中国制造的产品，并且获得安全、优质、快捷的贸易服务。对于中国的供应商而言，可以通过速卖通平台寻找到更多的消费者，进一步开拓国际市场，从而获得更多的收益。

2. 目标客户

速卖通平台的服务对象主要是卖家和买家两类，其中卖家多为来自国内的中小企业，买家多为来自世界各地的个人消费者。

3. 相关服务

全球速卖通平台借助自身及合作伙伴的优势资源，为卖家与买家提供优质的贸易服务。

（1）速卖通平台自身的资源配置。速卖通平台主要包括技术研发部门、买家拓展部门、卖家拓展部门、客户服务部门、后勤保障部门等。其中技术研发部门负责平台网站的建设以及相关的研发工作。买家拓展部门主要是通过搜索引擎营销、搜索引擎优化以及发送电子邮件等方式为速卖通平台吸引更多的国外买家。卖家拓展部门负责为速卖通吸引更多的来自国内的卖家。客户服务部门负责卖家认证、付款及退款处理以及一些纠纷的处理。后勤保障部门主要负责人力资源、财务等较为常见的后勤保障工作。

（2）速卖通平台的核心合作伙伴。PayPal 是速卖通平台进行线上交易时所使用的最重要的网上支付工具，Google 搜索引擎也是全球速卖通平台的核心合作伙伴，速卖通平台会通过 Google 搜索引擎来拓展其在海外的买家。

4.成本结构

全球速卖通平台的成本分为运营成本和推广成本。运营成本主要包括工作人员的工资、房屋的租金、平台运营所需的电费、服务器及相关费用的支出。推广成本主要是支付给 Google 搜索引擎的关键字广告推广费用，这一费用具有很强的变动性。

四、中国好卖家助力计划

中国好卖家助力计划是由速卖通平台发起的、以培育优质卖家为目的的助力计划。该计划以金牌店铺和银牌店铺的形式呈现。店铺首页具有"Top Brand"标识的，就代表其为中国好卖家的金牌店铺。自 2016 年中国好卖家助力计划推出以来，帮助了数以千计的速卖通卖家拓展海外市场，提升了自主运营能力，且快速成长为速卖通实力卖家，受到广大买家的认可和好评。2018 年 11 月，中国好卖家助力计划进一步升级，将重点放在助力中国优质卖家跨境出海方面，在卖家招募准入和成长等工作中投入优质培育和发展资源，帮助优质卖家实现真正意义上的货通全球。

第二节 速卖通平台运营规则

1. 熟悉速卖通平台的注册规则及发布规则。
2. 了解速卖通平台的交易规则、放款规则。

4 学时。

知识点 1：速卖通平台的注册规则

速卖通平台目前支持企业或个体工商户在速卖通开店，个人则无法注册开店。速卖通中注册开店的过程十分简单，商家账号注册页面链接为：https：//login.aliexpress.com/join/seller/unifiedJoin.htm?_locale=zh_CN&_regbizsource=&_regFrom=AE_MAINLAND，商家进入此网址进行注册，注册过程分为三个步骤，第一个步骤为注册账号，第二个步骤为实名认证，第三个步骤为完成注册。商家在注册时，分为两种情况。

情况一：非淘宝或天猫商家，可直接填写信息注册，如图 3-1 所示。

图 3-1

这里特别要注意，注册邮箱中不能出现 aliexpress、taobao 或 alibaba 这样的字母，若出现则不会注册成功，比如 Aliexpress01@ABC.com。另外，目前一个邮箱注册阿里集团旗下平台的账号数量是有一定规则的，为避免重复注册，商家应使用一个新的邮箱来注册速卖通账号。

商家在资料填写完成后，进入认证页面，按页面提示完成认证。如图 3-2 所示，认证方式有两种：企业支付宝授权认证和企业法人支付宝授权认证。二者的主要区别如下：企业支付宝授权认证，需要提前在支付宝申请企业支付宝账户，具体的申请方法可联系支付宝客服 95188 咨询，申请完成之后在速卖通认证页面登录企业支付宝账号即可，实时认证通过。企业法人支付宝授权认证，无须有企业支付宝账号，只要在认证页面提交相关资料和法人的个人支付宝账号授权即可，资料审核时间为 2 个工作日。

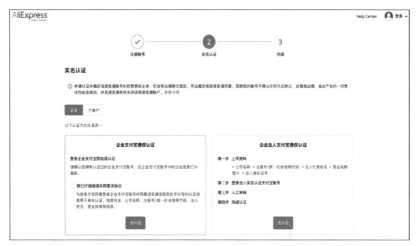

图 3-2

情况二：淘宝或天猫商家入驻。

若商家选择淘宝或天猫账号激活入驻，那新激活的速卖通账号和对应淘宝或天猫账号共用邮箱、手机和密码，在某一个平台修改后会同步到另外一个平台，如淘宝账号修改了密码，则速卖通账号密码也会被修改。图 3-3 所示为选择淘宝或天猫商家入驻。

图 3-3

如图 3-4 所示，商家登录淘宝或天猫账号按页面提示完成认证即可。

图 3-4

全球速卖通有权终止、收回未通过身份认证且连续 180 天未登录速卖通或 TradeManager 的账户。用户在速卖通的账户因严重违规被关闭的，不得再重新注册账户。如果被发现重新注册了账户，则速卖通将关闭该会员的账户。

速卖通的会员 ID 在账号注册后由系统自动分配，不可修改。

知识点 2：速卖通平台的发布规则

速卖通禁止商家恶意发布产品。在速卖通平台开店之前，了解速卖通平台一系列的发布规则对于商家来说十分必要。

一、禁售、限售规则

禁售产品是指因涉嫌违法、违背社会道德或违背平台发展原则等原因，继而禁止发布和交易的产品。

限售产品是指信息发布前需要取得商品销售的前置审批、凭证经营或授权经营等许可证明，否则不允许发布的产品。

速卖通平台禁止发布任何含有或指向性描述禁限售信息。任何违反规则的行为，阿里巴巴有权依据《阿里巴巴速卖通的禁限售规则》进行处罚。用户不得通过任何方式规避本规定、平台发布的其他禁售商品管理规定及公告规定的内容，否则可能将被加重处罚。

《全球速卖通违禁信息列表》是平台禁止发布或限制发布的部分信息列表，这个列表仅供速卖通的用户参考，但不能保证完整性、及时性和准确性。速卖通平台有权根据法律规定、监管要求及平台自身规定对表中的信息做增加、删减和修改。同时，平台用户有义务确保自己发布的商品没有违反任何司法管辖区的要求。除非特殊说明，阿里巴巴速卖通的禁限售规则同时适用于速卖通英文主站及其他多语言站点，如部分国家法律规定禁限售商品及因商品属性不适合跨境销售而不应售卖的商品，应以部分国家法律规定及平台最新公告为准。若中文版与英文版公告有所差异或公告内容与阿里巴巴平台其他规则存在差异，或有其他不尽详细事宜，阿里巴巴将拥有最终解释权。

具体禁售、限售的产品如下。

（1）毒品、易制毒化学品及毒品工具：麻醉镇定类、精神药品、天然类毒品、合成类毒品、一类易制毒化学品、二类易制毒化学品、类固醇、三类易制毒化学品、毒品吸食和注射工具及配件，帮助走私、存储、贩卖、运输、制造毒品的工具以及制作毒品的方法、书籍。

（2）危险化学品：爆炸物及引爆装置、易燃易爆化学品、放射性物质、剧毒化学品、有毒化学品、消耗臭氧层物质、石棉及含有石棉的产品、烟花爆竹及配件。

（3）枪支弹药：大规模杀伤性武器、真枪、弹药、军用设备及相关器材，仿真枪及枪支部件，有潜在威胁的工艺品类。

（4）管制器具：刑具及限制人身自由工具、管制刀具、严重危害他人人身安全的管制器具、一般危害他人人身安全的管制器具、弩。

（5）军警用品：制服、标志、设备及制品、限制发布的军警用品。

（6）药品：处方药、激素类、放射类药品、特殊药制品、有毒中药材、口服性药及含违禁成分的减肥药、保健品、非处方药。

（7）医疗器械：医疗咨询和医疗服务、三类医疗器械。除三类医疗器械外，其他需要专业人员指导操作的医疗器械。

（8）色情、暴力、低俗及催情用品：涉及兽交、性虐、乱伦、强奸及儿童色情相关信息。含有色情淫秽内容的音像制品及视频、色情陪聊服务、成人网站论坛的账号及邀请码，含真人、假人、仿真器官等露点及暴力图片，原味产品，宣传血腥、暴力及不文明用语。

（9）非法用途产品：用于监听、窃取隐私或机密的软件及设备，信号干扰器，非法软件及黑客类产品，用于非法摄像、录音、取证等用途的设备，非法用途工具（如盗窃工具、开锁工具、银行卡复制器），用来获取需授权方可访问的内容的译码机或其他设备（如卫星信号收发装置及软件、电视棒）。

（10）非法服务类：政府机构颁发的文件、证书、公章、勋章，身份证及其他身份证明文件，用于伪造、变造相关文件的工具、主要材料及方法。单证、票证、印章、政府及专门机构徽章。金融证件、银行卡，用于伪造、变造相关的工具、主要材料及方法。洗黑钱、非法转账、非法集资。个人隐私信息及企业内部数据。提供个人手机定位、电话清单查询、银行账户查询等服务。法律咨询、彩票服务、医疗服务、教育类证书代办等相关服务。追讨服务、代加粉丝或听众服务，签证服务。

（11）收藏类：货币、金融票证，明示或暗示用于伪造、变造货币、金融票证的主要材料、工具及方法，虚拟货币（如比特币），金、银和其他贵重金属，国家保护的文物、化石及其他收藏品。

（12）人体器官、受保护动植物及捕杀工具：人体器官、遗体，重点和濒危保护动物活体、身体部分、制品及工具，鲨鱼、熊、猫、狗等动物的活体、身体部分、制品及任何加工机器，重点和濒危保护植物、制品，其他受管制的动植物及其制品。

（13）危害国家安全及侮辱性信息：宣扬恐怖组织和极端组织信息，宣传国家分裂及其他各国禁止传播发布的敏感信息，涉及种族、性别、宗教、地域等歧视性或侮辱性信息，其他含有政治色彩的信息。

（14）烟草：成品烟及烟草制品，电子烟液，电子烟器具、部件及配件，制烟材料及烟草专用机械，烟草图片（使用含有烟液的图片或图片中有烟液展示）。

（15）赌博：在线赌博信息，赌博工具。

（16）制裁及其他管制商品：禁运物，其他制裁商品。

（17）违反目的国/本国产品质量技术法规/法令/标准的、劣质的、存在风险的商品：经权威质检部门或生产商认定、公布或召回的商品，各国明令淘汰或停止销售的商品，过期、失效、变质的商品，无生产日期、无保质期、无生产厂家的商品，高风险及安全隐患类商品。

（18）部分国家法律规定禁限售商品及因商品属性不适合跨境销售而不应售卖的商品：部分国家法律规定不允许或限制售卖的商品，因商品属性不适合跨境销售而不应售卖的商品（如香水、茶叶、粉末状动/植物提取物等食用保健品、食品、种子、活体植物、活体动物等）。

平台有权根据发布信息本身的违规情况及会员行为做加重处罚或减轻处罚的处理，如图 3-5 所示为禁限售积分处罚和店铺处罚表。

处罚依据	行为类型	违规行为情节/频次	其他处罚
《禁限售规则》	发布禁限售商品	严重违规：48分/次（关闭账户） 一般违规：0.5分-6分/次（1天内累计不超过12分）	1. 退回/删除违规信息 2. 若核查到订单中涉及禁限售商品，速卖通将关闭订单，如买家已付款，无论物流状况均全额退款给买家，卖家承担全部责任

图　3-5

速卖通根据违规积分的等级制定了公平的处罚标准，分数按行为年累计计算。例如若卖家在 2018 年 5 月 30 日被处罚扣 12 分，则会被冻结账户 7 天，同时，这个处罚记录会保留到 2019 年 5 月 30 日才被清零。多次被处罚的店铺，会被速卖通给予整个店铺不同程度的搜索排名靠后的处理，如图 3-6 所示。

积分类型	扣分节点	处罚
知识产权禁限售违规	2分	严重警告
	6分	限制商品操作3天
	12分	冻结账号7天
	24分	冻结账号14天
	36分	冻结账号30天
	48分	关闭

图　3-6

速卖通平台商家要特别注意：①对于一般违规，一天内（即首次违规处罚时间起 24 小时内）累计扣分不超过 12 分。②严重违规，每次扣 48 分，关闭账号。③全部在线商品及下架商品均在"平台抽样检查"范围之内，如有违规行为会按照相关规定处罚。④《全球速卖通违禁信息列表》所列举的商品并没有尽录不适宜在全球速卖通平台交易的商品，全球速卖通亦将不时地予以调整。⑤针对恶意规避等情节特别严重行为（包括但不限于采用对商品信息隐藏、遮挡、模糊处理等隐匿的手段规避平台管理，经平台合理判断账号使用人本人或其控制的其他账号已因严重违规事件被处罚，账号使用人本人或其控制的其他账号被国内外监管部门立案调查或虽未立案但平台有理由认为有重大嫌疑等严重影响平台管理秩序或造成一定负面影响的情况），平台保留直接扣除 48 分，关闭账号的权利。

二、知识产权规则

知识产权是指权利人对其所创作的智力劳动成果所享有的专有权利。未经知识产权所有者的许可，使用其依法享有的知识产权，即为知识产权侵权。在全球速卖通平台，严禁用户未经授权发布及销售涉及第三方知识产权的商品。

若发布及销售涉嫌侵犯第三方知识产权的商品，则有可能被知识产权所有人或买者投诉，平台也会随机对商品（包含已下架的商品）信息进行抽查，如果涉嫌侵权，商品信息会被退回或删除。投诉成立或者信息被退回、删除，卖家会被扣除一定的分数，一旦分数达到相应的标准，平台就会执行一定的处罚。具体规则见表3-1。

表　3-1

侵权类型	定　义	处罚规则
商标侵权	严重违规：未经注册商标权人许可，在同一种商品上使用与其注册商标相同或相似的商标	三次违规者关闭账号
	一般违规：其他未经权利人许可使用他人商标的情况	（1）首次违规扣0分 （2）其后每次重复违规扣6分 （3）累达48分者关闭账号
著作权侵权	未经权利人授权，擅自使用受版权保护的作品材料，如文本、照片、视频、音乐和软件，构成著作权侵权。 实物层面侵权： （1）实体产品或其包装被盗版； （2）实体产品或其包装非盗版，但包括未经授权的受版权保护的内容或图像。 信息层面侵权： （1）图片未经授权被使用在详情页上； （2）文字未经授权被使用在详情页上	（1）首次违规扣0分 （2）其后每次重复违规扣6分 （3）累达48分者关闭账号
专利侵权	外观专利、实用新型专利、发明专利的侵权情况（一般违规或严重违规的判定视个案而定）	（1）首次违规扣0分 （2）其后每次重复违规扣6分 （3）累达48分者关闭账号 （严重违规情况,三次违规者关闭账号）

备注：（1）速卖通会按照侵权商品投诉被受理时的状态，根据相关规定对相关卖家实施适用处罚。（2）同一天内所有一般违规及著作权侵权投诉，包括所有投诉成立（商标权或专利权：被投诉方被同一知识产权所有人投诉，在规定期限内未发起反通知，或虽发起反通知，但反通知不成立。著作权：被投诉方被同一著作权人投诉，在规定期限内未发起反通知，或虽发起反通知，但反通知不成立）及速卖通平台抽样检查，扣分累计不超过6分。（3）同三天内所有严重违规，包括所有投诉成立（即被投诉方被同一知识产权所有人投诉，在规定期限内未发起反通知。或虽发起反通知，但反通知不成立）及速卖通平台抽样检查，只会做一次违规计算。三次严重违规者关闭账号，严重违规次数记录累计不区分侵权类型。
（4）速卖通有权对卖家商品违规及侵权行为及卖家店铺采取处罚，包括但不限于：①退回或删除商品/信息；②限制商品发布；③暂时冻结账户；④关闭账号。对于关闭账号的用户，速卖通有权采取措施防止该用户再次在速卖通上进行登记。（5）每项违规行为由处罚之日起有效365天。（6）当用户侵权情节特别显著或极端时，速卖通有权对用户单方面采取解除速卖通商户服务协议及免费会员资格协议、直接关闭用户账号及速卖通酌情判断与其相关联的所有账号及/或采取其他为保护消费者或权利人的合法权益或维护平台正常的经营秩序，由速卖通酌情判断认为适当的措施。该等情况下，速卖通除有权直接关闭账号外，还有权冻结用户关联国际支付宝账户资金及速卖通账户资金，其中依据包括为确保消费者或权利人在行使投诉、举报、诉讼等救济权利时，其合法权益得以保障。（7）速卖通保留以上处理措施等的最终解释权及决定权，也会保留与之相关的一切权利。（8）本规则如中文和非中文版本存在不一致、歧义或冲突，应以中文版为准

作为卖家，如何在发布产品时避免侵权呢？

首先，参考速卖通官网规则频道中知识产权专区里的品牌列表，如果其中没有列举，可以去国家商标网进行查询，以确定商品是否构成侵权。如果依然不能确定，那么要注意所有产品、店铺等发布到网上的信息中（包括文字及图片）都不能使用他人品牌名称或衍生词、Logo 或相似 Logo。不发布含有模仿他人品牌代表性图案、底纹或款式的产品。

一旦发布了侵权产品，在没有被投诉之前，如果卖家及时发现，立即将侵权产品删除就不会受到任何处罚。如果不小心收到了知识产权所有人的投诉，应积极采取有效的方法去应对，以便将店铺的损失减少到最小。

卖家可以登录知识产权保护系统：http：//legal.alibaba.com，单击"我要回应投诉"按钮，查看知识产权编号名称，积极联系投诉方，取得对方谅解和撤诉的机会。如果有证据证明自己的产品不涉及侵权，那么可以主动发起反起诉。

速卖通平台的卖家应做到：①尊重知识产权。卖家应严格排查自己的在线及下架商品，若存在侵权行为，立即将侵权商品删除。同时，严格把控进货来源，杜绝来源不明的产品，建议实拍图片，提高图片质量，让买家更直观地了解商品，从而获得更多订单。②发展有品质的自营品牌。如果卖家注册自有品牌，可以同平台一起，扩大自营品牌影响力，让自己的品牌商品出海，不断增加附加值。③完成品牌准入流程。完成品牌准入再发布品牌商品，不要发布未获得发布权限的品牌商品。

三、搜索排序规则

速卖通平台的搜索排序可以帮助买家找到最符合需求的商品。排序是对产品相关性、产品信息质量、卖家服务能力等因素的综合考量。其中产品相关性包含如类目搜索词、标题与搜索词、属性等与搜索词的关系。产品信息质量通常包括类目、标题、属性、详细描述、图片、价格等信息的描述质量。卖家服务能力则包括如好评、仲裁、服务响应速度、订单执行情况等。

在速卖通平台的反作弊规则方面，如果平台上的商品有类目错放、标题描述违规、重复铺货、产品超高价或超低价等严重违规行为，卖家将受到违规商品排名靠后、全店降权甚至是关闭账户的处罚。下面将重点举例说明哪些行为属于严重的搜索作弊行为。

1. 类目错放

类目错放是指商品实际类别与发布商品所选择的类目不一致，如"布料"放到"婚纱"类目。赠品、补运费、补差价、VIP、dropshipping 等特殊交易未放置到其他特殊类。

这类错误可能导致网站前台商品展示在错误的类目下，平台将进行规范和处理，商家需检查产品信息，如有问题，需及时进行修改，新发产品也需正确填写类目信息。

平台将对类目错放的商品采取调整搜索排名、删除商品、下架商品的措施。如违反搜索作弊规则的商品累积到一定量，平台将对店铺内全部商品或部分商品（包括违规商品和非违规商品）采取调整搜索排名的措施。情节严重的，平台将对店铺内所有商品进行屏蔽。情节特别严重的，平台将冻结账户或关闭账户。

（1）类目错放举例。将表壳错放在表带类目下，如图 3-7 所示。

图　3-7

图片来源：https://sell.aliexpress.com/zh/__pc/d.htm?spm=5261.8113035.110.2.5ccd7c27wvqliP。

（2）补邮费、差价、VIP 等结账专用链接。针对特定客户的特殊订单链接及补邮费 / 差价、补退款、结账专用链、优惠券、定制化商品、定金、AE 礼品卡、赠品、手机充值、其他、海外仓储、预售品等专拍链接，没有按规定放置到指定的特殊发布类目中。

如图 3-8 所示，将补运费 / 差价链接放到 Tools 工具及其他类目，非 Special Category 特殊类目。

图　3-8

图片来源：https://sell.aliexpress.com/zh/__pc/d.htm?spm=5261.8113035.110.2.5ccd7c27wvqliP。

2. 标题描述违规

标题描述违规是指标题关键词滥用，如标题无明确产品名称、标题关键词堆砌、标题产品名与实际不符、标题与类目不符、标题品牌词与实际不符、标题件数与实际可购买件数不一致等。

平台将对标题描述违规的商品采取调整搜索排名、删除商品、下架商品的措施。如违反搜索作弊规则的商品累积到一定量，平台将对店铺内全部商品或部分商品（包括违规商品和非违规商品）采取调整搜索排名的措施。情节严重的，平台将对店铺内所有商品进行屏蔽。情节特别严重的，平台将冻结账户或关闭账户。

（1）情景举例：标题滥用。标题中出现与实际销售产品不符的关键词，关键词滥用。如图 3-9 所示，商品实际为 Hairpins（发夹），但是标题中却出现了 Headband（发带）。

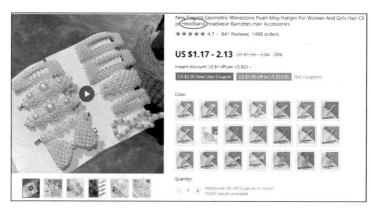

图　3-9

图片来源：https://sell.aliexpress.com/zh/__pc/d.htm?spm=5261.8113035.110.2.5ccd7c27wvqliP。

（2）情景举例：标题堆砌。商品标题描述中出现关键词重复使用多次。如图 3-10 所示，标题中反复使用 shoes 这一关键词。

图　3-10

图片来源：https://sell.aliexpress.com/zh/__pc/d.htm?spm=5261.8113035.110.2.5ccd7c27wvqliP。

3. 属性错选

属性错选是指发布的商品虽然类目选择正确，但选择的属性与商品的实际属性不一致。这类错误可能导致网站前台商品展示在错误的属性下，平台将进行规范和处理。

平台将对属性错选的商品采取调整搜索排名、删除商品、下架商品的措施。如违反搜索作弊规则的商品累积到一定量，平台将对店铺内全部商品或部分商品（包括违规商品和非违规商品）采取调整搜索排名的措施。情节严重的，平台将对店铺内所有商品进行屏蔽。情节特别严重的，平台将冻结账户或关闭账户。

4. 重复铺货

重复铺货是指发布的产品信息与在同个店铺内或在同个卖家平台已发布的产品信息完全相同或主要产品信息（如图片、标题、价格、属性等）雷同。

卖家发布商品时应避免直接引用已有商品的主图或者直接拷贝已有商品的标题和属性。卖家发布商品时除了在主图上体现差异外，同时还需在标题、属性、详细描述等方面填写商品的关键信息。

平台将对重复铺货的商品采取调整搜索排名、删除商品、下架商品的措施。如违反搜索作弊规则的商品累积到一定量，平台将对店铺内全部商品或部分商品（包括违规商品和非违规商品）采取调整搜索排名的措施。情节严重的，平台将对店铺内所有商品进行屏蔽。情节特别严重的，平台将冻结账户或关闭账户。

5. 其他信息描述不合规

其他信息描述不合规是指商品信息展示不规范，但不构成前述类目错放、标题描述违规、属性错选、重复铺货的行为，包括：①商品主图内容不规范。如图片为纯文字、图片容易引起不适等。②商品计量单位明显与常规销售方式不一致，如鞋子按只卖。③发布的件数与实际可买件数不一致，如发布件数为 100 件，但实际可买件数只有 50 件等容易引起买家投诉的行为。

平台将对其他信息描述不合规的商品采取调整搜索排名、删除商品、下架商品的措施。如违反搜索作弊规则的商品累积到一定量，平台将对店铺内全部商品或部分商品（包括违规商品和非违规商品）采取调整搜索排名的措施。情节严重的，平台将对店铺内所有商品进行屏蔽。情节特别严重的，平台将冻结账户或关闭账户。

6. 产品超低价

产品超低价是指卖家以偏离正常销售价格较远的低价发布商品。

平台将对产品超低价的商品采取调整搜索排名、删除商品、下架商品的措施。如违反搜索作弊规则的商品累积到一定量，平台将对店铺内全部商品或部分商品（包括违规商品和非违规商品）采取调整搜索排名的措施。情节严重的，平台将对店铺内所有商品进行屏蔽。情节特别严重的，平台将冻结账户或关闭账户。

7. 产品超高价

产品超高价是指卖家以偏离正常销售价格较远的高价发布商品。

平台将对产品超高价的商品采取调整搜索排名、删除商品、下架商品的措施。如违反搜索作弊规则的商品累积到一定量，平台将对店铺内全部商品或部分商品（包括违规商品和非违规商品）采取调整搜索排名的措施。情节严重的，平台将对店铺内所有商品进行屏蔽。情节特别严重的，平台将冻结账户或关闭账户。

8. 运费倒挂

运费倒挂是指商品本身设置较低的价格，但是运费设置为偏离正常运费的高价。

平台将对运费倒挂的商品采取调整搜索排名、删除商品、下架商品的措施。如违反搜索作弊规则的商品累积到一定量，平台将对店铺内全部商品或部分商品（包括违规商品和非违规商品）采取调整搜索排名的措施。情节严重的，平台将对店铺内所有商品进行屏蔽。情节特别严重的，平台将冻结账户或关闭账户。

9. SKU 作弊

SKU 就是 stock keeping unit，即库存进出计量的单位，可以以件、盒、托盘等为单位。SKU 作弊是指卖家滥用 SKU 的设置功能（例如以非常规方式设置规格、数量、单位、邮费等信息，或通过 SKU 的设置变更关键商品要素）发布偏离正常价格的高价或低价的 SKU，使商品排序靠前（如按价格排序）的行为。或者在同一商品的属性选择区放置不同商品的行为。

平台将对 SKU 作弊的商品采取调整搜索排名、删除商品、下架商品的措施。如违反搜索作弊规则的商品累积到一定量，平台将对店铺内全部商品或部分商品（包括违规商品和非违规商品）采取调整搜索排名的措施。情节严重的，平台将对店铺内所有商品进行屏蔽。情节特别严重的，平台将冻结账户或关闭账户。

SKU 作弊大致分为：①将不同的商品放在一个链接里出售（如触摸笔和手机壳）。②将正常商品和不支持出售（或非正常）的商品放在同一个链接里出售。③将常规商品和商品配件（例如手表和表盒）放在一个链接里出售。④将不同属性商品捆绑成不同套餐或捆绑其他配件放在一个链接里出售。⑤卖家想通过低价的 SKU 产品来获得虚假的销售量，或者想通过虚假的 SKU 的超低价格获得价格搜索排名。以上行为均属 SKU 作弊，是平台严厉打击的对象。

10. 信用及销量炒作

信用及销量炒作是指通过非正常交易手段提高商品销量及信用的行为。

如属于首次信用及销量炒作，平台将删除信用及销量，调整搜索排名，删除商品，下架商品，对所涉订单进行关闭、退款，并根据其违规行为的严重程度，给予 6 分 / 次、12 分 / 次、24 分 / 次、48 分 / 次或关闭账户的处罚。如属于第二次及以上信用及销量炒作，不论严重程度，平台均有权直接关闭账户。

平台将定期向社会公布"炒信"商家的清退罚单，对通过"炒信"提升虚假信誉用于售假、售劣的商家，平台将严厉打击并追究其法律责任。

11. 更换产品

更换产品是指通过编辑已发布商品类目、品牌、型号、配置、材质、功能等关键属性使其成为另一款商品，如果商品需更新换代，卖家应发布新品，因商品更新换代而编辑已发布商品的属于更换产品。

平台将对更换产品的商品采取调整搜索排名、删除商品、下架商品的措施。如违反搜索作弊规则的商品累积到一定量，平台将对店铺内全部商品或部分商品（包括违规商品和非违规商品）采取调整搜索排名的措施。情节严重的，平台将对店铺内所有商品进行屏蔽。情节特别严重的，平台将冻结账户或关闭账户。举例如下：

（1）将商品 A 修改为完全不同品类的商品 B，如原出售商品为袜子，现出售商品为T 恤。

（2）将商品 A 修改为完全不同品牌的商品 B，如原出售商品为耐克的运动鞋，现出售商品为阿迪达斯的运动鞋。

（3）将商品 A 修改为完全不同型号的商品 B，或将翻新机换成全新机，如原出售商品为iPhone8，现出售商品为iPhone8s，或原出售商品为苹果翻新机，现出售商品为苹果全新机。

（4）将商品 A 修改为不同配置的商品 B，如原出售商品为无遥控功能的玩具，现出售商品为有遥控功能的玩具。

四、发布产品

1. 设置标题

标题是为了让买家找到你的产品，所以买家用到的词就是你需要设置的词。标题制作流程是收集数据（数据纵横）、分析数据（得出词表）、设置标题。收集数据的途径包括数据纵横、卖家频道、卖家论坛、Google 搜索工具、海外论坛及其他电商网站。标题的词语分别为顶级热搜词、属性词、修饰词、单品名、店铺名等类别。

标题制作的"三段法"是指核心词＋属性词＋流量词，释义如下：核心词是指行业热门词（影响排行、影响点击率），属性词如长度、颜色等（影响排行、影响点击率），流量词是指能带来流量的词。

卖家通常要为许多产品设置标题，如有 300 个标题要设置，如果每个标题都单独去认真设置的话工作量太大，考虑到这一点，我们可以从另一个角度去理解标题制作的"三段法"：核心词是不变的部分，属性词是可变的部分，流量词是可替换的部分。

下面以爆款、引流款、利润款设置标题为例对如何为不同类型的产品批量设置标题进行介绍。

（1）爆款。爆款的特点是投入绝大部分的人力、物力、财力。其策略为核心词＋修饰词＋属性词。爆款是需要和大卖家竞争的产品，所以要用大词，因为只有大词才能带来足够多的流量。

（2）引流款。引流款的特点是广告花费不如爆款多，用于报名参加活动，扩展店铺流量来源（预备爆款）。其策略是核心词＋修饰词＋属性词＋次级热搜词。引流款和爆款设置标题的思路一样，但是用的词相对小一点，可以用次级热搜词。

（3）利润款。利润款的特点是承担为店铺带来自然搜索量的任务。其策略为核心词＋属性词＋流量词。店铺里的其他所有产品，也叫利润款，这些产品就使用最原始的设置标题方式。

2. 定价

产品的定价对于店铺来说是非常重要的，因为定价影响点击率，影响排序，影响买家最终是否决定购买（转化率）。影响产品的定价因素有产品进价、运费、折扣率、利润率、促销活动的价格空间、同行的定价、销售策略等。

折扣率在进行商品定价时就要预估好。一般情况下，卖家在上架商品之前，要把爆款、引流款、利润款确定好，因为它们的折扣一般是不同的，最好从一开始就考虑好如何设置折扣。要注意两点：①折扣率和利润率是不同的。②虽然这里提到的爆款在初期可能会略亏损，但不是绝对的，还要取决于市场环境、产品品质、资金实力、投入人力等因素。

3. 详情页的设置

评判详情页优劣的指标有转化率、平均访问深度、平均页面停留时间、跳失率、客单价。其中转化率是核心指标。

下面从视觉和文案的维度介绍如何打造优质的详情页。

（1）视觉。视觉主要由主图和详情页模板两部分组成。在主图部分一共有6张主图，第1张主图会被展示在搜索引擎列表里，所以它是最重要的，用于获得更多的精准流量。剩下5张主图用来给移动端的买家看，要充分展示产品卖点，要努力优化、修饰。但不要过度美化，因为主图美化过度会严重影响转化率，所以主图要真实、有质感。在移动端的商品浏览中，主图占据着最重要的展示位置，直接成为影响点击率的首要因素。

衡量详情页的属性有转化率、页面停留时间、访问深度，优质的详情页是由一系列图片构成的，详情页模板中通常会涵盖以下板块：关联营销区、产品介绍区、产品实拍图区、店铺信息图区等。

（2）文案。文案是非常重要的，图片只是文案的载体，只有图片没有文字，无法准确地传达信息。精美的图片配合优秀的文案，可以让人产生购买的冲动。从理性上看，文案是影响买家在页面停留时间的最佳方式。直白有效的描述、简洁有力的文案，能第一时间说清楚商品的价值和卖点，这样才能快速迎合买家的消费需求。

知识点 3：速卖通平台的交易规则

一、成交不卖与虚假发货

（1）成交不卖。成交不卖是指买家付款后，卖家逾期未按订单发货，或因卖家的原因导致取消订单的行为。买家付款后，卖家延误发货导致成交不卖后产品会被下架，在一定时间内店铺成交不卖的次数和比例累计达到一定数量后，将给予店铺搜索排名靠后的处理。情节严重的，将对店铺进行屏蔽。情节特别严重的，将冻结账户或直接关闭账户。

（2）虚假发货。虚假发货是指在规定的发货期内，卖家填写的运单号无效或虽然有效但与订单交易明显无关，误导买家或全球速卖通平台的行为。例如，为了避免成交不卖的处罚，填写无效运单号或明显与订单交易无关的运单号等。卖家声明发货（即完成"填写发货通知"）5 个工作日后运单无物流上网信息。

卖家无法提供有效证据证明订单确实是根据双方约定及平台规则限期发货的，也属于虚假发货。例如，你承诺买家在 2 天内发货，但因为缺货或忘记发货等原因，直到第 9 天才发货，包裹跟踪号在第 11 天才在网上显示，买家在第 14 天投诉你虚假发货，买家在提供了证据的情况下，即使包裹已经在途中，速卖通平台也会判定你虚假发货。另外，针对虚假发货订单，即使买家未投诉到平台，平台也会定期抽查，若被平台抽查到订单存在虚假发货行为，则平台会对账号进行处罚，对订单进行相应退款。

二、货不对版与违背承诺

（1）货不对版。货不对版是指买家收到的商品与达成交易时卖家对商品的描述或承诺在类别、参数、材质、规格等方面不相符。严重的货不对版行为包括但不限于：①寄送空包裹给买家。②订单产品为电子储存类设备，产品容量与产品描述或承诺严重不符。③订单产品为电脑类产品硬件，产品配置与产品描述或承诺严重不符。④订单产品和寄送产品非同类商品，并且价值相差巨大。

（2）违背承诺。违背承诺是指卖家未按照承诺向买家提供服务，损害买家正当权益的行为，包括交易及售后相关服务承诺、物流相关承诺违背平台既定规则或要求，以及卖家违背其自行作出的其他承诺等，对买家购物体验造成严重影响。一旦买家提起此类投诉，则根据情节轻重，卖家会被给予警告、7 天冻结账户或永久关店的处罚。

三、不正当竞争与不法获利

（1）不正当竞争。不正当竞争指用户发生以下两种行为：①不当使用他人权利的行为。

卖家在所发布的商品信息或所使用的店铺名、域名等中不当使用他人的商标权、著作权等权利。卖家所发布的商品信息或所使用的其他信息造成消费者误认、混淆。②卖家利用海外会员账户对其他卖家进行恶意下单、恶意评价、恶意投诉，从而影响其他卖家声誉与正常经营的行为。

（2）不法获利。不法获利是指卖家违反速卖通规则，涉嫌侵犯他人财产权或其他合法权益的行为，包括但不限于：①卖家在交易中诱导买家违背速卖通正常交易流程操作获得不正当利益。②卖家通过发布或提供虚假的或与承诺严重不符的商品、服务或物流信息骗取交易款项。③卖家违反速卖通规则被关闭账户后仍注册，或直接或间接控制、使用其他账户。④卖家违反速卖通规则，通过其他方式非法获利。一旦店铺被发现存在不法获利行为，则平台一律给予关店的严重处罚。

四、信用与销量炒作

信用与销量炒作是指通过不正当方式提高账户信用积分或商品销量，妨碍买家高效购物权益的行为。对于平台认定为构成信用及销量炒作行为的卖家，平台将删除其违规信用积分及销售记录并且给予搜索排序靠后处罚，对信用及销量炒作行为涉及的订单进行退款操作，并根据卖家违规行为的严重程度，分别给予冻结账户 7 天、冻结账户 14 天（最严重的冻结账户 180 天）、清退的处罚。对于第二次被平台认定为构成信用及销量炒作行为的卖家，不论行为的严重程度如何，平台一律做清退处理。

五、促销规则

卖家在速卖通平台的交易情况需要满足以下条件才有权申请加入促销活动。

（1）有交易记录的卖家。有交易记录的卖家需满足：①好评率大于等于 90%。②速卖通平台对特定促销活动设定的其他条件，具体内容参见每次活动的要求。上述"好评率"并非固定值，会根据不同类目、特定活动等有所变化，若遇到不可抗事件影响也会适当进行调整。

（2）无交易记录的卖家。由速卖通平台根据实际活动需求和商品特征接受卖家加入申请，但前提是店铺必须遵守报名规则，不卖假货，不提价销售，无成交不卖等行为。

六、物流与纠纷规则

速卖通目前只支持卖家使用航空物流方式。

卖家不得无故更改物流方式，所填写的运单号必须真实并且可查询，采用航空小包方式发货的必须挂号，在过去30天内小包"未收到货"纠纷大于或等于两笔且小包"未收到货"

纠纷率大于 15% 的卖家会员，速卖通有权限制卖家使用航空大小包物流方式。

在经营过程中，纠纷是不可避免的，但是多数纠纷是可以提前预防的。产生纠纷的主要原因是货物与描述不符、商品质量有问题、货物短装、货物破损。对于卖家而言，只要做到如实描述、积极与买家沟通、及时关注纠纷订单进展、自学平台规则，就能大大减少纠纷单的产生。

七、严重扰乱平台秩序

为了维护速卖通平台健康有序的市场秩序，制止严重扰乱平台秩序的行为，提升会员的用户体验，速卖通平台制定了相应的规则。严重扰乱平台秩序，指干扰平台管理，严重扰乱平台秩序，损害其他用户或平台的合法权益的行为，包括但不限于：①恶意规避平台规则或监管措施的行为。②通过恶意违规等方式干扰其他用户正常交易的行为。③给买家购物过程带来了严重的不良体验，对速卖通平台的商业环境造成了恶劣影响的行为。④其他严重扰乱平台秩序的行为。

恶意规避平台规则或监管措施的行为包括但不限于：①规避平台经营大类的监管，规避发布非准入经营大类的商品。②规避平台类目监管，大量发布不适合跨境销售而不应售卖的商品（如香水、茶叶、粉末状动／植物提取物等食用保健品、食品等）。③引导买家修改取消订单原因或纠纷原因，以规避平台考核。

给买家购物过程带来了严重的不良体验，对速卖通平台的商业环境造成了恶劣影响的行为指的是：长期售卖质量差的商品，选择时效体验差的物流方式，店铺的整体经营指标远低于行业水平（即店铺纠纷率高，DSR 远低于平均水平，好评率低等）、严重影响消费者体验，给买家带来严重不良体验等行为。

对于严重扰乱平台秩序的行为，平台根据情节严重程度，处罚如下：一般为 2 分／次，严重为 12 分／次，特别严重为 48 分／次。

根据严重程度，速卖通将根据其行为并结合事件的紧急、严重程度可能同时采取以下市场监管措施：搜索排名靠后、屏蔽、限制发送站内信、限制发布商品、退回／删除已发布商品、限制参加营销活动、关闭经营权限、关闭提前放款功能、冻结卖家账户资金（包括但不限于国际支付宝账户／速卖通账户），清退的同时对卖家其余订单进行审核处理等。

知识点 4：速卖通平台的放款规则

速卖通根据卖家的综合经营情况，如好评率、拒付率、退款率等评估订单的放款时间，主要有：①在发货后的一定时间内进行放款，最快放款时间为发货 3 天后。②在买家保护期结束后放款。③对于账号关闭，且不存在任何违规违约情形的，在发货后 180 天放款。

需要注意的是，放款成功后，若订单产生纠纷退款，平台先从卖家账户的"可提现余额"中扣款。若余额不足，则会扣除冻结保证金中的资金。若仍不足扣款，平台有权（但无义务）垫资退款给买家。

第三节　速卖通平台案例分析

全球速卖通是阿里巴巴帮助中小企业接触终端批发零售商、小批量多批次快速销售、拓展利润空间而全力打造的融合订单、支付、物流于一体的外贸在线交易平台。企业如何利用速卖通平台开展跨境贸易？需要经过哪些环节？需要准备哪些资料？如何在速卖通平台注册？如何进行产品发布？如何进行磋商交易？如何完成海外订单？如何发货？如何收回货款？我们通过速卖通实训软件中一个具体的运营案例来进行学习，通过学习这个速卖通平台具体案例，就能够掌握在速卖通平台进行跨境贸易的整个交易过程。

任务目标

1. 了解如何登录速卖通实训软件，选择速卖通精英案例。
2. 掌握如何查看供应商报价，选择供应商。
3. 熟悉注册企业支付宝账号。
4. 熟悉注册速卖通账号。
5. 了解如何选择店铺的经营类目，并缴纳对应的技术服务年费。
6. 掌握如何发布产品信息。
7. 掌握如何设置服务模板。
8. 掌握如何设置运费模板。
9. 熟悉进行报告对应。
10. 掌握如何磋商交流获得订单。
11. 熟悉登录支付宝查看收益情况。

建议学时

4 学时。

我们通过速卖通实训平台上的具体案例来学习速卖通的整个操作流程以及需要注意的事情。要求采用 360 极速浏览器进行访问。

第一步，点开速卖通实训软件网址，用分配的账号和密码登录速卖通实训平台。

登录界面如图 3-11 所示。

图　3-11

在登录界面输入分配的账号和密码，单击"登录"，出现如图 3-12 所示的界面。

图　3-12

选择"速卖通"，出现如图 3-13 所示的界面。

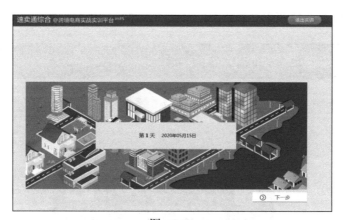

图　3-13

在图 3-13 这个界面可以看到速卖通平台提供的相应的实训案例，这些案例分为速卖通入门案例、速卖通精英案例和创新应用大赛案例。学生在进行实训操作时，可以按照教师的要求选择某个案例，单击"进入实训"，进行整个速卖通平台操作训练。

下面，选择速卖通精英案例 05，以这个案例来学习如何操作速卖通平台。

第二步，进入实训。

在图 3-13 界面，单击速卖通精英案例 05 右边的"进入实训"，出现如图 3-14 所示的界面。

图　3-14

在图 3-14 界面会出现第 1 天，2020 年 5 月 15 日（速卖通实训平台会根据学生操作的实际时间随时发生变化），单击"下一步"，出现如图 3-15 所示的界面。

图 3-15

在图 3-15 界面，看到"欢迎来到阿里速卖通跨境电商的世界"，单击"下一步"，出现如图 3-16 所示的界面。

图 3-16

在图 3-16 界面，看到一段话"欢迎来到江苏省克森进出口贸易有限公司，我会配合你的工作，公司的领导们都非常期待你为公司的跨境电商业务打开全新的篇章！你稍后可以在办公桌的文件夹中查询我们公司的详细信息。"，这段话表明将在后面以公司为背景，作为公司员工，通过速卖通平台开展跨境电商业务。在这个界面，单击"下一步"，会出现如图 3-17 所示的界面。

在图 3-17 界面，看到一段话"公司决定在速卖通上经营电脑配件，我们收到了一些供应商发来的报价，请你到文件夹中查看，并决定向谁家采购。"，这段话表明公司将通过速卖通平台销售的产品类别，也表明本公司自己不生产这种产品，需要从供应商那里采购，然后通过速卖通平台进行销售，因此这种产品有许多家供应商报价，需要到文件夹中查看不同供应商的报价，然后选择一家合适的供应商。明白了这段话的含义，单击"下一步"，出现如图 3-18 所示的界面。

图 3-17

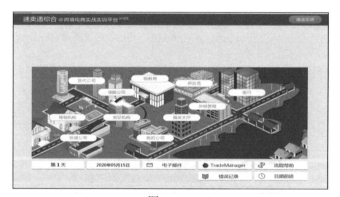

图 3-18

在图 3-18 界面，单击"我的公司"，出现如图 3-19 所示的界面。

图 3-19

在图 3-19 界面，会看到许多图标，如电子邮件、TradeManager、离开这里、我的电脑、文件夹、我的同事、错误记录和日期前进等，这些图标是在进行实训操作时经常要用到的。

第三步，查看供应商报价。

在图 3-19 界面，单击“文件夹”，出现如图 3-20 所示的界面。

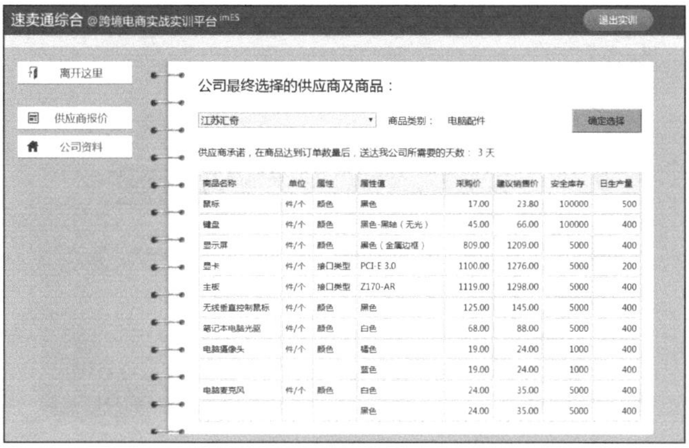

商品名称	单位	属性	属性值	采购价	建议销售价	安全库存	日生产量
鼠标	件/个	颜色	黑色	17.00	23.80	100000	500
键盘	件/个	颜色	黑色-黑轴（无光）	45.00	66.00	100000	400
显示屏	件/个	颜色	黑色（金属边框）	809.00	1209.00	5000	400
显卡	件/个	接口类型	PCI-E 3.0	1100.00	1276.00	5000	200
主板	件/个	接口类型	Z170-AR	1119.00	1298.00	5000	400
无线垂直控制鼠标	件/个	颜色	黑色	125.00	145.00	5000	400
笔记本电脑光驱	件/个	颜色	白色	68.00	88.00	5000	400
电脑摄像头	件/个	颜色	橘色	19.00	24.00	1000	400
			蓝色	19.00	24.00	1000	400
电脑麦克风	件/个	颜色	白色	24.00	35.00	5000	400
			黑色	24.00	35.00	5000	400

图　3-20

在图 3-20 界面，可以看到公司最终选择的供应商及商品。这个界面显示了公司选择的供应商名称，供应的商品类别，供应商承诺，在商品达到订单数量后，送达我公司所需要的天数，还通过表格的形式显示供应的各种商品的商品名称、单位、属性、属性值、采购价、建议零售价、安全库存和日生产量。这里的供应商有好几家，可以单击商品类别左边长条框的向下的箭头，显示出更多家供应商的具体报价，当选择不同的供应商时，显示的具体产品信息会不同，供应商承诺，在商品达到订单数量后，送达我公司所需要的天数也不同，有的需要 3 天，有的需要 5 天，有的需要 7 天，从中选择一家报价合适的供应商，然后单击这个界面中的“确定选择”，从而确定企业的具体供应商。

选择江苏汇奇这家公司，单击“确定选择”，出现如图 3-21 所示的界面。

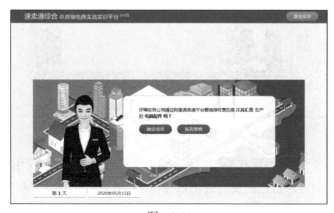

图　3-21

在图 3-21 界面，看到一段话"你确定我公司通过阿里速卖通平台要选择经营的是江苏汇奇生产的电脑配件吗？"，如果确定用这家供应商就单击"确定选择"，如果想换一家供应商就单击"我再想想"，将返回到图 3-20 所示的供应商选择界面，可以重新选择其他供应商。不想换供应商，单击"确定选择"，出现如图 3-22 所示的界面。

图　3-22

在图 3-22 界面，看到一段话"公司已经与江苏汇奇签订了合作协议，我们将在阿里速卖通的平台上开展电脑配件的营销，期待双方无间的合作迎来跨境电商事业上的双赢局面。"。这段话说明将在速卖通平台销售这家供应商供应给我们的商品。单击"下一步"，出现如图 3-23 所示的界面。

图　3-23

在图 3-23 界面，显示"现在应该注册企业支付宝的账号了，我相信你能做好这一切的。"。这表示让我们针对自己的贸易进出口公司，注册公司的支付宝账号。单击"下一步"，出现如图 3-19 所示的界面。

在图 3-19 界面，单击"我的电脑"，出现如图 3-24 所示的界面。

图　3-24

第四步，注册企业支付宝账号。

在图 3-24 界面，单击"企业支付宝"，出现如图 3-25 所示的界面。

图　3-25

在图 3-25 界面，我们看到在登录支付宝下面有注册支付宝，单击"注册支付宝"，出现如图 3-26 所示的界面。

图　3-26

在图 3-26 界面，可以看到有个人账户和企业账户，这表示注册支付宝可以是个人账户，也可以是企业账户。选择企业账户。在这个界面下面写有注册前需要准备的资料，这说明在真实的平台注册支付宝需要准备这些资料。

账户名要求使用公司邮箱注册，公司的信息在"我的公司"中，所以这时候需要返回"我的公司"界面，单击"返回公司"，出现如图 3-19 所示的界面。

在图 3-19 界面，单击"文件夹"，出现如图 3-27 所示的界面。

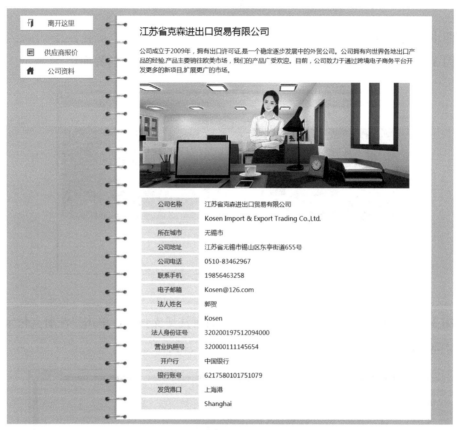

图　3-27

在图 3-27 界面，可以看到江苏省克森进出口贸易有限公司的有关资料介绍。这家公司背景资料如下：公司成立于 2009 年，拥有出口许可证，是一个稳定逐步发展中的外贸公司。公司拥有向世界各地出口产品的经验，产品主要销往欧美市场，我们的产品广受欢迎。目前，公司致力于通过跨境电子商务平台开发更多的新项目，扩展更广的市场。公司名称：江苏省克森进出口贸易有限公司；所在城市：无锡市；公司地址：江苏省无锡市锡山区东亭街道 655 号；公司电话：0510-83462967；联系手机：19856463258；电子邮箱：Kosen@126.com；法人身份证号：320200197512094000；营业执照号：320000111145654；经营范围：自营、代理进出口贸易（国家限制公司经营及禁止进出口的商品及技术除外）；

电脑配件的生产与销售；开户行：中国银行；银行账号：6217580101751079；发货港口：上海港。还有一些公司信息是空白，如速卖通账号、速卖通密码、企业支付宝账号、企业支付宝密码、企业支付宝支付密码，这些空白信息等企业注册完之后都会显示在公司资料中。

把图 3-29 界面最小化，保留在电脑上，因为一会儿注册支付宝账号需要这里的有关信息。单击"@ 跨境电商实战实训平台"，回到"我的公司"界面，如图 3-19 所示。

在图 3-19 界面，单击"我的电脑"，出现如图 3-24 所示的界面。

在图 3-24 界面，单击"企业支付宝"，出现如图 3-25 所示的界面。

在图 3-25 界面，单击"注册支付宝"，出现如图 3-26 所示的界面。

在图 3-26 界面，通过刚才小窗口的公司信息，找到江苏省克森进出口贸易有限公司的电子邮箱，把它粘贴到账户名内，输入验证码，勾选"我同意支付宝服务协议"，然后单击"下一步"，出现如图 3-28 所示的界面。

图　3-28

在图 3-28 界面，单击"立即查收邮件"（注意需要在 24 小时内点击邮件中的链接继续注册），出现如图 3-29 所示的界面。

图　3-29

在图 3-29 界面，单击"请激活您的支付宝账户！"，出现如图 3-30 所示的界面。

图　3-30

在图 3-30 界面，显示如下语句："请激活您的支付宝账户！"显示发件人和收件人信息，也会显示发件时间，还会显示为什么会收到这封邮件。单击"继续注册"，出现如图 3-31 所示的界面。

图　3-31

在图 3-31 界面，在登录密码的长条框中输入 666666（注意我们选择密码时，要输入6 ～ 18 位密码，不能出现空格），在"再输入一次"的长条框中，继续输入 666666，这表明 666666 是企业登录支付宝的密码。在支付密码长条框中输入 888888，在"再输入一次"的长条框中，继续输入 888888（注意支付密码设置要与登录密码不一样，安全级别更高），这表明 888888 是支付宝的支付密码。

安全保护问题是忘记密码时，可通过回答问题找回密码，选择一个安全保护问题，选择我爸爸是？安全保护答案输入 8 月 8 日（注意，需要记住这个答案，方便以后找回密码），单击"下一步"，出现如图3-32所示的界面。

图　3-32

在图3-32界面显示了为什么进行企业实名认证，是为了核实真实信息、保护账户安全、获得买家信赖和拓展更多功能。在这个界面，单击"企业实名信息填写"，出现如图3-33所示的界面。

图　3-33

在图3-33界面，根据小窗口中的企业信息来填写。选择单位类型，选择企业，企业名称填写江苏省克森进出口贸易有限公司，社会信用证代码或注册号填写320000111145654（营业执照号），单位所在地填写江苏省无锡市，公司地址填写江苏省无锡市锡山区东亭街道655号，经营范围填写自营、代理进出口贸易（国家限制公司经营及禁止进出口的商品及技术除外），电脑配件的生产与销售。下拉图3-33界面，出现图3-34所示的界面。

图　3-34

在图 3-34 界面，继续填写企业相关信息。营业期限可以填写具体时间，也可以选择长期，勾选"长期"。法定代表人归属地选择"中国大陆"，法定代表人姓名填写"郭贺"，身份证号填写"320200197512094000"，证件有效期，勾选"长期"。填写身份，选择"我是法定代表人"。

实际控制人，填写身份，选择企业，出现如图 3-35 所示的界面。

图　3-35

在企业名称长条框中填写江苏省克森进出口贸易有限公司，单击"下一步"，出现如图 3-36 所示的界面。

图　3-36

在图3-36界面,在企业法人营业执照下面,单击"点此上传",出现如图3-37所示的界面。

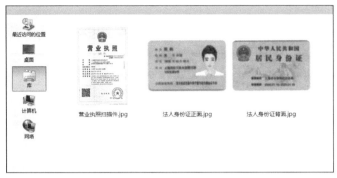

图　3-37

在图3-37界面,单击"营业执照扫描件",出现如图3-38所示的界面。

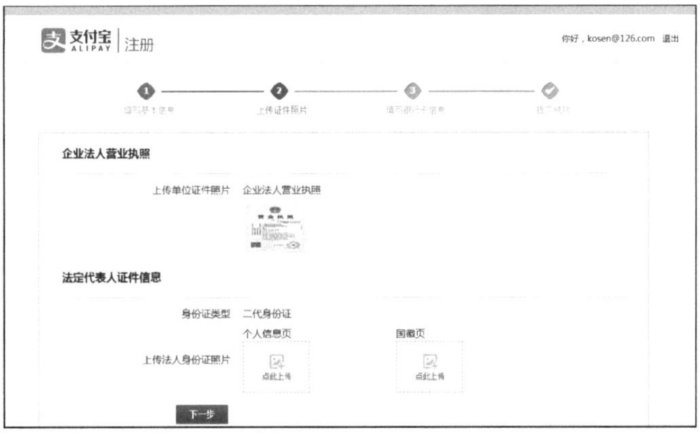

图　3-38

在图3-38界面,显示企业法人营业执照已经上传了。在这个界面,在法定代表人证件信息下面,上传法人身份证照片旁边,单击"点此上传",出现如图3-37所示的界面。

在图3-37界面,单击法人身份证正面上面的图像,出现如图3-39所示的界面。

图　3-39

在图 3-39 界面,发现法人身份证正面已经上传了,这时候,单击"点此上传",出现如图 3-37 所示的界面。

在图 3-37 界面,单击法人身份证背面上面的图像,出现如图 3-40 所示的界面。

图　3-40

在图 3-40 界面,发现身份证信息全部已经上传了。然后,单击"下一步",出现如图 3-41 所示的界面。

图　3-41

在图 3-41 界面,根据公司资料信息,选择开户银行中国银行,对公银行账号 6217580101751079(公司资料中的银行账号),单击"下一步",出现如图 3-42 所示的界面。

图　3-42

在图 3-42 界面，显示提交成功，请耐心等待审核。将在 2020 年 5 月 16 日 23：08 前完成审核，并通过邮件等方式将结果通知你。单击"返回我的支付宝"，出现如图 3-43 所示的界面。

图　3-43

在图 3-43 界面，单击"退出我的支付宝"，出现如图 3-25 所示的界面。

在图 3-25 界面，单击"返回公司"，出现如图 3-44 所示的界面。

图　3-44

在图 3-44 界面，显示公司已经成功认证了企业支付宝的账号。单击"下一步"，出现如图 3-45 所示的界面。

图　3-45

在图 3-45 界面，单击"下一步"，出现如图 3-46 所示的界面。

图　3-46

在图 3-46 界面，显示应该注册速卖通账号了。

第五步，注册速卖通账号。

在图 3-46 界面，单击"下一步"，出现如图 3-47 所示的界面。

图　3-47

在图 3-47 界面，单击"我的电脑"，出现如图 3-48 所示的界面。

图　3-48

在图 3-48 界面，会出现"速卖通卖家入口"标识，这个标识只有在完成企业支付宝注册后才会出现。单击"速卖通卖家入口"，出现如图 3-49 所示的界面。

图　3-49

在图 3-49 界面，单击"立即入驻"，出现如图 3-50 所示的界面。

图　3-50

在图 3-50 界面，显示注册的电子邮箱，邮箱必须是所在公司的邮箱，因此可以返回"我的公司"，在公司信息中查询找到。单击"返回公司"，出现如图 3-47 所示的界面。

在图 3-47 界面，单击"文件夹"，出现如图 3-51 所示的界面。

图　3-51

在图 3-51 界面，可以找到注册速卖通账号的有关信息，把这个界面最小化，保留在电脑上，方便粘贴有关信息。单击"跨境电商实战实训平台"，出现如图 3-47 所示的界面。

在图 3-47 界面，单击"我的电脑"，出现如图 3-48 所示的界面。

在图 3-48 界面，单击"速卖通卖家入口"，出现如图 3-49 所示的界面。

在图 3-49 界面，单击"立即入驻"，出现如图 3-50 所示的界面。

在图 3-50 界面，根据刚才最小化窗口中的公司信息，进行电子邮箱注册，找到公司的电子邮箱，在这个界面的电子邮箱输入 kosen@126.com，单击"下一步"，出现如图 3-52 所示的界面。

图　3-52

在图 3-52 界面，显示"请登录邮箱，点击激活链接完成注册，激活链接在 24 小时内有效。"。在这个界面，单击"请查收邮件"，出现如图 3-53 所示的界面。

图　3-53

在图 3-53 界面，会看到 2 封邮件，一封是企业支付宝认证成功通知，一封是速卖通注册认证。单击速卖通注册认证邮件，出现如图 3-54 所示的界面。

在图 3-54 界面，显示"请确认您的邮箱，只差一步，您的注册就成功了！？（请在 24 小时内完成）"，这要求必须在 24 小时完成速卖通注册。在这个界面，单击"完成注册"，出现如图 3-55 所示的界面。

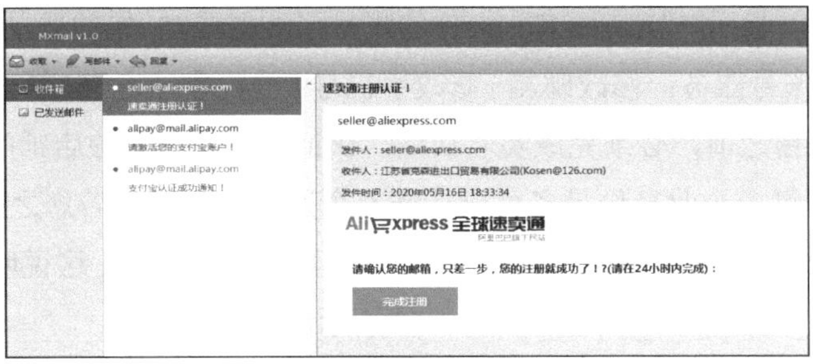

图　3-54

图　3-55

在图 3-55 界面，根据公司信息进行填写。联系地址选择江苏省无锡市锡山区，登录密码输入 888888，密码确认输入 888888，这里需要注意：请输入 6 ～ 12 位密码，不能出现空格。英文姓名输入注意，先输入名，再输入姓。根据公司资料，输入法人的英文名和姓。输入名 Kosen，输入姓 Kosen。手机号码输入 19856463258。经营模式选择贸易公司（大于10 人）。在线经验有四种选择，勾选"阿里巴巴国际站等外贸平台"，单击"确认"，出现如图 3-56 所示的界面。

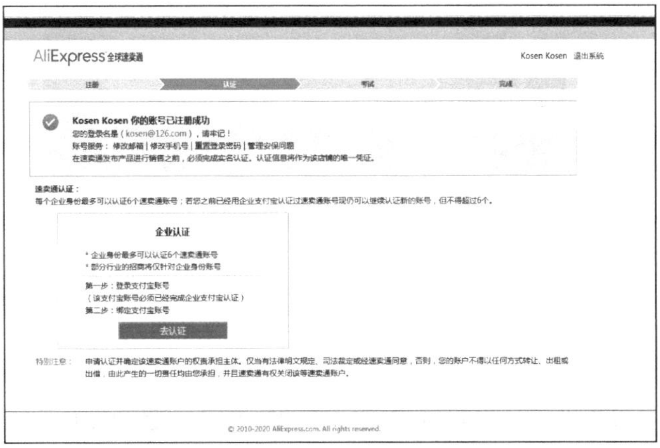

图　3-56

在图 3-56 界面，显示："Kosen Kosen 你的账号已注册成功 您的登录名是（Kosen@126.com），请牢记！账号服务：修改邮箱 | 修改手机号 | 重置登录密码 | 管理安保问题 在速卖通发布产品进行销售之前，必须完成实名认证。认证信息将作为该店铺的唯一凭证。"

速卖通认证：每个企业身份最多可以认证 6 个速卖通账号。若您之前已经用企业支付宝认证过速卖通账号现仍可以继续认证新的账号，但不得超过 6 个。这说明要进行企业认证。在这个界面，单击"去认证"，出现如图 3-57 所示的界面。

图 3-57

在图 3-57 界面，根据公司支付宝的登录账号和密码，进行登录并授权。企业支付宝登录账号输入 kosen@126.com，支付宝密码输入 666666，单击"登录并授权"，出现如图 3-58 所示的界面。

图 3-58

在图 3-58 界面，显示"恭喜你，完成了速卖通账号认证的工作。我们已经接到了速卖通客服人员的来电，要我们选择店铺的经营类目，并缴纳对应的技术服务年费。你可以到我的公司 - 我的同事中与我确认。"。这说明速卖通账号认证已经完成，下一步应该选择店铺的经营类目，并缴纳对应的技术服务年费。单击"下一步"，出现如图 3-59 所示的界面。

图　3-59

第六步，选择店铺的经营类目，并缴纳对应的技术服务年费。

在图 3-59 界面，单击"我的同事"，出现如图 3-60 所示的界面。

图　3-60

在图 3-60 界面，单击"决定速卖通店铺类目"，出现如图 3-61 所示的界面。

图　3-61

在图 3-61 界面，根据我公司经营的商品为电脑配件来选择将在速卖通平台付费开通的店铺类目。通过供应商资料可以查看到，电脑配件对应速卖通店铺类目是 3C 数码—电脑办公，选择店铺类目为 3C 数码，出现如图 3-62 所示的界面。

图 3-62

在图 3-62 界面，勾选"电脑办公"，出现如图 3-63 所示的界面。

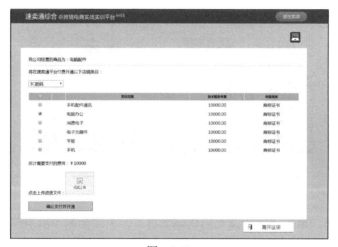

图 3-63

在图 3-63 界面，出现总计需要支付的费用为 10 000 元。在这个界面，要上传商标证书，单击"点此上传"，出现如图 3-64 所示的界面。

图 3-64

在图 3-64 界面，单击"生产商商标证书"，出现如图 3-65 所示的界面。

图　3-65

在图 3-65 界面，生产商商标证书已经上传了，单击"确认支付并开通"，出现如图 3-66 所示的界面。

图　3-66

在图 3-66 界面，单击"下一步"，出现如图 3-67 所示的界面。

图　3-67

在图 3-67 界面，显示"恭喜你已在速卖通平台成功申请店铺类目！财务部已经完成了服务费用的支付，期待你在速卖通平台上大展拳脚。"。这说明在速卖通平台成功申请店铺类目了，公司财务部已经完成了服务费用的支付。在这个界面，单击"下一步"，出现如图 3-68 所示的界面。

图　3-68

在图 3-68 界面，显示可以开始在速卖通平台上发布商品了，单击"下一步"，出现如图 3-69 所示的界面。

图　3-69

在图 3-69 界面，单击"我的电脑"，出现如图 3-70 所示的界面。

图　3-70

在图 3-70 界面，单击"速卖通卖家入口"，出现如图 3-49 所示的界面。

在图 3-49 界面，单击"登录"，出现如图 3-71 所示的界面。

图　3-71

在图 3-71 界面，根据之前注册的公司的速卖通账号和密码登录，输入账号 kosen@126. com，输入密码 888888，如果忘记账号和密码可以在公司资料中找到，单击"Sign In"，出现如图 3-72 所示的界面。

图　3-72

第七步，发布产品信息。

在图 3-72 界面，单击"发布产品"，出现如图 3-73 所示的界面。

在图 3-73 界面，根据公司经营的产品选择类目，这里查找类目，可以根据商品信息中的每个商品，找到适合的速卖通的销售分类。根据供应商提供的商品信息，在查找类目前的长条框中输入鼠标，单击"查找类目"，出现如图 3-74 所示的界面。

图　3-73

图　3-74

在图 3-74 界面，根据商品信息，选择键盘鼠标套装，单击"我已阅读以下规则，现在发布商品"，出现如图 3-75 所示的界面。

图　3-75

在图 3-75 界面，显示"请先设置服务模板。"。这说明发布产品前，需要先设置服务模板，才能发布产品信息。单击"确定"，出现如图 3-76 所示的界面。

图 3-76

第八步，设置服务模板。

在图 3-76 界面，单击"服务模板"，出现如图 3-77 所示的界面。

图 3-77

在图 3-77 界面，输入"service1"，单击"创建模板"，出现如图 3-78 所示的界面。

图 3-78

在图 3-78 界面，看到服务名称是货不对版服务，服务内容是退货及退回运费设置，单击"编辑规则"，出现如图 3-79 所示的界面。

图 3-79

在图 3-79 界面，显示"服务规则设置 退货及退回运费设置：货不对版退货卖家承担运费"，单击"保存"，出现如图 3-80 所示的界面。

图 3-80

在图 3-80 界面，单击"保存"，出现如图 3-81 所示的界面。

图 3-81

在图 3-81 界面，表明已经设置好了服务模板，如果还想再设置其他服务模板，可以单击"服务模板"，增加一个服务模板 2，也可以对服务模板进行"编辑"和"删除"操作。这里不再增加了，开始设置运费模板。

第九步，设置运费模板。

在图 3-81 界面，单击"运费模板"，出现如图 3-82 所示的界面。

图　3-82

在图 3-82 界面，在新增运费模板前面的长条框中输入 freight1，单击"新增运费模板"，出现如图 3-83 所示的界面。

图　3-83

在图 3-83 界面，显示了 DHL 国际快递、TNT 国际快递、FedEx 国际快递、UPS 国际快递共 4 种物流方式，根据案例背景选择最合适的一种物流方式，也可以 4 种方式都选上。这里把 4 种物流方式都勾选上，单击"保存"，出现如图 3-84 所示的界面。

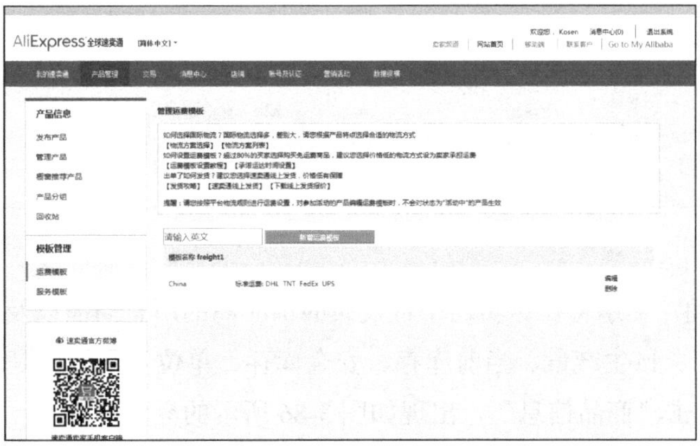

图　3-84

在图 3-84 界面，出现了"China 标准运费：DHL TNT FedEx UPS"，这说明设置的从中国发货的商品，可以选择这 4 种物流方式进行运输。建议选择价格低的物流方式设为卖家承担运费，这是因为超过 80% 买家会选择购买免运费商品。运费模板可以进行编辑和删除。这时候，完成了运费模板设置，可以进行商品发布了。

在图 3-84 界面，单击"发布产品"，出现如图 3-73 所示的界面。

在图 3-73 界面，可以发布产品，这时候，需要找到要发布的产品信息，单击"返回公司"，出现如图 3-69 所示的界面。

在图 3-69 界面，单击"文件夹"，出现如图 3-51 所示的界面。

在图 3-51 界面，看到左侧出现如下图标：离开这里、公司资料、财务资料、供应商报价、商品信息、生产信息、业务单证、汇率计算、运费计算、海关编码、行业背景、新闻动态、商品大全。需要哪个信息就单击哪个图标，然后就可以查找到需要的相关信息了。单击"供应商报价"，出现如图 3-85 所示的界面。

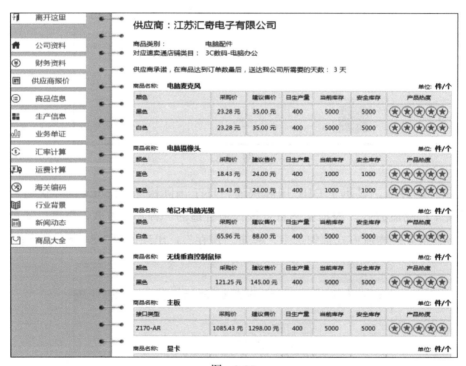

图　3-85

在图 3-85 界面，显示将在速卖通平台发布的供应商的所有商品以及各个商品的商品名称、颜色、采购价、日生产量、当前库存、安全库存、单位等，这些是发布产品时需要参考的有关信息。单击"商品信息"，出现如图 3-86 所示的界面。

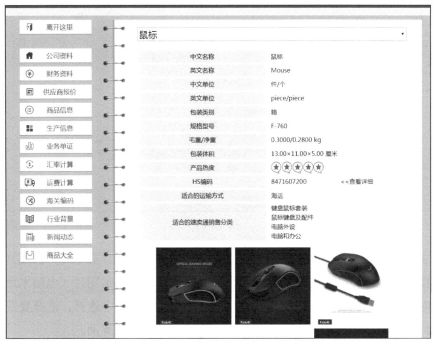

图 3-86

在图 3-86 界面，显示需要发布的每个产品的详细信息，如中文名称、英文名称、中文单位、英文单位、包装类别、规格型号、毛重/净重、包装体积、产品热度、HS 编码、适合的运输方式、适合的速卖通销售分类、产品图片、产品属性名称、产品属性值、采购价、建议零售价、产品说明。在发布商品时需要运用这些信息。注意：在进行商品发布操作时，必须根据实训案例要求，把"文件夹"中商品信息里面所有商品都要发布到速卖通平台上。还要注意：根据题目要求，发布的商品数量，其填写的商品信息要与文件夹里面的商品信息一致，要不然会影响最终得分和下一步的操作能否顺利进行。

把图 3-86 界面最小化，保留在桌面，单击"跨境电商实战实训平台"，出现如图 3-69 所示的界面。

在图 3-69 界面，单击"我的电脑"，出现如图 3-70 所示的界面。

在图 3-70 界面，单击"速卖通卖家入口"，出现如图 3-49 所示的界面。

在图 3-49 界面，单击"登录"，出现如图 3-71 所示的界面。

在图 3-71 界面，输入先前注册的速卖通账号和密码，单击"Sign In"，出现如图 3-72 所示的界面。

在图 3-72 界面，单击"发布产品"，出现如图 3-73 所示的界面。

在图 3-73 界面，根据商品信息中的第一个商品鼠标适合的速卖通销售分类来选择类目，选择的类目是电脑和办公—电脑外设—鼠标键盘及配件—键盘鼠标套装，然后，单击"我已阅读以下规则，现在发布商品"，出现如图 3-87 所示的界面。

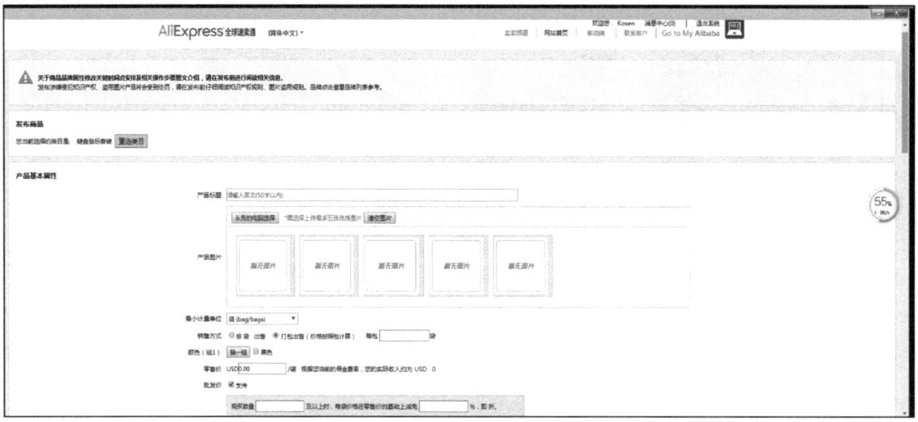

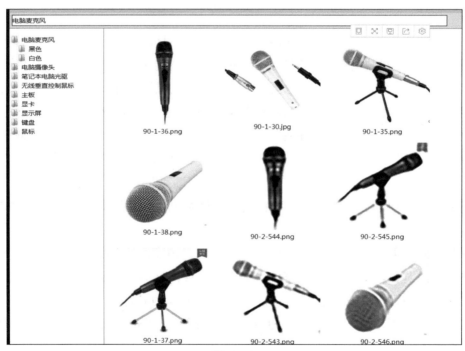

图　3-87

在图 3-87 界面，根据产品信息，在产品标题中输入 Mouse，并上传产品图片，注意：上传产品图片是根据教师端的设置，分为上传系统库图片和自拍图片（电脑本地图片），学生操作时以自己看到的可操作的模式为准。这里从我的电脑中选择，选择要发布的这个产品的图片，单击"从我的电脑选择"，出现如图 3-88 所示的界面。

图　3-88

在图 3-88 界面，单击"鼠标"，出现如图 3-89 所示的界面。

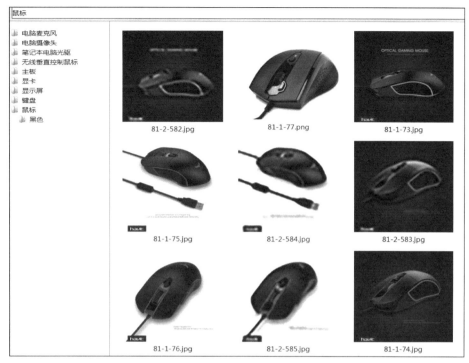

图 3-89

在图 3-89 界面，根据商品信息中鼠标属性值是黑色，单击"黑色"，出现如图 3-90 所示的界面。

图 3-90

在图 3-90 界面，单击黑色鼠标图片，出现如图 3-91 所示的界面。

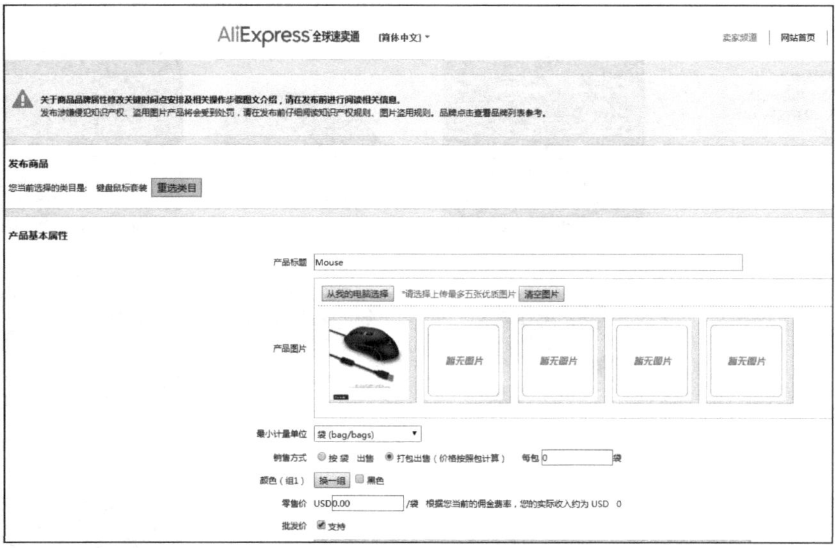

图 3-91

在图 3-91 界面，看到黑色鼠标图片已经上传了。注意：产品图片后面给了 5 张图片的位置，超过 5 张则不能上传，单击"从我的电脑选择"上传图片。注意：系统为每件商品提供了 10 张图片，我们可以观察到，在 10 张图片中有 5 张是高清图片，5 张是劣质图片，应该根据情况选择所上传的图片。注意：单击"从我的电脑选择"显示图片的顺序都不一样，图片的质量会影响到操作的最终成绩，建议选择高清图片。这里根据商品属性值，只需要上传黑色图片鼠标就可以了。

在这个界面，最小计量单位，根据商品信息，选择"件 / 个（piece/pieces）"，销售方式勾选"按件 / 个（piece/pieces）出售"，颜色勾选"黑色"，出现如图 3-92 所示的界面。

图 3-92

在图 3-92 界面，在颜色旁边输入 Black，单击"添加文件"，出现如图 3-88 所示的界面。

在图 3-88 界面，单击"鼠标"，出现如图 3-89 所示的界面。

在图 3-89 界面，单击"黑色"，出现如图 3-90 所示的界面。

在图 3-90 界面，单击黑色鼠标图片，出现一个新的界面。

在新界面，看到黑色鼠标图片已经上传了。在这个界面，根据产品信息，输入零售价 3.77（是建议零售价），库存输入 100000（根据供应商报价中黑色鼠标的当前库存数量填写），商品 HS 编码输入 8471607200（根据商品信息中提供的资料填写），批发价这里需要自己设计，可以设计批发价，也可以不设计批发价，这里不勾选批发价，库存扣减方式，选择下单减库存，发货期我们输入 3 天（根据供应商报价中，货物送达我公司所需要的天数填写），产品详细描述，根据产品信息输入：power type：rechargeable；type：wired；style：finger；interface type：USB。

产品包装后的重量，根据产品信息，输入毛重 0.3，产品包装后的尺寸，根据信息输入 13，11，5，产品运费模板不用动，服务模板不用动，产品组显示默认产品组一，产品有效期我们勾选 14 天（也可以勾选 30 天），支付宝勾选支持，产品发布条款勾选在提交发布此产品之前，我已阅读并同意了。注意：提交前，请认真核对填写的信息，只能在审核后才可再次对此产品进行编辑。然后，单击"提交"，出现如图 3-93 所示的界面。

图　3-93

在图 3-93 界面，显示发布的产品名称、分组、售价、库存、运费模板、有效期天数。这说明一件商品已经发布成功，现实的状态是正在销售，也可通过鼠标单击对应状态名称查看所在状态下的产品。这个界面可以对产品进行编辑、下架、删除，也可以进行上面的一些其他操作。

我们继续发布产品，操作如上面，发布键盘、显示屏、显卡、主板、无线垂直控制鼠标、笔记本电脑光驱、电脑摄像头、电脑麦克风。

在发布电脑摄像头时，要注意一下具体操作，如图 3-94 所示。

图　3-94

在图 3-94 界面，单击"发布产品"，出现如图 3-73 所示的界面。

在图 3-73 界面，根据商品信息中提供的适合的速卖通销售分类，选择电脑和办公—电脑外设—摄像头，单击"我已阅读以下规则，现在发布商品"，出现如图 3-95 所示的界面。

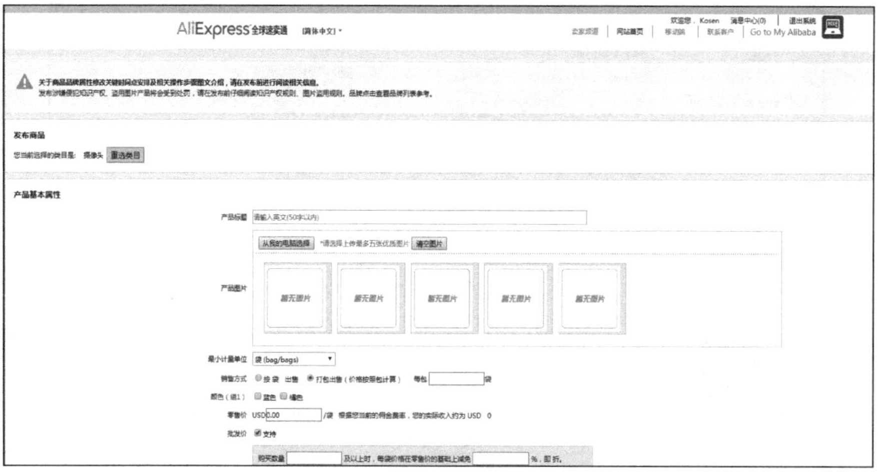

图　3-95

在图 3-95 界面，在产品标题后的长条框中输入 Computer camera，单击"从我的电脑选择"，单击"电脑摄像头"，出现如图 3-96 所示的界面。

在图 3-96 界面，会看到"电脑摄像头"下面分为"蓝色"和"橘色"两个颜色，注意：这里需要按照商品提供信息将这两个颜色的电脑摄像头都发布出来。根据信息，先发布蓝色电脑摄像头，单击"蓝色"，出现如图 3-97 所示的界面。

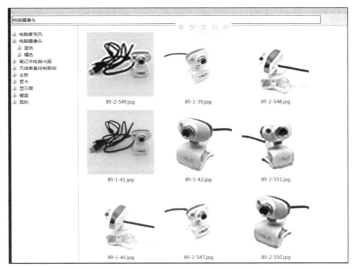

图 3-96

图 3-97

在图 3-97 界面，单击蓝色图片，出现如图 3-98 所示的界面。

图 3-98

在图 3-98 界面，最小计量单位选择"件 / 个（piece/pieces）"，销售方式选择"按件 / 个

（piece/pieces）出售"，颜色（组1）勾选"蓝色"，出现如图3-99所示的界面。

图　3-99

在图3-99界面，在蓝色旁边输入blue，单击"添加文件"，出现如图3-88所示的界面。

在图3-88界面，单击"电脑摄像头"，出现如图3-96所示的界面。

在图3-96界面，单击"蓝色"，出现如图3-97所示的界面。

在图3-97界面，单击蓝色图片，出现如图3-100所示的界面。

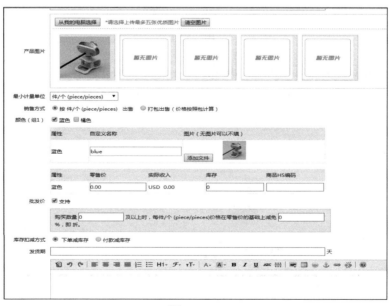

图　3-100

在图 3-100 界面，在蓝色旁边输入零售价 3.81（根据商品提供的信息输入），库存输入 1 000（根据供应商报价中信息输入），HS 编码输入 8525803900，然后在这个界面，颜色勾选"橘色"，出现如图 3-101 所示的界面。

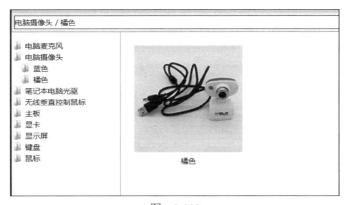

图　3-101

在图 3-101 界面，在橘色旁边输入 orange，单击"添加文件"，出现如图 3-88 所示的界面。

在图 3-88 界面，单击"电脑摄像头"，出现如图 3-96 所示的界面。

在图 3-96 界面，单击"橘色"，出现如图 3-102 所示的界面。

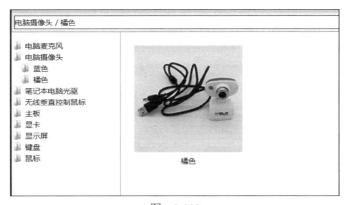

图　3-102

在图 3-102 界面，单击橘色图片，出现如图 3-103 所示的界面。

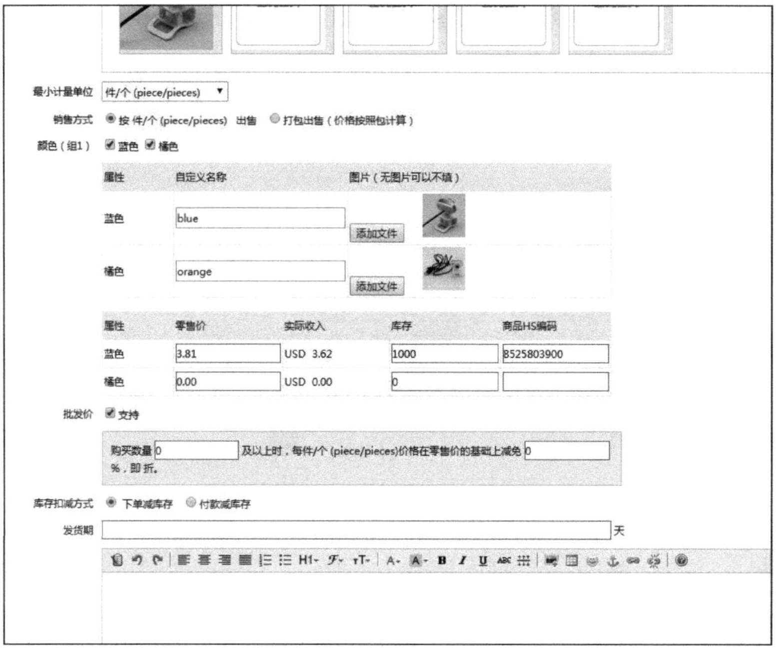

图　3-103

在图 3-103 界面，在橘色旁边输入零售价 3.81（根据提供的商品信息输入），库存输入 1 000（根据供应商提供信息输入），HS 编码输入 8525803900，批发价不勾选，库存扣减方式选择下单减库存，发货期输入 3，产品详细描述输入：Products Status：Stock；Interface Type：USB；Max. Resolution：1 024 × 768；Type：Portable & Cool；Auto Focus：No.。

产品包装后的重量输入 0.2，产品包装后的尺寸输入 15，15，15，产品运费模板、服务模板、产品组、产品有效期、支付宝、产品发布条款等保持不变，单击"提交"，出现如图 3-104 所示的界面。

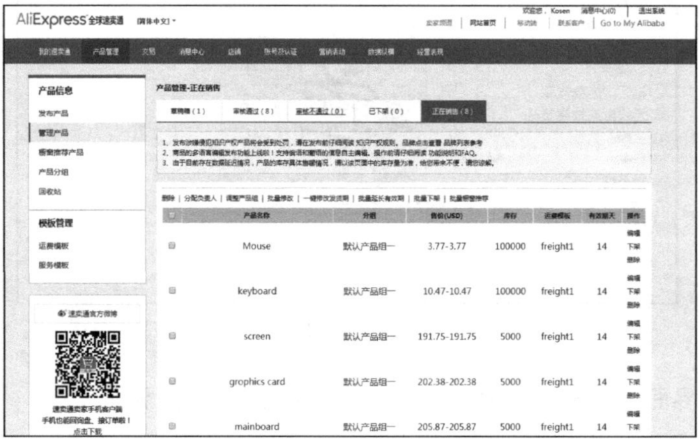

图　3-104

同样，在发布电脑麦克风时，注意也要把两种颜色电脑麦克风的信息都发布，可以单击换一组，勾选套餐一、套餐二，把两种颜色电脑麦克风信息填上。

全部商品已经发布完成，会显示正在销售。这时候，单击"返回公司"，进入"我的同事"为所发布的商品信息和系统提供的商品信息做对应。出现如图 3-69 所示的界面。

在图 3-69 界面，单击"我的同事"，出现如图 3-105 所示的界面。

图　3-105

在图 3-105 界面，单击"请帮我确认商品发布已完成"，出现如图 3-106 所示的界面。注意：确认时要保证所有商品信息都已经发布完成了。

图　3-106

第十步，进行报告对应。

在图 3-106 界面，单击"从头开始报告"，出现如图 3-107 所示的界面。

图　3-107

在图 3-107 界面，出现了"你确定要从头开始报告商品发布情况吗？"，单击"确定"，出现如图 3-108 所示的界面。

图　3-108

在图 3-108 界面，左侧显示经营商品名称和属性，右侧是对应显示的这个商品名称和属性，单击"报告对应"，出现如图 3-109 所示的界面。

图　3-109

在图 3-109 界面，下面会出现对应完的这款商品名称和属性，而经营商品栏目换成另一种商品名称和对应的属性，在这个界面，单击"报告对应"，出现如图 3-110 所示的界面。

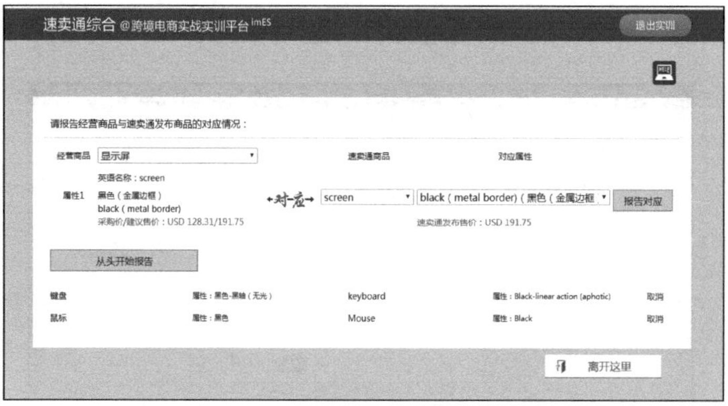

图　3-110

在图 3-110 界面，下面显示了对应完的上面两款商品名称和属性。继续上面的操作，直到完成所有发布的商品的报告对应，会出现如图 3-111 所示的界面。注意：商品对应，是自己上传的商品与文件夹里面的商品做匹配对应，如果自己发布的商品跟文件夹里面的商品差别较大，或者没有全部发布，会无法进行下一步操作。到时候需要重新发布商品信息。

图　3-111

在图 3-111 界面，显示已完成所有报告，单击"已完成所有报告"，出现如图 3-112 所示的界面。

图　3-112

在图 3-112 界面，显示："你确定已经把所有需要经营的商品都正确发布到速卖通了吗？如果发布或者对应得不正确，是会严重影响公司速卖通店铺点击量和订单量的。"这里如果认为没有问题就单击"确定选择"，如果你没有确定好就单击"我再想想"。这个界面，单击"确定选择"，出现如图 3-113 所示的界面。

图 3-113

在图 3-113 界面，显示："恭喜你已经完成了商品发布的工作，现在你将开始参与到销售的工作中来，你将负责几个客户的接待磋商与业务跟进工作。"这告诉我们已经完成了商品的发布任务，并告诉我们下一步的任务是：收到新的订单，去完成订单客户磋商及发货任务。单击"下一步"，出现如图 3-114 所示的界面。

图 3-114

在图 3-114 界面，发现 TradeManager 聊天窗口有一条新消息，单击"TradeManager"，出现如图 3-115 所示的界面。

图 3-115

第十一步，磋商交流获得订单。

在图 3-115 界面，进入聊天窗口，客户开始跟我们进行简单的磋商交流，交流对话的过程中，聊天内容可能会影响到客户的购买意向、订单数量、价格等信息。单击左侧客户的聊天信息，出现如图 3-116 所示的界面。

图 3-116

在图 3-116 界面，在聊天对话框和客户进行交流，输入磋商的信息。这个界面就是简单模拟磋商，争取收到客户的订单，以及客户的邮件。磋商语言是根据教师端设置的，分为中文磋商和英文磋商，操作时以看到的语言为主。在这个界面的聊天窗口输入 Hi，出现如图 3-117 所示的界面。

图 3-117

在图 3-117 界面，继续输入磋商信息，简单磋商后，单击"返回公司"，出现如图 3-118 所示的界面。

图 3-118

在图 3-118 界面，发现电子邮箱里面有一封邮件，单击"电子邮件"，出现如图 3-119 所示的界面。

图 3-119

在图 3-119 界面，显示收到新的速卖通订单，这说明有客户向我们发送了一个商品订单，单击这个订单，出现如图 3-120 所示的界面。

图 3-120

在图 3-120 界面，显示"收到了新的订单，请前往查看"，单击"立刻前往"，出现如图 3-72 所示的界面。

在图 3-72 界面，单击"返回公司"，出现如图 3-118 所示的界面。

在图 3-118 界面，单击"我的电脑"，出现如图 3-121 所示的界面。

图 3-121

在图 3-121 界面，单击"企业 ERP"，出现如图 3-122 所示的界面。

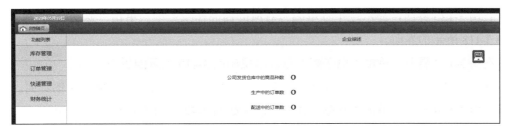

图 3-122

在图 3-122 界面，单击"订单管理"，出现如图 3-123 所示的界面。

图 3-123

在图 3-123 界面，单击"新增订单"，出现如图 3-124 所示的界面。

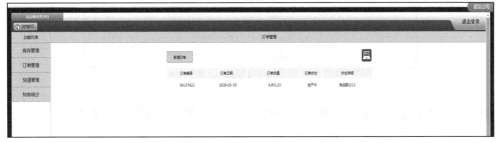

图 3-124

在图 3-124 界面，显示了订单编号、生产任务、采购总价，这说明这个订单主要订购的商品的数量及采购的总价格，单击"订货"，出现如图 3-125 所示的界面。

图 3-125

在图 3-125 界面，显示这个订单编号对应的商品在生产中。单击"返回公司"，出现如图 3-118 所示的界面。

在图 3-118 界面，单击"电子邮件"，出现如图 3-119 所示的界面。

在图 3-119 界面，单击"收到新的速卖通订单！"，出现如图 3-120 所示的界面。

在图 3-120 界面，单击"立刻前往"，出现如图 3-72 所示的界面。

在图 3-72 界面，单击"交易"，出现如图 3-126 所示的界面。

图 3-126

在图 3-126 界面，显示一个订单等待发货，单击"发货"，出现如图 3-127 所示的界面。

图 3-127

在图 3-127 界面，单击"填写发货记录"，出现如图 3-128 所示的界面。

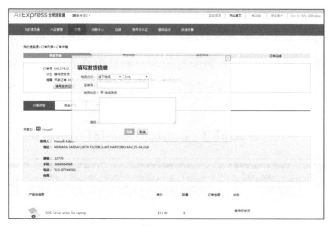

图　3-128

在图 3-128 界面，填写发货信息，单击"保存"，出现如图 3-129 所示的界面。

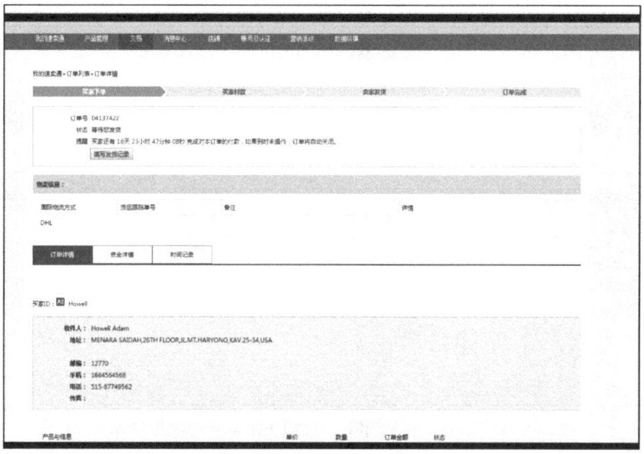

图　3-129

在图 3-129 界面，显示选择的物流方式是 DHL（根据填写情况显示）。单击"返回公司"，出现如图 3-130 所示的界面。

图　3-130

在图 3-130 界面，会发现还有需要磋商的客户和订单需要处理。注意：在完成上一个客户的订单后，可能会有多个客户要求磋商，完成所有客户的订单后才能进行下一步。重复上面磋商和订单的任务步骤，一直到所有的客户的订单均处理完毕。单击"返回公司"，进入"企业 ERP"完成 ERP 里面的快递管理。单击"我的电脑"，出现如图 3-121 所示的界面。

在图 3-121 界面，单击"企业 ERP"，出现如图 3-131 所示的界面。

图 3-131

在图 3-131 界面，显示 2 个订单在生产中，单击"快递管理"，出现如图 3-132 所示的界面。

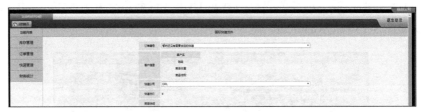

图 3-132

在图 3-132 界面，单击"我要发件"，出现如图 3-133 所示的界面。

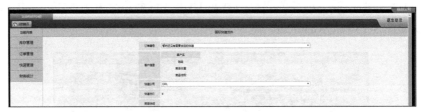

图 3-133

在图 3-133 界面，显示暂时还没有需要发送的快递，这是因为商品生产需要一定天数才能完成，此时需要返回我的公司，单击"日期前进"，前进相应的天数。单击"返回公司"，出现如图 3-118 所示的界面。

在图 3-118 界面，单击"日期前进"，根据订单生产日期决定前进天数，把天数前进完，单击"我的电脑"，出现如图 3-121 所示的界面。

在图 3-121 界面，单击"企业 ERP"，出现如图 3-134 所示的界面。

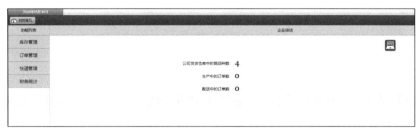

图　3-134

在图 3-134 界面，显示公司发货仓商品种数是 4，表示商品已经生产完毕了。单击"快递管理"，出现如图 3-132 所示的界面。

在图 3-132 界面，单击"我要发件"，出现如图 3-135 所示的界面。

图　3-135

在图 3-135 界面，显示要发的货物订单信息，单击"发货"，出现如图 3-136 所示的界面。

图　3-136

在图 3-136 界面，显示这个订单的剩余天数，这表示货物送到客户手中需要的天数。由于不止一个订单，继续单击"我要发件"，把所有订单都发货完毕。出现如图 3-137 所示的界面。

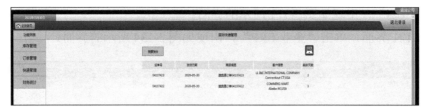

图 3-137

在图 3-137 界面，显示 2 个订单到达客户手中的天数，单击"返回公司"，出现如图 3-138 所示的界面。

图 3-138

在图 3-138 界面，单击"日期前进"，按照所需要天数前进，然后出现如图 3-139 所示的界面。

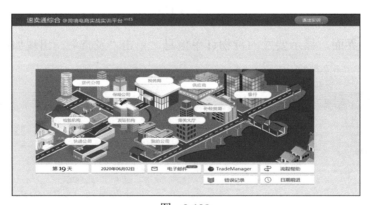

图 3-139

在图 3-139 界面，单击"电子邮件"，出现如图 3-140 所示的界面。

图　3-140

在图 3-140 界面，显示"速卖通有订单已被客户确认收货！"，单击"速卖通有订单已被客户确认收货！"，出现如图 3-141 所示的界面。

图　3-141

在图 3-141 界面，单击"立刻前往"，出现如图 3-72 所示的界面。

在图 3-72 界面，单击"交易"，出现如图 3-142 所示的界面。

图　3-142

在图 3-142 界面，显示订单已完成，订单已被买家确认收货了。单击右上角返回公司的地方，出现如图 3-143 所示的界面。

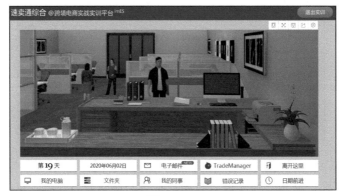

图　3-143

在图 3-143 界面，单击"我的电脑"，出现如图 3-121 所示的界面。

在图 3-121 界面，单击"企业支付宝"，出现如图 3-25 所示的界面。

第十二步，登录支付宝查看收益情况。

在图 3-25 这个界面，用企业支付宝账号和密码进行登录，出现如图 3-144 所示的界面。

图　3-144

在图 3-144 界面，单击"结汇"，出现如图 3-145 所示的界面。

在图 3-145 界面，根据总金额数，输入结汇金额数，总金额数为此次贸易过程中所收入的美元金额，可以通过结汇的形式转换成人民币，存入银行卡账户。注意：这里输入的结汇金额取整数输入。单击"确认结汇"，出现如图 3-146 所示的界面。

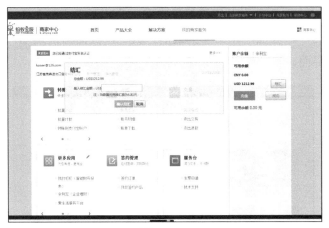

图　3-145

图　3-146

在图 3-146 界面，显示可用余额 7 647.72 元，表示这 2 个订单完成后公司的支付宝账户金额。结汇完成后单击"返回公司"，出现如图 3-143 所示的界面。

在图 3-143 界面，单击"日期前进"，出现如图 3-147 所示的界面。

图　3-147

因为规定的是在 100 天完成发货算任务完成，此时要完成整个实训任务，要单击"到最后一天"。在图 3-147 界面，单击"到最后一天"，页面出现跳动，一段时间后，出现如图 3-148 所示的界面。

图   3-148

在图 3-148 界面，单击"下一步"，出现如图 3-149 所示的界面。

图   3-149

在图 3-149 界面，显示"已经到达了任务指定的结束日期。"，单击"下一步"，出现如图 3-150 所示的界面。

图   3-150

在图 3-150 界面，显示"恭喜你已经完成了本次实训。"。单击"查看成绩"，出现如图 3-151 所示的界面。

图　3-151

在图 3-151 界面，可以清晰地看到本次实训基本信息、每一天的完成内容、出错记录。单击"成绩信息"，出现如图 3-152 所示的界面，可以查看综合成绩、综合排名、完成情况等详细的信息。

图　3-152

在图 3-152 界面，单击"查看详细"，出现如图 3-153 所示的界面。

图　3-153

在图 3-153 界面，显示扣分详情。返回"查看成绩"界面，单击"商品发布"，出现如图 3-154 所示的界面。

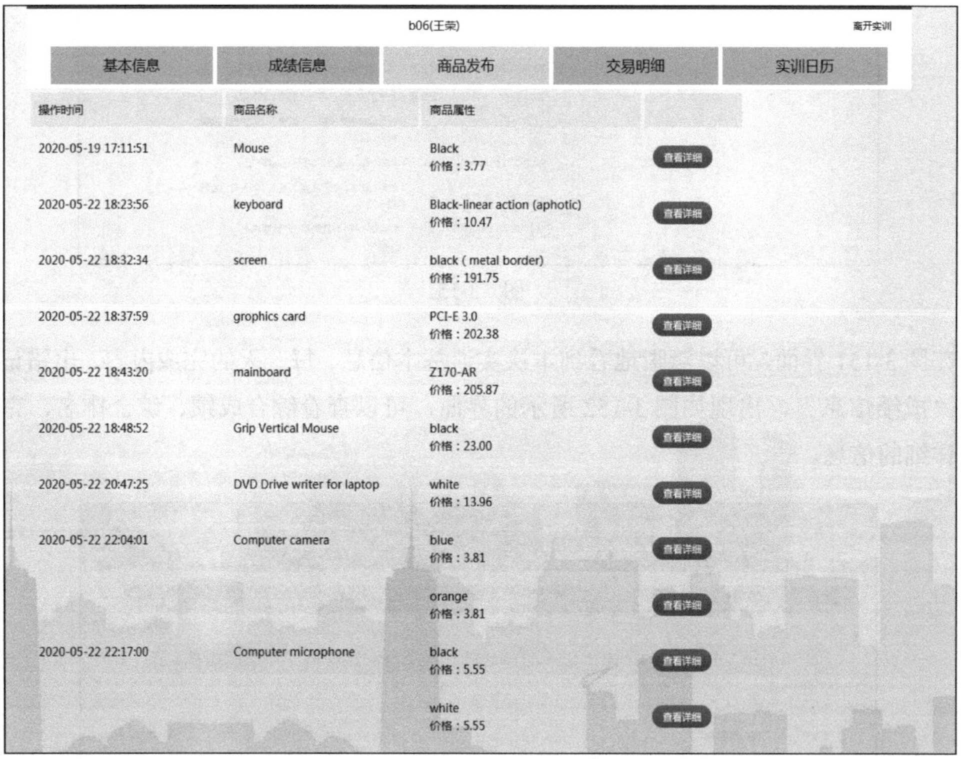

操作时间	商品名称	商品属性	
2020-05-19 17:11:51	Mouse	Black 价格：3.77	查看详细
2020-05-22 18:23:56	keyboard	Black-linear action (aphotic) 价格：10.47	查看详细
2020-05-22 18:32:34	screen	black（metal border） 价格：191.75	查看详细
2020-05-22 18:37:59	grophics card	PCI-E 3.0 价格：202.38	查看详细
2020-05-22 18:43:20	mainboard	Z170-AR 价格：205.87	查看详细
2020-05-22 18:48:52	Grip Vertical Mouse	black 价格：23.00	查看详细
2020-05-22 20:47:25	DVD Drive writer for laptop	white 价格：13.96	查看详细
2020-05-22 22:04:01	Computer camera	blue 价格：3.81	查看详细
		orange 价格：3.81	查看详细
2020-05-22 22:17:00	Computer microphone	black 价格：5.55	查看详细
		white 价格：5.55	查看详细

图　3-154

在图 3-154 界面，单击"交易明细"，出现如图 3-155 所示的界面。

图 3-155

在图 3-155 界面，单击"实训日历"，出现如图 3-156 所示的界面。

图 3-156

在图 3-156 界面，可以清楚地看到在这 100 天内速卖通平台的访问量、订单量、支出情况，这些都会影响最终成绩。

至此，本次案例实训任务已经完成！

1. 速卖通的定位是什么？
2. 简述速卖通的商业模式。
3. 简述速卖通的注册规则。
4. 简述速卖通的禁售、限售规则。

4 第四章
亚马逊平台操作

　　随着经济全球化进程的不断加快，世界各国之间的贸易来往越来越紧密，跨境电商已然成为新时代的潮流，消费者足不出户，就能轻松全球购物，亚马逊作为全球最大的跨境电商贸易平台，面对的是全球用户，利用自身的流量优势、物流优势以及品牌保护意识吸引着无数卖家入驻平台，同时在亚马逊平台的帮助下，新手卖家在短期内也可以快速上手。

1. 能够独立在亚马逊平台设立店铺。
2. 熟悉亚马逊后台运行与操作的规则。
3. 能够利用设计工具对卖家店铺进行基本设计。

建议学时

12 学时。

第一节　亚马逊平台简介

1. 了解亚马逊。

2. 掌握亚马逊中国的情况。

3. 了解亚马逊全球平台。

4. 熟悉亚马逊平台的优势。

2 学时。

老师讲

知识点 1：亚马逊概况

一、公司简介

亚马逊（Amazon）是美国最大的一家网络电子商务公司，位于华盛顿州的西雅图，是最早开始经营电子商务的公司之一。亚马逊成立于 1995 年，一开始只经营网络的书籍销售业务，现在则扩及范围相当广的其他产品，已成为全球商品品种最多的网上零售商和全球第二大互联网企业，在公司名下，也包括 Alexa Internet、a9、lab126 和互联网电影数据库（Internet Movie Database，IMDB）等子公司。

亚马逊及其他销售商为客户提供数百万种独特的全新、翻新及二手商品，如图书、影视、音乐和游戏、数码下载、电子和电脑、家居园艺用品、玩具、婴幼儿用品、食品、服饰、鞋类和珠宝、健康和个人护理用品、体育及户外用品、玩具、汽车及工业产品等。

2004 年 8 月，亚马逊全资收购卓越网，使亚马逊全球领先的网上零售专长与卓越网深厚的中国市场经验相结合，进一步提升客户体验，并促进中国电子商务的成长。

2019 年 7 月，全球同步发布了《财富》世界 500 强排行榜，亚马逊凭借 2 328.87 亿美元的营业收入、100.73 亿美元的净利润位列第 13 名，比 2018 年前进 5 位。同年 10 月，其在 2019 福布斯全球数字经济 100 强榜位列第 6 位。2019 年度全球最具价值 100 大品牌榜亚马逊列第三位。2020 年 3 月，亚马逊入选 2020 年全球品牌价值 500 强第 1 位。

二、定位转变

第一次转变——成为"地球上最大的书店"（1994—1997 年）。

1994 年夏天，从金融服务公司辞职出来的贝佐斯决定创立一家网上书店，贝佐斯认为书籍是最常见的商品，标准化程度高。而且美国书籍市场规模大，十分适合创业。经过大约一年的准备，亚马逊网站于 1995 年 7 月正式上线。为了和线下图书巨头 Barnes & Noble、Borders 竞争，贝佐斯把亚马逊定位成"地球上最大的书店"。为实现此目标，亚马逊采取了大规模扩张策略，以巨额亏损换取营业规模。经过快跑，亚马逊从网站上线到公司上市仅用了不到两年时间。1997 年 5 月 Barnes &Noble 开展线上购物时，亚马逊已经在图书网络零售上建立了巨大优势。此后经过和 Barnes &Noble 的几次交锋，亚马逊最终完全确立了自己是最大书店的地位。

第二次转变——成为最大的综合网络零售商（1997—2001 年）。

贝佐斯认为，和实体店相比，网络零售很重要的一个优势在于能给消费者提供更为丰富的商品选择，因此扩充网站品类，打造综合电商以形成规模效益成为亚马逊的战略考虑。1997 年 5 月，亚马逊上市，尚未完全在图书网络零售市场中树立绝对优势地位的亚马逊就开始布局商品品类扩张战略。经过前期的供应和市场宣传，1998 年 6 月亚马逊的音乐商店正式上线。仅一个季度，亚马逊音乐商店的销售额就已经超过了 C Dnow，成为最大的网上音乐产品零售商。此后，亚马逊不断进行品类扩张和国际扩张，到 2000 年，亚马逊的宣传口号已经改为"最大的网络零售商"。

第三次转变——成为"最以客户为中心的企业"（2001 年至今）。

2001 年开始，除了宣传自己是最大的网络零售商外，亚马逊把"最以客户为中心的公司"确立为努力的目标。此后，打造以客户为中心的服务型企业成为亚马逊的发展方向。为此，亚马逊从 2001 年开始大规模推广第三方开放平台（marketplace）、2002 年推出网络服务（AWS）、2005 年推出 Prime 服务、2007 年开始向第三方卖家提供外包物流服务 Fulfillment by Amazon、2010 年推出 KDP 的前身自助数字出版平台（Digital Text Platform，DTP）。亚马逊逐步推出这些服务，使其超越网络零售商的范畴，成为一家综合服务提供商。

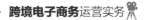
知识点2：亚马逊中国

一、中国网站

亚马逊中国是全球最大的电子商务公司亚马逊在中国的网站。亚马逊中国为消费者提供图书、音乐、影视、手机数码、家电、家居、玩具、健康、美容化妆、钟表首饰、服饰箱包、鞋靴、食品、母婴、运动、户外和休闲、IT软件等32大类、上千万种的产品，通过"送货上门"服务以及"货到付款"等多种方式，为中国消费者提供便利、快捷的网购体验。

在越来越激烈的中国电商市场大战中，亚马逊中国如今逐步改变了以往低调的作风，无论在线下推广方面，还是线上促销、营销方面，都越来越积极地参与到激烈的短兵相接中。

继2012年4月底颇具中国特色的店庆大促之后，亚马逊中国又在2017年5月发布了中国手机分地区购买情况报告，开始发力传统电商最重视的消费电子品类。

二、中国仓储

亚马逊中国是业界最大最先进的运营网络之一，目前拥有16个运营中心，包括：北京运营中心2个，苏州运营中心2个，广州运营中心2个，成都运营中心2个，武汉运营中心1个，沈阳运营中心1个，西安运营中心1个，厦门运营中心1个，上海运营中心1个，天津运营中心1个，哈尔滨运营中心1个，南宁运营中心1个，总运营面积超过70万平方米。其主要负责厂商收货、仓储、库存管理、订单发货、调拨发货、客户退货、返厂、商品质量安全等。同时，亚马逊中国还拥有自己的配送队伍和客服中心，为消费者提供便捷的配送及售后服务。

通过亚马逊中国的不懈努力和消费者的大力支持，亚马逊中国每年都保持了高速增长，用户数量也大幅增加。在未来的发展中，亚马逊中国将进一步丰富产品种类，加强用户体验，力争以最丰富的选品、最具竞争力的价格和最优质的客户体验成为中国消费者的首选网上商城。

三、设立总部

2014年8月20日，美国电商巨头亚马逊宣布，将在上海自贸区设立国际贸易总部，通过"跨境通"平台，实现美国货物直邮中国。这意味着海淘族不用再绕道国外借助第三方物流，就可以直接在美国或欧洲等境外亚马逊网站上购物，商品一律同款同价，并用人民币结算。

四、直邮中国

2014年10月29日，亚马逊中国宣布，即日起开通海外六大站点直邮中国的服务，消费者可享受到来自亚马逊美国、德国、西班牙、法国、英国和意大利在内的共计8 000多万种国际选品。在"双11"之前，亚马逊中国"海外购"服务也开始试运营，全面拉开"海淘"攻势，开启国际品牌战略，包括来自美国亚马逊的2 500万种选品、德国亚马逊的1 200万种选品、西班牙亚马逊的1 200万种选品、法国亚马逊的1 000万种选品、英国亚马逊的1 000万种选品，以及来自意大利的800多万种选品。开通直邮的品类都是各个站点最具本地特色以及备受中国消费者喜爱的选品，如鞋靴、服饰、母婴、营养健康及个人护理等。

亚马逊海外直邮可以帮助消费者快速处理清关手续，并提供三种（标准、加快、特快）可选配送服务。而亚马逊美国站点大幅调低了直邮中国的国际运费并缩短直邮配送时间，平均运送时间缩短为9～15天，最快3个工作日就可以送达消费者手上。

除了中文界面外，对于关税和售后服务，亚马逊中国也作出调整。亚马逊中国方面表示，在消费者下单购买海外购商品时，亚马逊中国将向消费者代收进口关税，如果关税实际金额与代收金额不符，亚马逊中国将把多收的金额退还至消费者的账户，少收部分则无须消费者补交，实行"多退少不补"。另外，消费者在"亚马逊海外购"商店所选购的产品均可享受中国本地售后服务支持。亚马逊海外购商店首期上线的8万个产品主要来自亚马逊美国，包括BornFree、Christian Dior、Calvin Klein等知名品牌。

五、停止服务

2019年4月18日，亚马逊中国确认，于2019年7月18日停止为亚马逊中国网站上的第三方卖家提供卖家服务。

知识点3：亚马逊全球平台

一、亚马逊全球站点分布

因2019年7月18日亚马逊退出了中国站，亚马逊现共有13个站，包括美国站、日本站、加拿大站、巴西站、墨西哥站、英国站、德国站、法国站、西班牙站、意大利站、荷兰站、印度站、澳大利亚。将它们按区域进行划分：南美站点有巴西站；亚洲站点有日本站、印度站；北美站点有美国站、加拿大站、墨西哥站；欧洲站点有英国站、意大利站、德国站、法国站、西班牙站、荷兰站；澳洲站点有澳大利亚站。

这13个站点里，向中国卖家开放的站点有：北美的美国站、加拿大站、墨西哥站，欧洲的英国站、法国站、德国站、意大利站、西班牙站,亚洲的日本站、印度站。

当然,卖家在注册了美国站点后,加拿大站点也就同时可以使用。在注册了欧洲站点中的一个站点后,其他的 5 个国家站点也都可以使用。也就是开通一个美国站,就可以在加拿大和墨西哥销售。欧洲站也同样只要开通一个英国站就可以。

二、亚马逊五大站点介绍

(1)美国站。美国是全球第一大经济体,也是亚马逊的总部所在,其庞大的市场和良好的设施自然而然成了很多亚马逊卖家的首选。数据显示,2017 年有 391 905 个卖家入驻美国站点,新卖家入驻数量几乎占了亚马逊所有站点的 40%,足见其吸引力。截至 2017 年 11 月 30 日,美国站共有 738 985 个卖家上架产品,最具潜力的品类包括服装配饰、电脑、消费电子、汽配及家具家居用品等,具体来看,服装和配饰占据了美国零售电子商务销售额的最大份额,为 18.7%;其次是电脑和消费电子产品(16.7%);最后是汽车和零部件(10.7%)、音乐视频(8.4%)以及家具家居用品(7.9%)。但是,美国站也是所有站点中竞争最激烈的,开店容易,经营困难,每年有很多卖家入驻,也有大批卖家关店出局。

亚马逊美国站在全站点中竞争最大、利润最高,也是最活跃、最大的市场。同时,也是目前中国卖家注册最多的一个站点,美国站市场容量最大、品类最全、入驻条件最低,激烈竞争也就不言而喻了。针对大型卖家和工厂,2018 年亚马逊启动"制造+"项目,可提供专门的招商经理对接。

美国站是中国卖家在亚马逊上的首选站点,竞争亦十分激烈,但美国市场仍保持快速增长的势头,市场底盘足够大,增长空间也就同样不可小觑,建议跨境电商卖家持续投入美国站。

(2)加拿大站。在加拿大站点,约 44% 的加拿大消费者在亚马逊平台搜索过产品,且目前加拿大站的独立访问数达到 980 万人次,可以说非常可观。另外加拿大站也是英文站,因而该站点产品可以与美国站同步。亚马逊北美部门(美国、加拿大)2016 年第四季度净销售额为 262.40 亿美元,比上年同期增长 22%。加拿大站主要是出单量少,没有货源优势和优秀运营能力的卖家要谨慎入驻。

(3)日本站。日本是全球第三大经济体,人口约 1.3 亿,互联网人口比率高达 94%,亚马逊日本站月独立访问用户为 4 920 万人,月流量高达 21.2 亿次,日本人均网购消费 1 164 美元,远高于中国。日本毗邻中国,有得天独厚的地理优势,物流也更为便捷,城市全境可做到 48 小时内送达服务,FBA 配送效率极高,而且,日本市场还有一个令人称赞的好处,那就是没有 VAT(增值税),没有 KYC(了解你的客户)审核,可谓是一个优势。

亚马逊日本站在 2017 年、2018 年整体销量呈现快速增长的趋势，增幅远远超过其他站点，发展前景巨大，然而，日本市场的难点在于语言不通，沟通困难，但好在 2018 年亚马逊针对日本站卖家提供 10 000 字日语在线翻译服务，以及赠送 5 000 日元广告，同时亚马逊全球开店中国还发布了"2018 赢在日本"新业务举措，为卖家提供语言支持、选品指导等，助力卖家开拓日本市场。日本站目前大概有 3 100 万的独立访问数，跟德国的体量差不多，流量排名也是相对靠前，潜力巨大。

亚马逊日本站点在 2000 年正式上线推出市场，自 2007 年开始向卖家提供会员服务，已经成为日本当地流量最大的电商网站。日本站目前属于蓝海站点。不过亚马逊日本站的销量一直不算大，据分析：①大部分日本人的采购习惯还是会选择线下。②部分日本人认为亚马逊的产品大部分是国外制造，质量没有国产好，线上采购的多半是价格较低的产品。由此可见，日本站是一个对产品质量要求很高的站点。

对于中国卖家来说，日本站在物流路程上也方便不少，做跨境电商的人都清楚物流时效对跨境电商卖家的重要性，而日本与中国同属亚洲，彼此紧邻，在物流配送的时候，除了可以实现短时间送达外，运费同样非常低，对于卖家来说可以更好地控制成本，提高利润。

（4）欧洲站。亚马逊欧洲站主要包括英国、法国、德国、西班牙、意大利等几个站点，这 5 个站点可以覆盖到欧洲 27 个国家。其中德国站覆盖人口 1.8 亿，英国站 6 500 万人口，法国站 7 800 万人口，意大利站 6 100 万人口，西班牙站 4 600 万人口，欧洲市场体量与美国市场不相上下，且消费水平一致，人口越多，市场空间就越大。目前来看，市场潜力远超美国站，竞争也不如美国站那么激烈，可谓是蓝海市场。与此同时，亚马逊欧洲站还建立起了十分完善的配送体系（比如多国配送），虽然比不上美国物流配送的标准，但也是相当高效。另外，欧洲的消费能力很强，并不比美国站逊色，但自从 2018 年 VAT 事件爆发后，VAT 就成了欧洲站卖家的心病，成为新卖家入驻欧洲站的一大阻碍。

德国站的体量在欧洲站里算是最大的，接下来是英国站，由于语言的关系，法国站、西班牙站、意大利站的体量相对较小，当然由于欧洲站在注册的时候需要满足的入驻条件是最高的，还要涉及 VAT、KYC 等内容，注册起来相对麻烦，一些怕麻烦的人放弃了欧洲站。对比欧洲各站点销售发现，利润最高的市场是法国和意大利。欧洲站的竞争也是很激烈的，如果要做的话，在选品方面，最好选择一些高品质的刚需品。

（5）巴西站。巴西经济一直处于飞速发展中，目前国内生产总值位居南美洲第一、世界第六，巴西绝对是目前跨境电商市场中的蓝海市场。

巴西也是全球最难清关的国家之一，还有一些难以理解的规定，比如：所有寄给当地私人的物品，同样的货物数量不能超过 3 件。而且巴西运输成本很高，寄往巴西的包裹不论价值和重量，当地海关都要征收关税。再加上当地人员罢工和治安问题，使得巴西市场很难做。对于中国个人卖家来说，非常不建议入驻。

知识点 4：亚马逊平台的优势

一、无货源模式

自动采集各大国内电商平台（淘宝、天猫、京东）商品的信息，优化并翻译后一键上传到亚马逊商铺，亚马逊独有的跟卖政策将这点做到了极致，初学者不必费心出品了。利润分为信息差和汇率差，初学者可以快速上手。

二、邮件沟通

亚马逊平台常用邮件沟通，意味着不必配备 24 小时在线客服人员，只需 24 小时回复就可以了，再加上不需要刷单和刷评论，省去这些环节同时也省去了时间和人力成本。

三、高流量

亚马逊的网站平均每月能吸引到近 2 亿用户的访问，这意味着在亚马逊销售，可以接触到很多在其他渠道接触不到的顾客。许多顾客更喜欢在电商平台上购物的体验，他们希望可以在一个网站上购买所有的商品。

四、物流优势

亚马逊有自己的物流仓储服务体系，亚马逊 FBA 海外中转仓提供多样化、个性化的头程服务，专业代理亚马逊 FBA 头程运输、FBA 代清关、FBA 退换标、短期仓储等 FBA 一条龙服务。

五、品牌保护意识强

亚马逊企业文化比较鼓励创新，甚至可以放弃短期利益来实现创新。亚马逊平台有一个重要的品牌保护规则，就是注册商标，品牌备案。注册一个品牌（商标）可以增加 Listing 的可信度，完全掌握 Listing 的名称、描述、图片以及其他细节。

第二节　亚马逊平台运营规则

1. 了解亚马逊后台的运行规则。
2. 掌握亚马逊平台的实操。
3. 掌握亚马逊卖家店铺的设计。
4. 熟悉亚马逊平台广告的投放。

4 学时。

老师讲

知识点 1：亚马逊后台的运行规则

一、亚马逊后台商品分类审核规则

1. 分类审核的原因以及准备材料

为了提供更高质量的购物体验，让客户购买到放心的产品，亚马逊在扩大产品数量和产品种类的同时，对卖家所上传的产品进行严格的审核。以下是需要批准的分类和商品类目（以美国站为例）：汽车用品和户外动力设备；珠宝首饰；玩具、游戏和假日用品；钟表；音乐和 DVD（数字通用光盘）；手工艺品；体育收藏品；视频和蓝光光盘；硬币收藏品；艺术品；服务和流媒体播放器。

需要审核的分类商品，必须准备以下材料。

（1）经过授权的正规 UPC。

（2）5 张图片。建议 JPEG 格式的。图片产品以外的背景为纯白（255：255：255），产品占图 85% 以上。图片不带边框、水印。不能是电子合成的图纸。不能有与产品无关的其他配件。

（3）收据、发票（增值税专用发票或者增值税普通发票）、装箱单。必须是 90 天内

185

的有效单据。含有供应商的地址及联系方式。含有进货商的地址及联系方式。

（4）相关证书。电子类的 CE（欧洲统一）证书。化妆品、护肤品类的 FDA（Food and Drug Administration，美国食品与药品管理局）证书，珠宝类的镍含量证明。

2. 分类申请的流程

需要进行审核的分类，后台申请方法如下。

后台主页"Help"（帮助）—搜索"Approval"—单击"Categories and products requiring approval"—选择类目，如图4-1～图4-3所示。

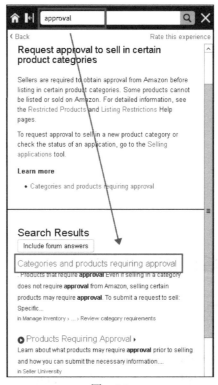

图 4-1

Categories and products requiring approval

- Requirements for selling Automotive & Powersports products
- Jewelry
- Holiday Selling Guidelines in Toys & Games
- Watches
- Music & DVD
- Join Amazon Handmade
- Sports Collectibles
- Video, DVD, & Blu-ray
- Collectible Coins
- Entertainment Collectibles
- Fine Art
- Services
- Streaming Media Players

图 4-2

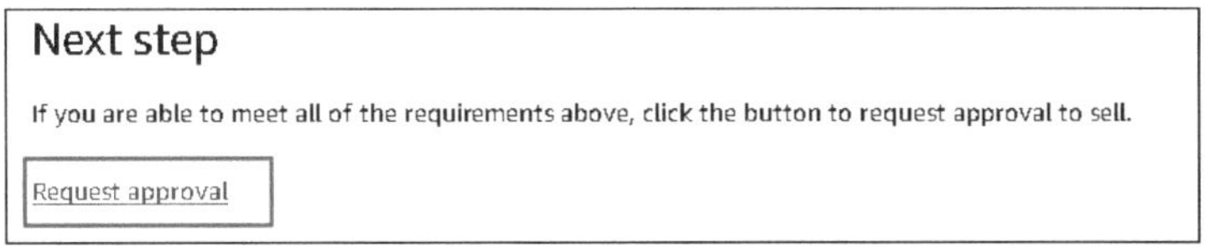

Next step

If you are able to meet all of the requirements above, click the button to request approval to sell.

Request approval

图　4-3

提交了申请之后，亚马逊会向卖家的注册邮箱中发送一封告知已经收到申请的邮件，会在 24 小时内回复。同时，卖家的后台也会自动生成分类审核的 case（问题日志中查看），以此跟进审核进展。[①]

3. 销售佣金

不同的产品分类，在平台上售卖所需要缴纳的销售佣金也不同。例如，一件办公用品的实际售价 20 美元，其销售佣金百分比为 15%，最低销售佣金为 1 美元，所以需缴纳的销售佣金为 20×15%=3（美元），因为 3 美元高于 1 美元，所以此件产品的销售佣金为 3 美元。若该产品实际售价为 5 美元，按佣金百分比计算所需缴纳佣金为 0.75 美元，小于最低销售佣金 1 美元，此时亚马逊将按 1 美元收取该办公用品的销售佣金。

4. 分类上传产品信息的规则

（1）SKU。SKU 是指一款商品，针对商品的唯一属性。当一个产品有不同的颜色、尺寸等多个属性，就有多个 SKU。比如一件衣服，有黑、白、红 3 种颜色，每种颜色都有 S、M、L、XL 不同的码数，那么这款衣服就有 12 个 SKU[①]。

注意：在亚马逊平台中，每个店铺中的 SKU 不允许重复，这是亚马逊卖家管理产品的唯一标识。SKU 可由卖家自己填写，也可由亚马逊自动生成。

（2）FNSKU。FNSKU 不同于 SKU，是 FBA 的产品标签编码，只有做 FBA 的产品才会有，一个做 FBA 的产品 SKU 对应一个 FNSKU。

（3）ASIN（AMAZON standard identification number）。ASIN 是亚马逊自己的商品编号，由亚马逊系统自动生成，不需要卖家自行添加。ASIN 相当于一个独特的产品 ID，在亚马逊平台上具有唯一性，同一个产品同一个 UPC 在不同站点对应的 ASIN 通常是一致的。在平台前端和卖家店铺后台都可以使用 ASIN 来查询产品。

（4）UPC（universal product code）。在亚马逊上传产品时，大多数分类均要求卖家使用所需的特定 GTIN（全球贸易项目代码，有 UPC、EAN、JAN 或 ISBN 等类型），最常使用的是 UPC。UPC 是美国统一代码委员会制定的一种商品用条码，主要用于美国和加拿大地区。UPC 是最早大规模应用的条码，由于其应用范围广泛，故又被称为万用条码，通行于国际贸易。UPC 也有标准版和缩短版两种，标准版由 12 位数字构成，缩短版由 8 位数字构成。

---

① 来源于《亚马逊后台操作详解》，作者不详。

标准版的 UPC12 的编码结构为：系统码（1 位）＋厂商码（5 位）＋商品码（5 位）＋校验码（1 位）。注意 UPC 一个站点只可以使用一次。

（5）EAN（European article number）。EAN 是在 UPC 的基础上确立的商品标识符号。EAN 是国际物品编码协会（GS1）制定的一种商用条码，全球通用，分配给中国物品编码中心的前缀区间为 690～696，再由中国物品编码中心统一分配企业码，产品码则由制造商根据规定自己编制。标准 EAN13 编码结构为：国家码（2/3 位）＋企业码（5/4 位）＋产品码（5 位）＋校验码（1 位）。

（6）Listing ID。在 eBay、Wish 等平台都有 Listing 的叫法，很多人直接理解为产品，其实就等同于产品链接，也就是产品页面。除了多属性变体产品外，通常，一个 Listing 就是一个产品页面，由亚马逊自动生成一个对应的 Listing ID 和 ASIN。

（7）GCID（global catalog identifier）。亚马逊卖家在亚马逊平台进行品牌备案，亚马逊会自动为商品分配一个被称作"全球目录编码"的唯一商品编码。

在亚马逊平台上传产品，卖家就必须提供 UPC/EAN，但如果卖家品牌备案成功后分配到 GCID，则无须再购买 UPC 或 EAN。

二、商品基本信息填写规则

1. 数据规则

（1）商品名称。规则如下：

①每个字的首字母必须大写（除了 a, an, and, or, for, on, the 之类的词），不能全大写或者全小写。

②不能有特殊字符，不能有中文输入法状态下的标点符号。商品标题不能有商标符号。如有数字描述请用阿拉伯数字，不要使用文字，如要写 2 不要写 Two。商品名称不能有自己的 SKU 号码或者其他编码。

③如包含批量销售，请在商品名称后面添加（pack of ×）。

④不能过长，不能有重复关键字或者不同单词描述同一个意思的关键字。

⑤如果有多种用途，只写一种用途或者兼容信息，其他请在 Bullet Points 或者 Description 里填写。例如，某电池适用于某电脑的各种机型，不能写超过两款机型。

（2）Brand Name。规则如下：

Brand Name 是必填项，并且要将 Brand Name 显示在标题的最前面，大小写要保持一致，电子类产品无品牌商品要注明无品牌。

例如：[Brand]+[Product name]-"MYBRAND Cell Phone Case for iphone10 Black"

例如：[Brand]+[Product name]-"Generic Cell Phone Case for iphone10 Black"

（3）不能有公司、促销、物流、运费或其他任何与商品本身无关的信息。规则如下：

① "Free Shipping"，"2days express delivery"。

② "Best Seller"，"Hot Item"，"Latest design, New Fashion ,Fashion 2018."

③ "Your Company Name "，"Money-back Satisfaction Guarantee."

④ "Customizable please email me your idea or design."

⑤ "Please go to my website or Amazon store for more colors and more designs."

⑥ "Please tell me your size."

（4）Product Description 里面多写一些信息并且想要分行显示则需要在每一行后面添加一个
，还可以添加简单的标签，如：<b>、<i>、<u>，除此之外其他标签都不可以添加。

（5）Bullet Point 1 ～ 5（Product Features）要填写至少一个，并且首字母要大写。

（6）Search Term 1 ～ 5 要填写至少一个。

（7）珠宝类商品名称中要有材质信息，即 Metal Type, Material Type，德国平台要额外填写 Season, Model Year。

（8）非服饰类商品有不同颜色的，请单独创建一个新商品，品名里面写清楚颜色，不能把几个颜色混写在一起，不能随机发货。

（9）如果是按照重量计算快递费用，请填写 Shipping Weight。

（10）特殊品类商品命名规则。

①服饰类商品命名规则。

商品名称规则：[Brand]+[Department/Target audience]+ [Product name/Style]

例如：Tatonka Essentials Women's Fleece Pullover "Sharon Lady"

子商品名称规则：[Brand] +[Department/Target audience] + [Product name/Style] +[Size/style] +[Color]

例如：Tatonka Essentials Women's Fleece Pullover "Sharon Lady" Size 8 US Black

②鞋类商品命名规则（包括手包、钱包、皮带、眼镜等商品）。

商品名称规则：[Brand]+[Gender/Age Group]+ [Product Line]+[Material]+[Shoe Type]

例如：Kenneth Cole REACTION Women's Work Space Leather Pump

子商品名称规则：[Brand]+[Gender/Age Group]+ [Product Line] +[Color]+[Material]+[Shoe Type] +[Size]

例如：Kenneth Cole REACTION Women's Work Space Black Leather Pump 7.5 MUS

2. 服饰类商品必填项

服饰类商品必填项见表 4-1。

表 4-1

基本信息		
SKU	Recommedded Browse Node（英国详细品类）	
Product ID（父商品无须填写）	Main Image（父子商品主图片）	
Product ID Type（父商品无须填写）	Quantity（父商品无须填写）	
Product name（最多 80 个字符，包括空格）	Item Price（父商品无须填写）	
Brand	Currency（父商品无须填写）	
Product Description	Department	
Search Terms	Size（父商品无须填写）	
Bullet Points	Size Map（父商品无须填写）	
Material fabric	Color（父商品无须填写）	
Product Type（大类）	Color Map（父商品无须填写）	
Item Type（美国详细品类）		
多属性变体相关字段		
Parent-child	Parent SKU（父商品无须填写）	
Relationship Type（父商品无须填写）	Variation Theme	

服饰类商品必填

3. 非服饰类商品必填项

非服饰类商品必填项见表 4-2。

表 4-2

基本信息		
SKU	Recommedded Browse Node（英国详细品类）	
Product ID（父商品无须填写）	Main Image（父子商品主图片）	
Product ID Type（父商品无须填写）	Product Type（大类）	
Product name（最多 80 个字符包括空格）	Item Type（美国详细品类）	
Brand	Quantity（父商品无须填写）	
Product Description	Item Price（父商品无须填写）	
Search Terms	Currency（父商品无须填写）	
Bullet Points		
多属性变体相关字段		
Parent-child	Parent SKU（父商品无须填写）	
Relationship Type（父商品无须填写）	Variation Theme	

非服饰类商品必填

三、刊登与发布规则

1. 产品上新的两种形式

亚马逊提供两种刊登方式：单个上传和批量上传（表 4-3）。

表　4-3

单个上传新商品	上传新商品
	单个上传多属性新商品
批量上传新商品	销售亚马逊平台已有商品
	下载模板
	查找品类
	保存上传
	修改错误
	指更新
	批量上传多属性新商品

2. 单个上传

（1）进入卖家后台，鼠标移动到"INVENTORY"（库存），如图4-4所示。

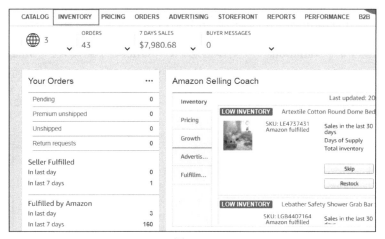

图　4-4

（2）在 Add a Product 页面单击"Create a new product listing"（创建新商品信息）（图4-5）。

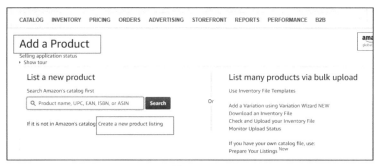

图　4-5

（3）选择正确分类，单击"Select"。如果无法确定产品分类，可以在 search Amazon's catalog first 中输入关键词，单击"Find it on Amazon"搜索产品分类，如图4-6所示。

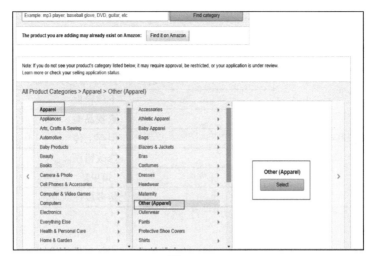

图 4-6

（4）填写产品基本信息，带"*"号的为必填项。需要填写信息较多，分别为"Vital Info"（重要信息）、"Variations"（变体信息）、"Offer"（提供）、"Images"（图片）、"Description"（描述）、"Keywords"（关键词）、"More Details"（更多参数）。

不同产品分类，需要填写的栏目以及必填项也不尽相同。并不是所有分类都有"Variations"（变体信息）栏目。如图4-7所示。

图 4-7

3. 批量上传

批量上传是亚马逊后台提供的表格形式，填写多条产品信息，通过导入 Excel 表格的形式完成上传。

（1）进入卖家后台，鼠标移动到"Inventory"（库存），单击"Add Products via Upload"（批量上传商品），如图4-8所示。

图 4-8

（2）选择下载产品类目表格（图4-9）。

File Type	Use Case	File Name	More Info	Video Tutorial
Product creation and matching	A page does not exist on Amazon, and you have complete product information.	Category-specific inventory files	UIEE files can also be used for Books	How Do I Fill Out a Template?
Product matching only	A page exists on Amazon, and you do not have complete product information.	Inventory Loader	For information about Inventory Loader and the required fields, see Inventory Loader.	How Do I Use the Inventory Loader Template?

Review this table to choose the best type of inventory file for your situation:

图 4-9

（3）填写表格内容。批量上传模板中的 6 个 EXCEL 表格分别为：Instructions、Images、Data Definitions、Template、Example 和 Valid Values。

（4）批量上传多属性变体产品。在批量上传模板中创建父子类关系主要用到以下字段。

① SKU 要体现出该商品是父商品，并且跟子商品的 SKU 类似。

② product name 要体现出该商品是父商品，不能出现颜色尺寸文字。

③ parent-child（父子商品）字段填写 Parent 来定义该商品为父商品。

④ parent-sku（父商品 SKU）字段为空，子商品填写父商品 SKU。

⑤ relationship-type（关系类别），父商品字段为空，子商品填写 Variation 形式。

⑥ Variation-theme（变体类型）字段是来定义商品是按照什么来进行变体的，该字段可以选择为 Size、Color 和 SizeColor。

⑦父商品的颜色尺寸等字段要为空，不能填写价格和数量信息，必须有一个主图。如图 4-10 所示。

TemplateType=outdoors		Variation-Populate these attributes if your product is available in different variations (for example color or wattage)							
Seller SKU	Product Name	Update Delete	Item Condition	Parentage	Parent SKU	Relationship Type	Variation Theme	Color	Color Map
item_sku	item_name	update_delete	condition_type	parent_child	parent_sku	relationship_type	variation_theme	color_name	color_map
产品sku，父商品建议填写	产品标题		条件	选择变体关系	父产品不需要填写	父产品不需要填写	填写变体主题	父产品不需要填写	父产品不需要填写
父商品sku	Brand Keyword	Update	New	Parent			ColorName	black	black
子商品sku	Brand Keyword	Update	New	Child	父商品sku	Variation	ColorName	red	red
子商品sku	Brand Keyword	Update	New	Child	父商品sku	Variation	ColorName	white	white
子商品sku	Brand Keyword	Update	New	Child	父商品sku	Variation	ColorName	green	green

图 4-10

（5）检查并上传。

①检查库存文件，初步让系统检查文件是否有错误。下载文件处理报告，错误的行列会标注出来，更改后再检查文件或上传文件。

②上传文件后会自动跳转到监控文件上传状态界面：因文件大小可能需要几分钟甚至几小时才可以显示出来。如图 4-11 所示。

图　4-11

四、处理订单

处理订单的流程见表 4-4。

表　4-4

订单管理	未发货的订单有四个按钮：打印快递单、确认发货、预约取货、取消订单
	已发货的订单有三个按钮：打印快递单、编辑发货信息、订单退款
	买家已付款卖家未发货订单处于 [Status/Unshipped]，要及时处理
	买家没有付款订单处于 [Status/Pending]，不需要立刻处理
打印快递单	一般不需要打印
确认发货	需要录入发货信息，然后单击 Confirm Shipment
取消订单	需要在 Reason for Cancellation 里选择取消原因
编辑发货信息	单击 Edit Shipments，修改发货记录后单击 Re-confirm Shipment 保存新的发货记录
退货管理	有四个按钮：确认退货、关闭退货、全额退款、联系买家
全额退款	选择退款原因，录入信息后单击提交
部分退款	录入具体的退款金额后单击 Submit Partial Refund 进行部分退款
取消退款	在关闭原因中选择原因后单击关闭按钮

五、运费设置

亚马逊提供两种计算运费的模式，一种是按照商品数量或重量收取运费；另一种是按照订单总价阶梯式地收取运费。系统默认第一种，卖家后台可以单击 Change Shipping Model 修改。

一般可以按照以下三种方式设置运费。

（1）按商品／重量计算运费。当买家购买你的商品时，亚马逊会收取固定的单次配送费用，并计算订单中单位重量或每件商品的相应运费。

（2）商品价格分段式配送。借助商品价格分段式配送，你能够创建订单价格范围或分段。每个商品价格分段均具有各自的运费。买家购买你的商品时，亚马逊会检查订单总额、识别总额所属的分段，然后收取你为该价格分段指定的运费。

（3）重量分段式配送。重量分段式配送让合格的卖家可以按订单的重量创建运费分段。每个重量分段均对应各自的运费。当买家购买你的商品时，亚马逊会根据订单总重量确定分段，然后收取固定的单次配送费用和你为每个重量分段指定的运费。

知识点 2：亚马逊后台实操详解

一、产品标题

标题是客户去到亚马逊产品详情页面看到的第一个信息，标题是否给客户传达正确的信息？当客户看到你的产品标题后还想不想继续详细地了解你的产品详请页面？好的标题需要包含产品相关的信息的同时让客户不用再看其他任何产品信息就可以产生正确的购买行为，Amazon 会在搜索结果中使用你产品标题中的关键字来显示你的产品。下面是一个优秀的标题范例：

Aakerrr® Rugged Dual Layer Case for iPhone 8 with Kickstand（Snow White, Pack of 3）

一个简洁、与产品相关性强的标题可以最大化地为产品吸引流量和曝光，所以标题的格式一致性和准确性显得尤为重要，为了确保你的标题能够给客户留下良好的第一印象，需掌握以下几个方面。

（1）标题首字母大写（介词、连词全部小写）。

（2）标题一开头就写上该产品的品牌，给客户一种信任的感觉。

（3）标题的主题部分简洁清晰地表达了"我要销售什么？"iPhone 8 的 ×× 保护壳，这个保护壳还有一个支架"with Kickstand"，这个产品小特点也传递给了客户。最后部分是颜色的说明，这个手机壳的颜色是 Snow White。

上面例子中的标题是比较优秀的，它达到了前面提到的一个好标题应该有的效果"好的标题需要包含产品相关的信息的同时让客户不用再看其他任何产品信息就可以产生正确的购买行为"，客户看到以后可以很清楚地知道这个手机壳有 3 个特点：Aakerrr® 品牌的，带有支架功能的，适用于 iPhone 8 的，这是个耐用的双层的手机壳，雪白色的手机壳。

二、主页

（1）搜索框：可以输入你想了解的关键词查询亚马逊的官方规则和答案。

Messages：卖家和客户的邮件来往记录。

Help：和搜索框的功能差不多，亚马逊就常见问题做了集合，卖家可以在这里找到针对某一问题的答案或平台给出的参考内容。

Setting：亚马逊后台设置按钮。

（2）Amazon Seller Central：在后台操作的任何界面单击此图片就会回到如图 4-12 所示的主台主页灰色的小旗帜。

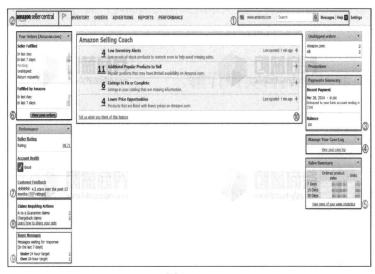

图　4-12

（3）Recent Payment：如图 4-12 所示，Mar 28, 2014 是上一个转款周期的转款日，后面的金额是指上个转款周期的金额。

Balance：本个转款周期第一天到此时此刻累积的金额（亚马逊转款周期是 14 天）。

（4）Manage Your Case Log：卖家联系亚马逊客服的邮件来往。

（5）Sales Summary：最近 7 天 /15 天 /30 天的产品销售额（不包含运费）和产品销售量。

（6）Seller Fulfilled：展示最近 1 天和最近 7 天的订单量，以及现在没有发货的订单数量和客户要求退货的订单量。

Pending：Pending Order ：状态订单什么操作都无须进行，如果订单 pending 成功，那么会自动进入 Unshipped 状态。

Fulfilled By Amazon：展示最近 1 天和最近 7 天的 FBA 发货的订单量。

（7）Seller Rating：卖家店铺的评分。

Account Health：卖家账户健康指数。

Customer Feedback：最近 12 个月客户评价（1 ～ 5）的平均值和总评价数量。

（8）Claims：是亚马逊平台的纠纷处理，包括 A-TO-Z 和 Chargeback 两种。

（9）Buyer Messages：要求卖家 24 小时之内回复，无论节假日。

三、待处理订单（pending order）

（1）等待买家完成付款。正常来讲，等待买家完成支付后，订单从"Pending"转变为"Unshipped"状态，一般需要花 2 ～ 3 小时。但也有特殊情况，例如，用电子支票支付的订单，大概要 1 ～ 2 天；信用卡支付出问题，如果买家没有及时处理，那估计要 1 周左右；如果买家有去处理，但多次失败的话，那就有可能会像亚马逊所说的，付款和订单详情验证流程会将订单处理时间延长至 21 天才会恢复。

另外，就是卖家遇到买家索要发票的问题，这种情况，一般卖家是无法处理的，因为"Pending"订单是无法获取买家信息的，只有发货了才有地址信息，一般可以先回个 48/72 小时内发送发票，后续跟发。

注意：即使买家联系你要求发货，也不要配送处于"Pending"状态的订单。如果买家在订单处于"Pending"状态时与你联系（如要取消待处理的订单），请让买家联系亚马逊客服处理。

（2）订单在 Unshipped 状态才能进行发货操作。根据亚马逊的规定，从订单生成日期起，卖家只要在 30 天内确认发货，就不会被亚马逊取消订单，建议最佳的确认发货时间在 2 ～ 3 个工作日内，否则算延迟发货影响卖家账号指标。

Pending 状态下的订单要等它转入 Unshipped 状态才能进行发货操作。发货操作尽量在后台上传产品时设置的 Handing Time 的时间段内完成，超出这个时间段就是发货延迟，如果超出了 30 天不对一个订单发货，那即便是你 30 天后最终发货了，亚马逊也不会把这笔订单的钱给你。

当一个订单为 Pending 状态的时候，订单在管理订单页面是呈灰色的。卖家不能对 Pending 的订单进行确认发货或者取消订单的操作。Pending 状态的订单不会显示在你的订单报表 Orders Report 和你的未发货订单报表 Unshipped Orders Report 中。

注意：如果被亚马逊取消订单，那么卖家就算发了货也收不到该订单的款项，所以一定要避免被亚马逊取消订单。

（3）联系亚马逊客户经理解决。在出现大量"Pending"订单或异常"Pending"订单时，最好开 case 联系亚马逊客户经理，咨询原因和解决方案。

在订单状态从"Pending"变更为"Unshipped"前，你将无法确认订单发货。

对于"Unshipped"订单报告中的每个订单，以及可在"Manage Orders"（管理订单）页面上确认或取消的每个订单，亚马逊都会承担买家未付款的风险。

（4）订单状态为 Pending 的主要原因如下。

①亚马逊暂时还没能获取到买家银行卡开卡行的这笔订单金额支付的授权，这一点，可能不同的银行处理时效稍有不同。

②对于某些 FBA 的订单，客户已经满足了 35 美元包邮的条件，但由于这些订单分别是在不同的卖家店铺购买的，所以这时候的 Pending 状态有可能是亚马逊在等待客户把所有将要购买的产品全部选齐。

③针对 FBA 订单，客户在一个订单中购买了多件产品，如果其中一个或两个产品缺货，那么即使是亚马逊选择分开派送这个有库存和没库存的产品，这个订单的状态也还是 Pending，不过这种情况发生的概率非常小。

四、亚马逊卖家评分（Amazon Seller Rating）

（1）基本操作。首先进入后台单击 PERFORMANCE 按钮选择 Customer Satisfaction 然后单击选中 Seller Rating 就可以进入其详细页面。

可以看到 Seller Rating 的数值被 Fair / Good / Very Good / Excellent 分为四段，分别是 0.00 ～ 84.49（Fair），84.50 ～ 96.49（Good），96.50 ～ 98.49（Very Good），98.50 ～ 100（Excellent）。

（2）计算方法。Selling Rating 数值的计算方法是：最近 365 天内所有订单的得失分数总和 / 最近 365 天内所有订单 = 平均数值，这个"平均数值"其实就是我们所说的 Selling Rating，然后你看下这个数值在对应的哪个段内，从而在某种程度上反映你的账户表现。

（3）Selling Rating 扣分和加分的情况如下。

①发货延迟和 24 小时之内没回复买家 Message，扣 0 分。

②确认发货前擅自取消客户订单，扣 100 分。

③卖家原因引发的 A-to-Z Guarantee Claim，扣 500 分。

④1 ～ 2 星 Negative Feedback，扣 500 分。

⑤客户的开卡行发起的 Service Chargeback claim，扣 500 分。

⑥Expired order 过期订单一般为超过发货期 30 天还没发货的订单，扣 500 分。

⑦如果一个订单从始至终都没有任何问题，那么这个订单就是 perfect order（完美订单），加 100 分。

⑧订单赢得加分：订单没有任何问题并且有有效的跟踪信息，然后在 3 个工作日内成功投递，符合最快承诺到达时间并没有任何退款和与买家的沟通让步，这样的订单就会奖励 10 分（这种订单多见于 FBA 订单）。

五、亚马逊账户表现及客户满意度指标

相信每位卖家都清楚店铺安全是平台销售的立根之本，我们讨论下亚马逊账户安全、店铺表现和客户指标的一些标准与细节。希望卖家深入了解后及时避免和预判对于卖家账户的一些潜在威胁和不利因素，从而提升店铺的整体指标和客户满意度，使店铺运营更为顺畅。今天讲解的后台页面是大家进入亚马逊主页在 PERFORMANCE 按钮下的 Customer Satisfaction，如图 4-13 所示。

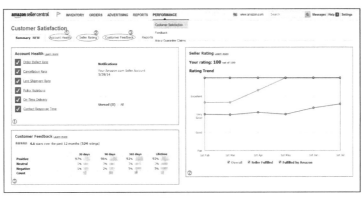

图　4-13

从图 4-14 中我们可以看到此时的页面在 Summary, Summary 界面有三个区域，我们主要详细解读第一个区域 Account Health 里面的内容。

图 4-14

1. 订单缺陷率

（1）定义与计算方法。订单缺陷率（order defect rate，ODR）也叫订单差评率，是指卖家在相关时间段内产生的 1 ～ 2 星差评（Negative Feedback）和索赔（Claim）纠纷的订单在所有订单总数中所占的比例。

计算方法：订单缺陷率（ODR）= 相关时间段内产生的订单缺陷的总量 ÷ 订单总数

订单缺陷率（ODR）计算时间：亚马逊可以在任何历史订单时间段内计算 ODR。但由于很多缺陷会在下单或收到订单几周后才有记录，所以亚马逊会在大约 30 天内计算 ODR。

（2）产生的原因。导致订单缺陷率产生的因素有差评、索赔纠纷。

①差评。买家在收到包裹后，可以在 90 天内对产品进行评价，如果对商品不满意或其他原因，那么买家会给卖家留下 1～2 星的差评，卖家可以在 60 天内请求客户移除。移除后将不会被记为缺陷率计算的一部分。如何减少差评？卖家必须保障产品质量，并做好物流跟踪服务，如遇到纠纷，一定要先与买家协商，必要时可考虑适当退款，以减少差评的产生。

②索赔纠纷。其包括 Amazon A-to-Z 索赔和服务信用卡拒付（Service Credit Card and Chargeback）两种情况。

Amazon A-to-Z 索赔。买卖双方已经产生纠纷，买家已通过账户和卖家沟通并且已经等了 2 个工作日，在卖家没有解决的情况下，买家可以发起索赔。但买家的索赔要求必须符合以下 A-Z 保证条款的一种，具体情况包括：卖家超过了预计最大发货时间 3 天以上或者经过下单日期 30 天后仍未发货。买家收到的货物遭到损坏或者货不对版。卖家已经同意给买家退款，但款项并没有到账。如果买家拒收包裹但却没有提供退包裹的追踪号将不受理索赔。Amazon A-to-Z 索赔是为了保护买家的消费权益，无论买家是否撤销，都将扣分。不过只要卖家做好售后服务，一般较少发生这种索赔投诉。另外，卖家如果保证产品品质及物流的时效性，是能够降低 A-Z 投诉的。

服务信用卡拒付。信用卡拒付是指持卡人在支付后一定期限内向银行申请拒付账单上的某笔交易，拒付的原因有被盗卡、未收到货物、货不对版、重复扣款等。拒付情况的产生一般是货不对版和未收到货物。而货不对版又与卖家产品质量或者出货前没有认真检查发货产品有关，一旦买家在收货后有负面反馈，卖家需要积极与买家沟通，拿出一个能解决问题的方案。

（3）控制订单缺陷率的重要性。亚马逊要求订单缺陷率低于 1%。订单缺陷率是一个很重要的指标，直接反映卖家能否提供良好的购物体验给买家，如果 ODR 严重超标的话会很棘手，有可能收到亚马逊的预警提示，严重时亚马逊会审核你的店铺或者移除你的销售权限。不过也不是不可逆转，卖家做好产品、物流、售后的服务，订单缺陷率是可以降低的。如图 4-15 所示。

Order Defect Rate [?]	Short Term (Mar 6, 2016 to May 5, 2016) Orders: 0	Long Term (Jan 21, 2016 to Apr 20, 2016) Orders: 0	Target
Order Defect Rate	0% (0/0)	0% (0/0)	< 1%
- Negative Feedback Rate [?]	0% (0)	0% (0)	--
- Filed A-to-z Claim Rate [?]	0% (0)	0% (0)	--
- Service Chargeback Rate [?]	0% (0)	0% (0)	--

图 4-15

2. 配送前取消率

（1）定义与计算公式。配送前取消率（cancellation rate）也叫订单取消率。在相关时间段内，卖家在确认发货之前，因为缺库存或者某种原因，主动取消了买家的订单。取消的订单在所有订单所占的比例，则是"配送前取消率"。

计算公式：配送前取消率 = 已取消订单 / 订单总数

（2）控制配送前取消率的原因。亚马逊要求配送前取消率低于 2.5%。配送前取消率是衡量卖家的库存是否充足的一个指标。高订单取消率会影响卖家账户，对卖家的利润也会产生负面影响。所以卖家要重视对库存的监控，库存不足就及时补货或及时下架，尽量降低配送前取消率。另外一种情况，如果是客户下错了单，由卖家手动操作取消的话，也会被计入订单取消率的指标，所以建议卖家让买家自行在下单成功后的半小时以内取消。如果超过了时限，一定要由卖家取消且指标超过 2.5% 的话，那么在亚马逊人工介入审核店铺时，卖家可以向亚马逊反馈实情，由亚马逊直接移除，则不会影响指标。如图 4-16 所示。

Recent Customer Metrics Data	7 days (May 13, 2016 to May 20, 2016) Orders: 1	30 days (Apr 20, 2016 to May 20, 2016) Orders: 2	90 days (Feb 20, 2016 to May 20, 2016) Orders: 2	Target
Pre-fulfillment Cancel Rate [?]	0% (0)	0% (0)	0% (0)	< 2.5%
Late Shipment Rate [?]	0% (0)	0% (0)	0% (0)	< 4%
Refund Rate [?]	0% (0)	0% (0)	0% (0)	--

图 4-16

3. 发货延迟率

（1）定义与计算公式。发货延迟率（late shippment rate）也叫迟发率。在一段时间内，卖家因为自身原因，超过了在承诺的时间内安排货物的配送，即是延迟配送，所产生的订单除以所占的百分比，则是迟发率。

计算公式：迟发率 = 迟发订单 / 订单总数

在后台上传产品时，你在 OFFER 里的 Handing Time 选项里面填写的天数，将与发货是否延迟直接相关。如果不填的话，系统默认为 2 天。这里的"天数"是指工作日而不是自然日。最直观和精确地判定某个订单要在哪天前发货的方法就是进入某个特定订单的详情页面查看 Expected Ship Date。

（2）控制迟发率的原因。亚马逊要求迟发率低于 4%。如果卖家延迟发货，可能会导致买家重复提醒卖家发货，又或者产生投诉或要求取消订单，这也会给卖家带来负面影响，所以卖家应努力在承诺的时间内按时发货。如果实在有拖延情况，应该及时联系买家说明情况，争取得到买家的谅解。一旦发货，则需要提醒买家，并做好物流跟踪。如图 4-17 所示。

图 4-17

4. 是否违反政策

政策违反（policy violations）是在亚马逊平台销售最最需要注意的地方。违反亚马逊相关政策的行为有关联、侵权、卖假货等。

亚马逊对知识产权的保护是相当严格的。一般来讲，如果卖家明知故犯，存在侵犯知识产权的行为被投诉且成立，会受到亚马逊的警告或处罚，轻则下架产品，重则直接封账户关店铺。如果在亚马逊卖仿货假货等一系列侵犯知识产权的动作被买家或者竞争对手投诉，投诉成立这项指标就会受到影响，而且这种影响不像其他指标后期可以控制和优化，这个指标是累计的，同时很难撤销，达到了一定量，亚马逊会直接移除店铺的销售权限。一旦出现将会成为卖家的行为污点，卖家不要轻易触碰。

5. 按时到达率

按时到达率（on-time delivery）也叫及时投递率，是指买家能在卖家承诺的预计配送日期之内收到包裹的百分比。这个指标其实有两个组成部分，一个是特定时间段内及时投递完成的订单率，另一个是这个时间段内有跟踪号的订单百分率。

亚马逊要求及时投递率 >97%，其实是基于亚马逊后台的 Shipping Setting 里设置的默认订单到达时间，从卖家确认发货到订单签收成功，必须保持在 Shipping Setting 的那个时间段之内，否则就是投递时间超时，从而影响"及时投递率"这个指标。如果达不到亚马逊的指标，也不会影响到卖家的账户状态。但买家在预计时间之内没有收到包裹，可能会多次向卖家催问物流情况。

6. 迅速回复率

迅速回复率（contact response time）也叫平台联系回复时间，卖家应在 24 小时之内回复买家发来的站内消息，不分节假日。如果超过 24 小时没有回复，就算是延时回复，也将影响该指标。所以，一般情况下，卖家都会配有专门负责处理买家咨询的在线客服，及时响应回复，对客户来说这个非常重要。如果逢年过节，建议卖家做好值班工作。亚马逊要求迅速回复率 >90%。

关于这个指标还有一个小小的技巧，就是可以勾选"Mark as no response needed"，对于那些客户发来的客套话或者废话直接忽视不回复，同时也不会影响 contact response time 的指标，如图 4-18 所示。

图 4-18

7. 物流跟踪有效率

（1）定义与计算公式。有效追踪率（valid tracking rate）只针对卖家进行自主配送的情况。卖家在发出包裹后，需将有效追踪编码（即快递单号）及时录入对应的订单中，方便买家追踪包裹。能有效追踪的包裹数所占的百分比，即为有效追踪率。

有效追踪率 = 有效追踪编码包裹总数 / 已发货的包裹总数

例如，卖家确认总共发出了 100 个包裹，其中有 95 个包裹能够有效追踪，有效追踪率便是 95/100 = 0.95，即 95%。

注意：物流跟踪信息需在确认配送后 48 小时内记录上传，追踪编码需要真实有效并与物流服务商匹配无误，而且仅当追踪编码具有至少一次承运人扫描记录时，才被视为有效。

计算有效追踪率的商品包括通过 USPS、FedEx、UPS 和 DHL 在内的国际物流公司运送的商品跟踪编码，但不包括通过标准邮寄信封或平邮信封邮寄的小件商品（如屏幕保护膜、贺卡等），因为它们是跟踪不到物流信息的。

（2）提高有效追踪率的好处。亚马逊的指标要不低于 95%。有效追踪率也是一项绩效指标，如果卖家在特定商品分类下未实现 95% 的目标，将有可能丧失在该分类下销售非亚马逊物流商品的权限。

较高的有效追踪率对买卖双方有什么好处？有助于买家追踪到订单的包裹物流情况，有助于卖家降低订单缺陷率，在收到亚马逊商城交易保障索赔时可得到保护，也可提高卖家反馈评分，可降低货件遗失成本，可提高转化率和收入等，如图 4-19 所示。

Valid Tracking Rate (seller fulfilled orders only) Learn more	7 days [May 3, 2016 to May 10, 2016]	30 days (Apr 10, 2016 to May 10, 2016)	Target
Valid Tracking Rate - All Categories [?]	N/A	N/A	> 95%
Delivered on time [?]	N/A	N/A	> 97%
Request Report Download Past Reports			

图 4-19

8. 退货不满意率

（1）退货不满意率（return dissatisfaction rate）的界定。退货不满意率是指在买家向卖家提出退货请求的前提下，卖家未在 48 小时内答复或者错误拒绝买家而收到的负面反馈所占的百分比。其与订单缺陷率中的"差评"（customers feedback）不是同一个概念。亚马逊要求退货不满意率 <10%，如果卖家没有达标，虽然亚马逊没有硬性处罚，但还是需要卖家重视的。

（2）退货不满意率的组成部分。退货不满意率是用来衡量买家对卖家退货处理方式的满意度。它由负面退货反馈率、延迟回复率和无效拒绝率三部分组成。

负面退货反馈率是对于每个退货请求，亚马逊会询问买家，卖家是否解决了他们的退货问题。如果买家表示卖家没有解决退货问题，亚马逊会将这种情况视为负面退货反馈。负面退货反馈所占的百分比例，就是负面退货反馈率。

延迟回复率是指买家提出退货申请，卖家在 48 小时内未批准退货、提供退款或关闭请求所占的百分比例。

无效拒绝率是指买家提出的退货要求是合理的，但卖家却不接受、不批准退款所占的百分比例。

（3）尽量控制退货不满意率。其实每个卖家都会遇到这个问题，只要是退货，也都会对卖家造成损失，如果退款率高也会影响 listing 排名，很考验卖家的反应能力，但是卖家也万万不能为了不让买家退货，而对买家采取诱惑或要挟的手段，否则买家投诉到亚马逊，后果更严重。对此，卖家应该更注重自己的服务态度，努力争取客户，如果买家坚持要退货退款，就及时处理退货事宜。

9. 客户服务不满意率

亚马逊要求客户服务不满意率（customer service dissatisfaction rate）低于 25%。此指标用于衡量买家对于卖家消息回复的满意度。当买家通过站内信、邮件向卖家咨询结束时，亚马逊会附带一份调查"Did this solve your problem?"（这是否解决了您的问题？）。买家可以选择"是"或"否"。客户服务不满意率就是以"否"回答数除以回复总数所得的百分比。如果卖家没有达到亚马逊要求 <25% 的指标，虽不会有硬性处罚，但还是需要卖家重视的。

对九个指标做下总结：前五个，亚马逊都设了硬性指标，希望卖家能按照这些指标要求，精心运营店铺，尽量避免或减少一些潜在威胁和不利因素，提升店铺的整体指标和客户满意度。而后四个，如果卖家达不到亚马逊要求的指标，虽不会有硬性处罚，但还是需要卖家重视的。

六、店铺评价

众所周知，店铺评价对亚马逊卖家来说是至关重要的，好评间接影响买家的购买欲，但是差评太多严重影响 ODR 超标，相信收到差评是令亚马逊卖家感到非常苦恼的事情，那么如何引导买家留 feedback 呢？又如何将那些差评移除呢？

（1）关于 feedback。feedback 是店铺评价，指客户对所购买产品的评价，必须有订单才可以留。它包括产品质量、客服质量、物流速度等一系列的因素。

买家使用 5 星系统来反馈等级，一般情况下，好评（positive feedback）：5 星或 4 星。中评（neutral feedback）：3 星。差评（negative feedback）：2 星或 1 星。

（2）买家反馈评分的计算。利用计算公式：反馈评分 = 好评总数 / 评价总数。

注意：评价总数是按照 30 天、90 天、365 天或一直以来的累积计算的。

（3）关于收到差评的处理。

①查看差评的具体内容，冷静地判断差评的原因所在，到底是自身出的问题还是客户恶意差评。

②遇到差评，除了常规的发邮件和买家沟通之外，最好能够友好地跟买家电话沟通，以此提升处理差评的效率。

③差评后面都有一个 resolve 按钮，单击 resolve 了解解决差评的具体方案。注意：只有当买家的评价为 1 星或 2 星时，resolve 才可用。

④亚马逊比较倾向于卖家和买家协商处理差评。因此，收到差评，首先需及时与买家沟通，了解实际情况，了解买家给差评的具体原因，然后再对症下药，跟买家友好沟通看看买家是否可以移除。

⑤如果责任在于买家的无理差评或者恶意差评，沟通无果，不愿意删除，卖家可以尝试向亚马逊申请移除。

⑥卖家怎样避免差评。

a. 尽量使用好一点的物流渠道，保证时效。

b. 及时处理客户邮件，从客户的角度出发，帮助他解决问题，要让他觉得这个问题是可以解决的。

c. 及时关注店铺和产品评价，将差评和问题较多的产品清仓后进行停售或改进产品质量。

（4）如何引导买家留 feedback。

①查看客户订单物流信息，客户是否已收到货。

②在确认客户收到货的情况下，通过亚马逊站内信主动给客户发邮件，并把邮件的 subject 选择为 feedback request，说我们注意到他最近已经收到货，问他是否对产品以及服务满意，如果满意，可给我们的店铺留下评价，如果不满意，请及时联系我们，我们会帮助他解决遇到的各种问题。不能说给客户退多少钱，让他给好评，否则亚马逊发现了会警告的，因为亚马逊不允许贿赂买家。

③如果买家同意给我们留 feedback 了，那么可以按照以下步骤引导买家留 feedback。

第一步，登录亚马逊买家账号后，鼠标移动到"Your Account"，在下拉框界面中单击"Your Orders"（以美国站为例），如图 4-20 所示。

图　4-20

第二步，在"Your Orders"里边，可以看到所有购买过的订单，找到买家想要留评价的订单，注意要显示 Delivered 了才可留评价，如图 4-21 所示。

图　4-21

第三步，单击"Leave seller feedback"，填写店铺评价内容，如图 4-22 所示。

图　4-22

第四步，内容填写完成之后，单击"Submit Feedback"。

（5）卖家申诉与差评移除（向亚马逊平台申请移除）。当卖家店铺收到客户差评时，如果认为客户留下的差评不符合平台规定，是可以进行申诉的。

①符合以下条件的差评可以向亚马逊申请移除。评价中包含淫秽和猥亵的词语，如 I finally receive the parcel from the stupid seller、shit quality、very dispointed。

评价中包含了卖家私人信息，如邮箱、电话号码、全名（不是全名也有可能申诉成功，创蓝团队有过成功的经验）。

全部的评论只针对产品，没有提到卖家的服务，如这把户外小刀不是很锋利（这种情况下我们试过有些可以申述成功，有些也还是不能移除）。但如果评价到了卖家的服务就不可能移除，如派送太慢了，而且收到货的时候发现小刀不是很锋利。

FBA 引起的物流问题亚马逊不会帮你将差评移除，但是会帮你将差评划掉，然后写一行字："This item was fulfilled by Amazon, and we take responsibility for this fulfillment experience."，如图 4-23 所示。

图　4-23

有些顾客在留评价的时候在 arrive on time、item as described、customer service 这三项中都写的 YES，然后评价也是正面的，但是留给你一个差评，像这种也可以发 case 给亚马逊要求移除。

还有一种情况是顾客威胁我们说不怎么怎么样就给差评，我们可以将这样的话截图直接交给亚马逊处理，同时如果卖家向客户提供一些好处让客户消除差评，这种做法被亚马逊查到了是会对账户有影响的，情节严重的还会导致账户被移除销售权限。

建议买家留差评后卖家积极主动地和买家沟通，争取和买家达成一致协议，让他把差评移除（留差评后 60 天内买家可以移除该差评）。卖家向亚马逊申请移除差评成功以后，亚马逊会邮件通知买家、卖家双方，而买家有权利再一次留评。为了避免激怒客户，建议过几天再去申请差评移除。

②向亚马逊申请帮忙移除差评的步骤。

找到联系客服入口（Contact Seller Support），如图 4-24 所示。

图 4-24

单击"Contact Seller Support/Get support"，选择"Selling on Amazon"，如图 4-25、图 4-26 所示。

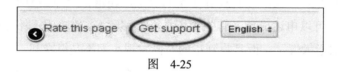

图 4-25

图 4-26

选择"Customers and orders"——"Customer feedback"，再输入需要移除差评的订单号，单击"Search"，如图 4-27 所示。

图 4-27

按照亚马逊的要求填好信息（包括中差评的订单号），单击"Send"提交申请，如

图 4-28 所示。

图 4-28

差评的移除申请提交以后，请买家务必关注亚马逊邮箱（或者后台的 Manage Your Case Log），无论这个评价有没有移除，亚马逊都会发一封邮件到我们的亚马逊邮箱将最终判定结果告知卖家。如果差评被成功移除，买家也会收到一封通知邮件，买家有权再次给该订单留评。

（6）买家移除差评的操作步骤。如果买家愿意删除差评，可以让买家按照以下步骤操作（以美国站为例）。

第一步，单击进入亚马逊前台首页（https：//www.amazon.com/），把鼠标移动到右侧，单击"Your Account"，如图 4-29 所示。

图 4-29

第二步，在"Your Account"界面下的"Personalisation"栏找到"Seller Feedback Submitted By You"并单击进入，如图4-30所示。

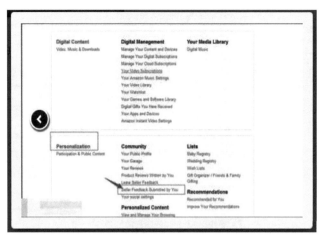

图 4-30

第三步，找到买家打算移除差评对应的订单，单击该订单之后，单击"Remove"。

第四步，按照上述步骤，页面跳转，买家根据实际情况，选择移除的原因，单击"Remove"，确定移除即可。

注意：买家将有90天评价期限和60天的移除期限。如果评论旁边没有"Remove"，说明60天移除期已过。

七、节假日亚马逊店铺管理和操作设置

当遇到假期和周末，国内的亚马逊卖家都会遇到两大难题：邮件的回复和订单的处理发货，那么如何有效地避免和降低假期对我们账号的影响呢？

（1）常见的几种假期管理方案。

①登录亚马逊后台，单击"Setting"，选择第二项Account Info进入，找到第二项Listing Status，然后单击"Edit"修改为Inactive，修改成功后全店铺的Listing都变为不可被出售的状态，但是Listing并未被删除，假期归来可以重新激活所有Listing。（后台的假期模式）

②延长订单处理时间，如果你的产品是通过批量上传的，那么找到之前批量上传的Excel表格模板，然后在Handling Time这一栏延长订单处理时间，如果你是在后台手动上传的产品，那么进入产品的编辑页面修改Handling Time。注意：Handling Time的修改不会引发亚马逊对你店铺指标的下降，但是卖家也要考虑到客户的感受，如果产品的Handling Time过长，客户等不及，有可能会引发Claims和差评。

③下架自己发货的产品，保留 FBA 发货的产品。FBA 提供订单处理打包发货和 7×24 小时的客服服务，所以假期保留 FBA 产品也是个可行的方案。

（2）亚马逊假期对经营活动的建议（以国庆假期为例）。

①如果你计划在国庆节期间休假，请在卖家后台的"假期设置"中选择"停售"（登录卖家后台，单击 Setting — Account Info — Listing Status — Inactive）。

②如果你的部分商品无法在国庆节期间销售，请在卖家后台的"库存管理"中将相关商品设置为"停售"（登录卖家后台，单击 Inventory — Manage Inventory —Available：0）。

③你可以设置更长的配送准备时间，推迟订单的启运日期（登录卖家后台，单击 Inventory — Manage Inventory — Action — Edit Details — Handling Time：填写你需要的配送准备时间）。

④亚马逊物流在节假日期间仍然正常工作，可以使用亚马逊物流来配送你的商品。这样即使你在休假，订单一样会得到及时妥善的处理。

另外，即使卖家决定在国庆节期间休假，仍然需要及时回复买家的消息和索赔申请，并且及时处理买家的发票申请。

知识点 3：亚马逊卖家店铺的设计规则

为了有效帮助和引导卖家快速简单地设计出自己的店铺，根据亚马逊卖家后台店铺设计的基本功能和实现方式，总结了卖家店铺设计的要点。可能部分店铺深入功能没有涉及，或相关功能有所调整，建议卖家自行研究。

一、亚马逊卖家店铺设计基本要点

亚马逊店铺是一组可配置的页面，卖家可以在这些页面上编辑相关内容信息，以及介绍公司特有的商品，其基本设计要点如下。

（1）要有一个店铺基本式样的构思。

（2）准备店铺的招牌和宣传的图片，以及主打商品（在店铺页面首选显示的商品）。

（3）根据自己对店铺的式样构思和参考其他卖家的店铺，进入卖家系统后台，在"店铺"中选择"销售规划和布局"确定适合的页面布局。

（4）针对不同的页面布局下的模块，以及对其期望实现的功能，选择对应的内容样式。

（5）在内容式样中添加准备好的图片或者商品以及链接等，并保存。

（6）发布店铺。

二、店铺的基本结构及获取链接

（1）店铺的构思与设计方向。一个设计独特的店铺会给买家留下深刻的印象，赢得口碑，从而提高卖家的销售。因此对于卖家来说，如何设计自己的店铺，通过什么样的店铺结构来彰显商品和公司的风格，就成了卖家在设计店铺时首先需要考虑的，也是店铺设计的第一步。

为了对卖家店铺有一个初步的了解，并且对卖家设计自己的店铺有一个初步的规划，我们建议卖家通过下面的方法查看一些其他卖家的店铺式样，作为自己店铺设计的参考。

（2）如何在亚马逊网站上查看店铺。在亚马逊平台查看卖家店铺和获得店铺链接地址的方法如下。

①进入商品的销售页面，单击店铺名称，如图4-31所示。

图　4-31

②单击"××××店铺"即可进入店铺页面，如果需要查看店铺链接地址，则需要单击"详尽的卖家信息"，如图4-32所示。

图　4-32

③图4-33所示的店铺链接即为卖家店铺的链接地址。

图　4-33

④如果多个卖家同时销售此件商品，并且页面的购买按钮不属于此卖家，查看的方法如下。

a. 单击页面的"全新品"链接，如图4-34所示。

图　4-34

b. 找到对应的卖家，如果卖家上传了徽标，直接单击徽标即可进入店铺，如果卖家没有上传徽标，单击卖家名称，会进入步骤②所示的界面，后续查看操作与其相同，如图4-35所示。

图　4-35

通过上面的店铺式样参考，卖家能够对自己的店铺有初步的设计构思和设计方向，那么就可以进入店铺设计的第二步：准备工作。

三、准备店铺的招牌和宣传的图片

店铺招牌可以是文字，也可以是图片，主要能够让买家了解到店铺的名称、销售产品类型等。店铺设计中的图片管理功能主要是为了存放和管理卖家对商品或公司设定的一些促销活动的宣传图片。

（1）上传相关图片。在卖家后台，提供了上传店铺设计图片功能。可以将卖家电脑硬盘中存储的图片以压缩文件格式（目前只支持.zip格式压缩文件，另外压缩文件内不能包含文件夹）或.jpg或.gif的图片格式进行上传，具体步骤如下。

①单击"店铺"，选择"图片"。如图 4-36 所示。

图 4-36

②进入图片上传界面。在此页面中提供了 4 项功能，如图 4-37 所示。

图 4-37

第一，上传到此目录：如果卖家的店铺图片较少，可以直接将图片上传。方法如下：进入"上传到此目录"，单击"浏览"，如图 4-38 所示。

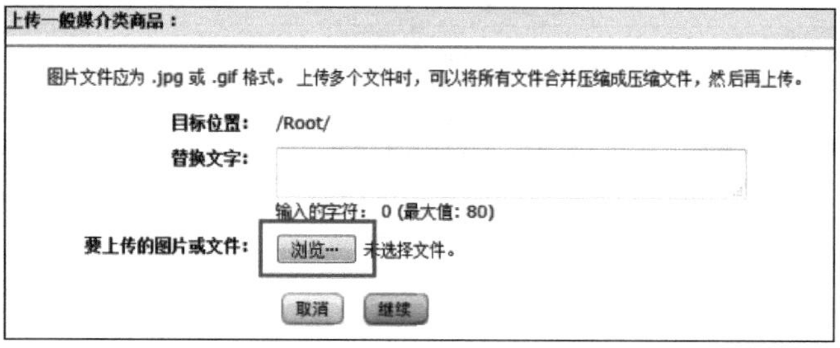

图 4-38

进入文件上传的界面，找到要添加的图片，单击"打开"。注意，每次只能上传一个文件，如图 4-39 所示。

图 4-39

另外，此处也可以上传包含多个图片的压缩文件，压缩格式为".zip"，但不能上传包含文件夹的压缩文件。

目前图片空间的大小没有限制，曾经测试上传了 37 张图片，共计 51 MB，其中最大图片为 5.3 MB，上传时采用的是".zip"格式的压缩文件，时间稍长，在 5 ~ 8 分钟，上传后图片均可以显示。

选择"打开"后，便可对相关文件进行添加，页面会返回上传操作页面，单击"继续"，如图 4-40 所示。

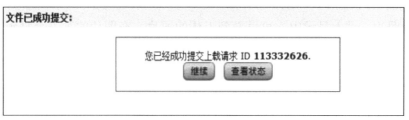

图　4-40

当出现如图 4-41 所示的提示，即表示图片上传完成，可以单击"继续"上传其他文件，也可以单击"查看状态"来进入图片上传状态的页面。

文件已成功提交：

您已经成功提交上载请求 ID **113332626**.

继续　　查看状态

图　4-41

第二，创建子目录：如果卖家的店铺图片较多，需要进行归类（如设定招牌或促销），可以单击"创建子目录"，设定图片的分类。

单击"创建子目录"，进入创建页面，在"新目录名称"后填写目录名称，例如"abcd"（此处不建议使用中文），单击"继续"，如图 4-42 所示。

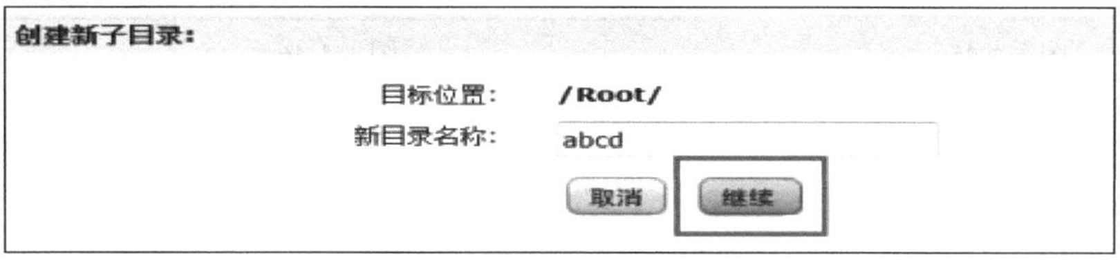

创建新子目录：

目标位置：　　**/Root/**

新目录名称：　abcd

取消　　继续

图　4-42

提示完成创建，单击"继续"，如图 4-43 所示。

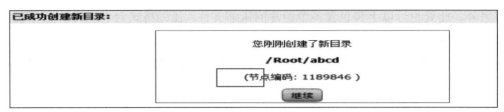

图 4-43

进入"图片"，我们将会看到已经创建的子目录，如图4-44所示。

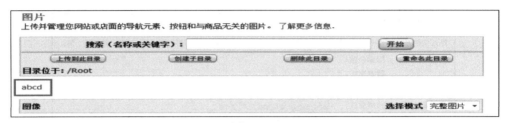

图 4-44

在子目录里添加文件，需要先单击子目录的名称后进入，然后再进行上传，上传方式与第一步相同，这里不再详述。

第三，删除此目录：如果要删除创建的子目录，需要先进入要删除的目录，删除目录下的图片，然后才能删除此目录。

a. 删除图片：进入目录中，可以看到上传的图片，在图片的下方会显示"删除"，如图4-45所示。

单击"删除"后进入删除确认页面后，单击"删除图像"便可删除该图片，如图4-46所示。

图 4-45

图 4-46

b. 删除此目录：图片都删除后，便可以单击"删除此目录"。

进入"删除目录验证"页面后单击"继续"，可将此目录删除，如图4-47所示。

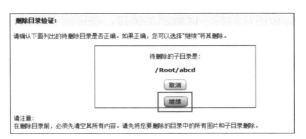

图　4-47

第四，重命名此目录：对现有的目录进行重新命名，此操作需要进入要重新命名的目录下才能进行操作，单击"重命名此目录"，在"为目录重命名："页面下将新名称填入"将目录名称改为："后面的空白框内，并单击"继续"，如图4-48所示。

图　4-48

图 4-49 提示显示目录名称已经修改成功。

图　4-49

（2）图片信息查看及添加链接 。

查看上传后的图片信息，单击图片下方的"显示详情"，可以看到此图片一些信息，如图 4-50 所示。

图　4-50

卖家有时希望在宣传图片的某一区域添加链接，在店铺中可以直接单击进入相关商品页面，具体操作如下：单击图片下方的"编辑"，进入"编辑媒介类商品详情"的页面，单击"创建"。

先后单击所选区域的左上角和右下角，以此来定义链接坐标，如图 4-51 所示。

图 4-51

链接类型的设置，选择 ASIN 或者 SKU 后，需要手动将卖家库存中的商品对应的 ASIN 或者 SKU 填写在"链接值"之中，如图 4-52 所示。注意：添加 ASIN 或者 SKU 只能针对一件商品。

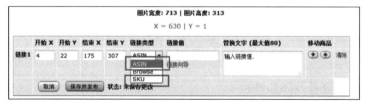

图 4-52

如果选择 Browse，可以将卖家库存中的商品分类节点填入"链接值"中，如果不知道节点数，通过单击"链接向导"进行添加，以分类节点为"玩具—创意减压玩具—创意摆设"为例，单击"链接向导"进入相关页面，然后单击"查找节点"，如图 4-53 所示。

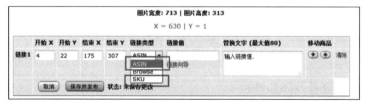

图 4-53

进入"分类节点查找工具",然后选择"玩具",如图4-54所示。

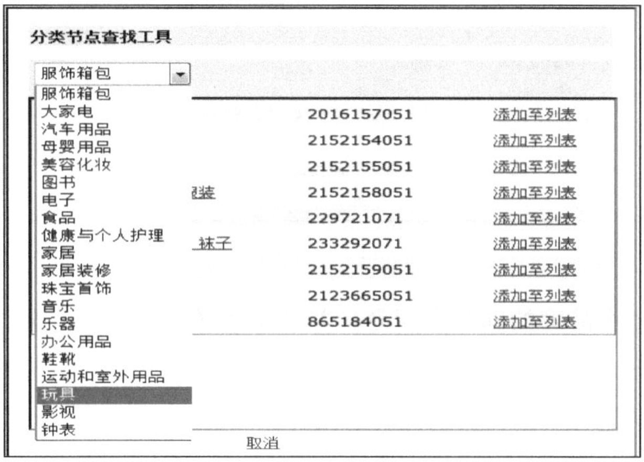

图　4-54

选择"创意减压玩具",如图4-55所示。

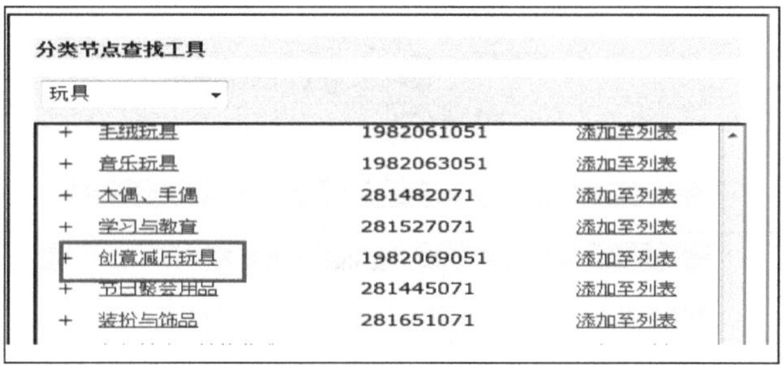

图　4-55

在"创意减压玩具"下选择"创意摆设",单击"添加至列表",以卖家自己库存中的商品节点为准,如图4-56所示。注意:如节点左侧还有"+"号,表示此节点下还有更详细的子节点可以选择。

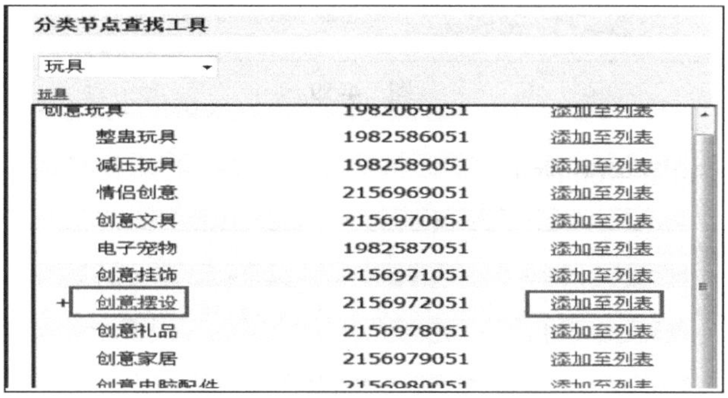

图　4-56

单击"添加至列表"后,将回到查找节点的页面,如果需要添加新的节点,可以单击"查找节点"重复添加操作，如果不需要添加，单击"提交"，如图4-57所示。

图 4-57

如果卖家经营多个品牌的同节点商品，并且希望通过此链接只显示一个品牌的商品，可以单击页面左侧下方的"高级选项"，细化链接的显示条件，如图4-58所示。注意：如果填写品牌，必须保证与库存商品的品牌字段完全一致，以得到正确的显示结果。

图 4-58

单击"提交"后，将显示添加的结果，如果需要添加新的链接，需要重复上述操作，如果结束添加链接，单击"保存并发布"，如图4-59所示。

图 4-59

完成添加链接，如图4-60所示。

图 4-60

（3）图片管理的其他功能。如果卖家在同一目录下上传了多张图片，为了便于查看，可以使用"缩略图"功能。在目录页面的右侧的选择模式中选择"缩略图",如图 4-61 所示。

图　4-61

当图片以缩略图的模式显示后,卖家可以根据需求来修改相关信息,但是此时没有删除图片功能。

四、选择店铺的规划和布局

进入卖家系统后台,在"店铺"中选择"销售规划和布局",要根据自己对店铺的式样构思和参考其他卖家的店铺,确定适合的页面布局,如图 4-62 所示。

图　4-62

进入"销售规划和布局"后,单击"页面布局",卖家需要根据对自己店铺结构的构思来选择,如图 4-63 所示。

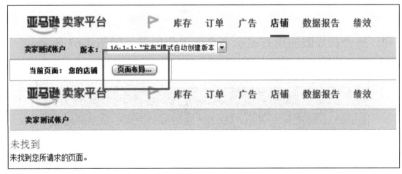

图　4-63

亚马逊的店铺设计中提供了6种布局，选择适当的布局后，单击"选择"，如图4-64所示。

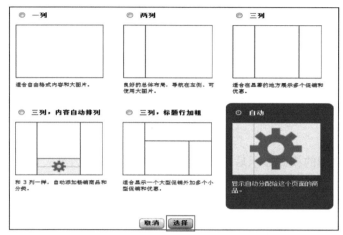

图 4-64

（1）一列。适合自由格式内容和大图片，如图4-65所示。

图 4-65

（2）二列。良好的总体布局，导航在左侧，可使用大图片，如图4-66所示。

图 4-66

（3）三列。适合在显眼的地方展示多个促销和优惠，如图4-67所示。

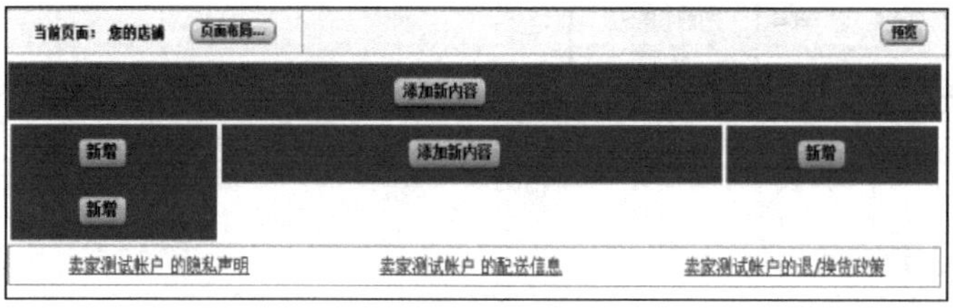

图 4-67

（4）三列，内容自动排列。和三列一样，自动添加畅销商品和分类，如图 4-68 所示。

图 4-68

（5）三列，标题行加粗。适合显示一个大型促销外加多个小型促销和优惠，如图 4-69所示。

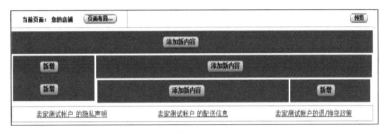

图 4-69

（6）自动。显示自动分配给这个页面的商品，如图 4-70 所示。

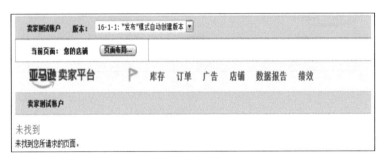

图 4-70

选择页面布局后，将对各模块的内容式样进行设计，另外每一个模块下最多可以添加 12 个子模块，以下范例将以"三列，标题行加粗"布局为基础进行设计。

五、选择对应的内容样式

对于选择好的布局模块，卖家应该设定其所具备的功能或内容。以图 4-71 为例。

图 4-71

针对不同的页面布局下的模块，以及对其期望实现的功能，单击"添加新内容"，选择对应的内容样式。亚马逊提供了 5 种式样功能，每种式样都有其特定的功能，如图 4-72 所示。

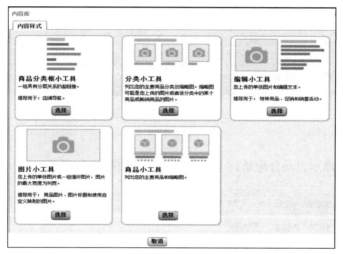

图 4-72

根据各模块功能的不同，可以参考不同的式样工具来实现，如图 4-73 所示。

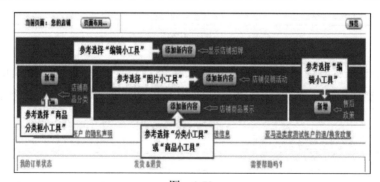

图 4-73

（1）店铺招牌可以参考选择"编辑小工具"。

（2）商品分类可以参考选择"商品分类框小工具"。

（3）店铺促销活动可以参考选择"图片小工具"。

（4）商品展示可以参考选择"分类小工具"或"商品小工具"。

（5）售后政策可以参考选择"编辑小工具"。

以上选择仅供卖家参考使用。

六、添加图片和商品

设计店铺时，图片像素的大小对店铺的展示至关重要，因此每个模块都有理想的图片展示尺寸，图 4-74 标注出每个板块的图片建议像素（宽）范围，相关数值仅供参考。

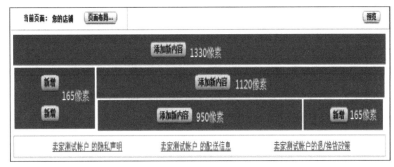

图　4-74

注意：在后面的示例中所引用的图片并没有按照以上像素设计。

在准备好的界面中添加图片或者商品及链接等，如图 4-75 所示。

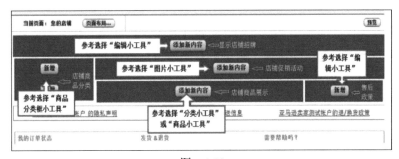

图　4-75

七、发布店铺

亚马逊卖家后台提供了店铺的预览及发布功能。

（1）预览店铺。店铺设计完毕，可以通过预览的方法查看发布后效果，方法是单击"预览"，如图 4-76 所示。

图 4-76

查看后，确认可以发布，单击"退出预览"，如图 4-77 所示。

图 4-77

（2）发布店铺。店铺设计完成，需要进行发布才能使店铺在亚马逊的平台上生效。单击"店铺"—"版本"，如图 4-78 所示。

图 4-78

在页面下方选择"使用""发布""模式（基础）"（第一次发布店铺）。如果在页面上方有黄色的"立即发布"按钮，则可以直接单击，不需要进入"版本"。选择"发布我的店铺"。单击后，发布所需要的时间以及发布状态等信息将会显示出来。当状态为"成功"，表示店铺已经发布完毕。

八、店铺设计的注意事项及技巧

（1）不建议卖家将过多的精力放在店铺设计中，亚马逊平台销售并不是以卖家的店铺作为主导销售模式，卖家后台引入店铺设计功能只是为了迎合部分在其他平台开店的卖家，而在亚马逊平台上购物的买家对店铺不会有过多的关注。

（2）简化店铺地址，一般店铺地址格式为例：www.amazon.cn/shops/******（英文大写字母加数字组合），此地址可以简化为：z.cn/shops/*******。

另外，亚马逊还提供店铺短域名的申请服务，如果是品牌最终持有人直接销售，可以使用品牌名称作为店铺名称。如果不是品牌持有人，可以使用注册的卖家或公司名称。相关申请需要与卖家支持联系。

（3）每个模块下可以添加 12 个子模块，但招牌位置模块只能存在一个。

（4）一般发布时间为 2 小时，目前由于系统的改进，只需要 40 ～ 60 分钟发布状态即可完成。

（5）设置图片循环展示，一般为每 24 小时更换一张图片，因此目前设置循环图片意义不大。

（6）卖家设置信息与政策（"卖家后台"—"设置"—"您的信息与政策"）后，同样需要像店铺设计完成一样进行发布，才可以生效。

（7）店铺背景色目前只能为白色，不能指定图案或颜色。

（8）店铺使用预览功能时，所显示的只是图片形式，设定的各模块链接均不会生效。

（9）店铺各小工具中的文本编辑框中，目前还不支持 HTML（超文本标记语言）代码。

知识点 4：亚马逊的广告投放

一、亚马逊广告策略概述

（1）卖家画像。卖家画像适用于有制造能力和稳定库存的卖家，通常的商业目标为增长业务和销售额。常见的品类有电子消费品（如耳机、计算机配件、相机）、手机周边（如充电器）、家庭或厨房用品、玩具（如无人机）等。品类趋势相对较稳定，并无明显的季节性，均价适中。

（2）市场行情。

①适用销售商品的品类特性：这类商品无明显季节性，不同品牌的商品之间同质化高。这类商品之间的竞争较激烈，在目标市场有明显的对标领先品牌。这类商品的消费者通常对价格较为敏感，注重性价比，在浏览购物时已经有比较明确的购买方向（对希望购买的商品特性等有较明确的要求）。

因此，赢得好的广告展示位置非常重要。商品方面应该着重于提升价格优势、商品图片、商品描述、顾客评论等对顾客商品购买影响明显的因素。对于竞争较为激烈的品类，如耳机或相机等，建立好的品牌认知能帮助卖家在竞争中更容易胜出。根据客户反馈和市场研究进行及时的商品更新迭代，能有效增加顾客黏性。

②市场趋势。

季节性：一般而言，这类商品搜索量跟随全年流量分布，在 Prime Day 所在月份以及 11 月和 12 月的销售旺季流量较高。在其他月份，流量相对平稳。与流量趋势类似，CPC（每次点击成本）也会在 Prime Day 所在月份、11 月和 12 月较其他月份上升。因此，在这几个月份你需要设置比平时更高的每日预算，以防止你的广告因超出预算而停止展示。

搜索偏好：除品类词（较为通用的词根词）外，消费者还会偏向在搜索时搜索商品的功能和特性。此外，品牌词在购物行为中也占有很大比例。

购买行为（按设备）：移动设备上的搜索和购买量均超过了 PC 端。在"耳机"和"充电宝"子品类中，均有明显超过 50% 的搜索来自移动设备。因此，为了不影响你的广告展示效果，你需要确保你的商品标题已针对移动设备的特性进行了优化（在移动设备上，标题可显示的字符数在 73～91 个字符，而桌面设备则在 111～114 个字符）。需要确保标题中最重要的部分没有超出移动设备显示的字符上限。标题长度可以根据广告位和屏幕尺寸而变化，建议你在不同设备上进行搜索测试，看看标题的展示效果以及购物者看到的内容。

（3）开始你的广告投放。

①在消费者建立认知阶段增加流量和曝光。在此阶段，消费者的搜索范围相对较广，你需要扩张流量，最大限度地为你的商品增加曝光。

②在消费者考虑和购买阶段逐渐开始抢占市场份额，让更多的消费者产生购买。在此阶段，消费者会在众多商品之间做对比，在此过程中胜出的商品才会得到转化。因此，你需要打造爆款商品，以在激烈的竞争中胜出，增加商品被转化的概率。同时，也需要关注广告的投入产出比。

③为了赢得更多忠诚客户，应该增加老客户重复购买率。在此阶段，需要保证老客户能够轻易地在搜索结果中找到你的商品，并将他们引流至能展示你更多商品的页面，以增加重复购买概率，形成品牌与销售互相促进的良性循环。

二、亚马逊广告的基本类型

亚马逊的广告类型主要分为自动广告和手动广告。

（1）自动广告与手动广告的区别。

自动广告：在广告投放初期，使用自动投放，让亚马逊强大的数据库替你选择与产品相关的关键词。这些通过对商品信息的分析而来的关键词会根据不断变化的搜索趋势定期更新，同时亦会给广告的关键词设置一个合理的价格。

手动广告：手动广告相对于自动广告有了更多灵活的选择。"建议竞价"是亚马逊经过数据分析后得出的价格，为关键词设置出价提供了一个可以参考的依据。广告在满足搜索展示条件时，可以相对地增加竞价，提高这个显眼位置的竞争力。

（2）自动广告与手动广告的重要性。自动广告展示在相关产品的详情页上，达到为消费者提供备选产品的目的。当消费者搜索关键词，在搜索结果中看到感兴趣的产品并点击后，搜索结果页面将会进到产品的详情页。这时，手动广告已经没有了展示的机会，所有的展示都来自自动广告。

相信有些亚马逊卖家已经发现，手动广告和自动广告的展示是各有偏重的，手动广告因为设置了关键词，系统会优先将其展示在搜索结果页，当消费者搜索关键词后，在搜索结果看到的产品大多来自手动广告。因此，手动广告更适合用来推关键词排名。

卖家在投放广告时，要重视自动广告的投放，自动广告会带来更多的曝光机会和流量。当然，手动广告也不可小觑，手动广告可以提升关键词的排名且成本偏低。从投入产出比的角度考虑，可以手动广告和自动广告同时投放，但在运营中应当更加重视自动广告的转化及趋势。

三、亚马逊站内广告优化技巧

（1）亚马逊站内 CPC 广告的数据分析。亚马逊站内 CPC 广告，归根结底是一种效果广告。在短期之内就可以看到它对产品流量和销量的影响。为了做好广告计划，首先要了解以下几个值，即曝光量（E）、点击量（C）、点击竞价（B）、广告订单量（O）及 ACoS（advertising cost of sale，是亚马逊站内广告的花费和销售收入的比例）。准确了解并掌控这几个值之间的关系及互相转化，才能真正做好亚马逊站内 CPC 广告。

对广告而言，我们需要关注的指标有以下几种。

曝光点击率（CTR）= 点击量 / 曝光量 =C/E

点击转化率（VR）= 订单量 / 点击量 =O/C

广告投入产出比（ACoS）= 广告的花费 / 销售收入 =（点击量 × 点击竞价）/（广告订单量 × 单价 P）= C×B/O×P

广告投资回报率（ROI）= 广告订单利润 / 广告投资总额 =（广告订单量 × 单价 × 利润率 R）/（点击量 × 点击竞价）=（O×P×R）/（C×B）

理想情况下，曝光点击率（CTR）、点击转化率（VR）、广告投资回报率（ROI）越高越好，广告投入产出比（ACoS）越低越好。但是在实际运营的过程中，需要设置一组约束条件作为广告优化的目标。根据个人的运营经验，给出这样一组数据参考：曝光点击率（CTR）大于 0.5%，点击转化率（VR）大于 10%，ACoS 小于 15%。

指标计算方法如下。

①单次点击竞价（B）与广告预算（C×B）的设置方法。

由广告投入产出比（ACoS）=（点击量 × 点击竞价）/（广告订单量 × 单价 P）= C×B/O×P 与点击转化率（VR）= 订单量 / 点击量 =O/C 可得

B=ACoS×VR×P，C×B=ACoS×O×P

例：产品 A 的价格为 20 美元，转化率为 10%，预期 ACoS 为 15%，则单次点击竞价应为 15%×10%×20=0.3（美元）。若预期广告订单为 10 单，则广告预算应为 15%×10×20=30（美元）。

②广告投资回报率（ROI）的分析。

由广告投入产出比（ACoS）=（点击量 × 点击竞价）/（广告订单量 × 单价P）= C×B/O×P 与广告投资回报率（ROI）=（广告订单量 × 单价 × 利润率R）/（点击量 × 点击竞价）=（O×P×R）/（C×B）可得

ROI=R/ACoS。

ROI 是判断广告亏损还是盈利的重要指标，计算方法也相对简单。当 ROI 大于 1，即利润率大于 ACoS 时，广告活动处于盈利状态，可以适当增加投入。相反，当 ROI 小于 1，即 ACoS 大于利润率时，就要及时调整广告和链接。

（2）亚马逊站内 CPC 广告的优化顺序与节奏。一般来说，对于普通铺货链接的广告测试时间应定在 3 ～ 4 周，而精品则需要更长的曝光时间和测试。对于铺货款式而言，在 4 周的操作后如果链接有明显的成长趋势，建议持续关注广告优化。对于不是爆款的产品，就没有必要为其继续进行广告曝光。

第 1 周，对于新上架的链接来说，越早获取高曝光和高流量，就越有机会在竞争中快人一步。因此在早期的广告投放中，一般选择在链接上架或出流量的时间点，为其开启自动广告。在初期设置竞价和预算时，要以预期销售为目标进行规划。假设产品售价为 25 美元，预期转化率 10%，预期 ACoS 达到 15%，目标是通过广告使产品前期销量增长至日均 5 单，就可以利用之前得出的公式进行推算：

单次点击竞价（B）=15%×10%×25=0.375（美元）

广告预算（C×B）=15%×5×25=18.75（美元）

对于新品而言，可以为单次点击竞价乘以一个加权系数，以提升其曝光的概率，也可以开启亚马逊 Bid+ 进行自动竞价。

第 2 周，下载广告报告，分析第 1 周的广告数据。如果在第 1 周内链接的流量没有持续增长，或者曝光点击率低于 0.5%，代表了产品本身没有市场或者上架链接及主图需要优化。

这时，首先要做的是重新优化链接标题关键词及主图。这里需要注意的是，因为处于链接成长初期阶段，直接修改主图带来的影响不大。如果链接已经稳定在售，则不建议再去修改主图。如果你的链接经过多次修改仍然没有起色，则需要尽早停止广告曝光。这里需要注意的是，每次修改链接后，至少要积累一周的数据，才能进行下一步的判断和操作。

如果广告表现良好，链接已经出单，就可以考虑进行手动广告投放。投放策略与第 1 周相同。手动广告关键词的选取，首先需要添加自动广告报告中高转化的关键词和类目词。其次，需要利用概率矩阵匹配法寻找一批恰当的关键词。

第 3 周，下载广告报告，对比分析前两周的广告数据。在第 3 周，除了继续关注曝光点击率（CTR）外，需要重点关注的是链接的点击转化率（VR）。由于类目的不同，转化率不能给出具体的数值参考，可以在后台参考自己店铺的整体转化率。如果新品转化率不足店铺转化率的 60%，就需要再次优化链接。这次的链接优化不需要像上一次那样大动干戈，而是需要添加更多的细节。具体操作可以参考同类目 Top100 的链接，与相似的产品做横向对比。一般来说有四大影响因素：价格、评价、副图及 FBA。在优化链接的过程中，除非你有足够的能力和预算取大卖而代之，否则切忌复制粘贴、生搬硬套。如果新品转化率接近店铺转化率，就可以考虑为其开启手动广告的精确匹配，进一步引流。

第 4 周，下载广告报告，对比分析前 3 周的广告数据。如果你的链接能在第 4 周达到曝光点击率大于 0.5%，点击转化率大于 10%，就说明产品已经基本打入市场，逐步进入稳定销售期。这时就可以使用否定关键词等方法着手优化 ACoS。当 ACoS 大于或等于产品利润率时，也不应该简单降低广告竞价或者广告预算。首先应该做的，是去查询链接的关键词排名。因为此时，你的广告可能正在与其他链接抢占坑位。这时如果在这些关键词下出现款式相同的竞品，说明此时尚未进入稳定销售状态，核心指标依然是点击转化率。

四、亚马逊广告投放技巧

亚马逊广告投放仿佛是卖家的一大难题，广告投入和产出不成正比，需要用精细化投放来解决。其实广告主要有几个难点，只要解决了这几个难点，投放广告的技能就能实现提升。

（1）广告费用预算充足且做好把控。

①对于广告投放而言，如果每天的预算都是比较低的，那很有可能点击几次便会用完，这样根本看不出效果。因此，前期充足的预算是很有必要的。至于平均每日预算方面，要按照自己的实际情况进行选择。投放亚马逊广告切记不可盲目进行，适当地投放广告对于亚马逊店铺销量提高有着至关重要的作用。

②投放广告前对单品库存单位量可以产生多少销售额心里要有个预估，按照你内心的期待值去设置广告预算。实现周以及月度监控，就可以控制广告的投入产出比。例如这个产品的销售额是 300 美元，你想投放 5% 的营销费用，就投放 15 美元到这个单品，而不是做总预算调控。单品预算投放需要有高有低，有差异性，遵循二八定律。

（2）广告产品投放要合理。有些亚马逊卖家产品款式过多，导致预算分配不均是广告投放的第二个问题。需要将产品按照销售额的高低排序，做广告单品预算的高低排序，而不是一视同仁，要遵循二八定律。有卖家会有顾虑，如果有新品和潜力款要推广怎么办？这个时候需要给新品或者潜力品广告做好页面的优化，给一定时间周期的广告预算。稳定的产品其广告预算是销售额的 5%～10%，那不稳定的新品和潜力款可以在初期给到销售额的 20% 甚至更高的预算。

（3）广告投放效果要时刻监测。亚马逊公司运营人员广告的投放管理，已经能够做到 24 小时随时随地监控，所以亚马逊的广告 ACoS 一直在降低，现在亚马逊多个店铺广告管理已经可以通过广告管理软件实现了，用亚马逊船长运营软件能够自动对比之前投放的日均数据，若数据异常，会在微信端及时发出预警提醒，方便快速调整广告策略。新建、暂停、调整，亚马逊船长广告管理助手同亚马逊后台数据微信端都能操作，所以会方便很多。亚马逊广告的主要调试范围是：关键词的竞价波动、单品预算的竞价、总预算的竞价。

在投放关键词时，有国家文化的差异、搜索习惯的差异。即便你是生活在美国，也无法百分百确定消费者在购物时的搜索习惯。所以一开始在做新品投放时，不建议直接使用精确匹配，建议先使用词组匹配或者是暴力的广泛匹配。等到整个广告组慢慢成熟，消费者搜索习惯出来之后，再将词组内的搜索词习惯转为精准匹配。船长可以智能筛选不展示或点击没成交的关键词，进行一键否词，也能够节省很大一笔费用。

（4）分时段设置减少浪费。只要投放了广告，必然会有一部分是因为被非目标客户以及竞争对手的有意无意点击而浪费。在目标市场销售的高峰时段来临前，应及时把广告竞价设置为自己的预算价格。在高峰时段凭借竞价让广告展示在靠前的位置，从而获得更多的曝光和点击。当销售高峰时段过去后，再降低广告的竞价，以免广告位置过于靠前，被非目标客户群体以及竞争对手点击而造成不必要的浪费。

第三节　亚马逊平台案例分析

1. 了解亚马逊开店的准备工作。
2. 掌握如何选择产品和供应商。
3. 熟悉产品的发布流程。
4. 掌握产品的入库。
5. 熟悉订单处理过程。

6 学时。

知识点 1：开店

在亚马逊开一家店铺需要投入多少资金？运营一家亚马逊店铺需要多少成本？如何进行注册？注册账号需要准备哪些材料？每个卖家在进驻亚马逊平台之前就应该了解清楚开店的相关费用，准备好注册账号所需的材料并进行账号注册，掌握亚马逊平台的基本规则并注意相关的事项。

一、开店的费用

我们可以把在亚马逊平台上开店的费用分成两个部分：开店的基础费用和运营的基础费用。

（1）开店的基础费用。开店的基础费用包括注册账号的费用、月租费用和销售佣金。

①注册账号的费用。首先，选择全球开店的注册方式有两种：招商经理通道和自注册通道，这两种注册途径均不需要花费任何的费用。目前，很多人偏向于选择使用招商经理通道注册。如果遇到有人收费帮你注册亚马逊账号的情况，就要特别提高警惕了。[①]

②月租费用和销售佣金。亚马逊全球开店有专业卖家（professional）和个人卖家（individual）之分，我们可根据个人或公司情况进行选择。两者的收费标准也是不一样的：

专业卖家：费用 = 月租金 + 销售佣金

个人卖家：费用 = 销售佣金 + 按件收费

个人卖家无月租金，专业卖家的月租金为 39.99 美元 / 月。此外，亚马逊每个站点不同，费用的收取也是不同的。亚马逊全球开店涉及三大站点。其中：北美站包括美国站、加拿大站、墨西哥站三个站点，美国站是主站。欧洲站包括英国站、德国站、法国站、意大利站、西班牙站五大站点，英国站是主站。日本站仅日本亚马逊站点。三大站点只要开通了主站点，即可同步在其余站点销售，当然也可以单独在单个站点开设账号。所以，亚马逊专业卖家销售佣金根据不同品类来收取不同比例的金额，一般为 8% ～ 15%。欧洲站的月租 25 英镑 / 月，佣金根据不同品类来收取不同比例的金额，一般为 8% ～ 15%。日本站：4 900 日元 / 月（约合人民币 309 元），销售佣金 8% ～ 15%。个人卖家每销售一件产品，就缴纳 0.99 美元的

---

① 来源于杨舸雰的《亚马逊跨境电商运营实操手册》。

费用，比较适合月销售额比较小的卖家。

（2）运营的基础费用。运营的基础费用包括商品成本、UPC 的费用、PPC（点击付费）站内推广费用、FBA 费用、VAT（增值税）费用等。这里主要介绍 FBA 费用。

亚马逊 FBA 费用包括订单的配送费用、仓储费用、退货处理费、移除订单费用以及计划外的服务费。其中，订单的配送费用包含订单处理费、取件及包装费、首重和续重费，按件收取。仓储费用包含月度仓储费和长期仓储费，一般月度仓储费在每月 7 日到 15 日之间收取。退货处理费只针对某些特定分类而且属于亚马逊提供免费退货配送的产品（如服装、钟表、珠宝首饰、箱包、鞋靴等）。移除订单费用是当你需要让亚马逊退还或弃置你储存在亚马逊仓库的库存时收取的费用。

二、注册账号

注册账号所需的材料如下。

（1）准备一个新电脑或从未登录过亚马逊账号的电脑及网络。

（2）电子邮箱，如 Yahoo、Gmail、Hotmail（多个站点请提供不同邮箱）。

（3）双币信用卡，用于账户验证，包括：持卡人姓名，有效期，账单地址，双币种，开通海外支付功能，至少有 1 美元的额度（欧洲站必须是法人信用卡）。

（4）收款账号。

（5）营业执照，建议注册企业店铺。

（6）产品信息表。

注册账号的流程如下。

第一步，创建账户。进入 Amazon 卖家入口以后直接进入 Amazon 的登录首页。此时还没有 Amazon 账号，没办法直接登录，找到注册按钮"Create your Amazon account"，如图 4-79 所示。

图　4-79

根据注册的需求，将姓名（name）、密码（password）、邮箱（E-mail）等信息都一一填入，切记一定用拼音，不能用中文，如图 4-80 所示。

图　4-80

第二步，填写企业名称。一定是法定名称（legal name），如果是企业就输入企业的名称，如果是个人就输入个人的名称。然后勾选同意亚马逊的条款，表示卖家已经阅读并接受以下亚马逊的条款和条件，如图 4-81 所示。

图　4-81

第三步，填写卖家信息。填写业务信息。如果卖家在其他网站上还有店，可以把店铺 URL（统一资源定位系统）贴过来，如果没有就不用填，不是必填项。认证可以采用电话认证，也可以采用 SMS（短信息服务）认证。选择电话认证时，页面会弹出一个页面显示 PIN（个人身份识别码）以及四位数字，电话响后，输入进去即可。选择 SMS 认证时，会收到一个四位的 PIN 编码，将其输入弹出的页面即可，如图 4-82 所示。

图 4-82

第四步，设置收货款模式和存款方式。绑定信用卡，按照亚马逊的要求填写信用卡信息就可以了。请使用可以支付美元的双币信用卡，Visa、Master 卡均可。确认默认地址信息是否与信用卡账单地址相同。如果不同，要使用英文或者拼音填写地址。欧洲站信用卡持卡人和注册人必须一致，但是美国站和日本站不用一致。并与开户银行核实，确认信用卡尚未过期，具有充足的信用额度，如图 4-83 所示。

图 4-83

第五步，进行税务信息调查。填写税务信息调查表，根据注册主体的性质选择受益所有人类型。需要注意的是：如果账户是公司，务必确认公司的邮寄地址正确，并确认有关账户受益人的信息准确，如图 4-84 所示。

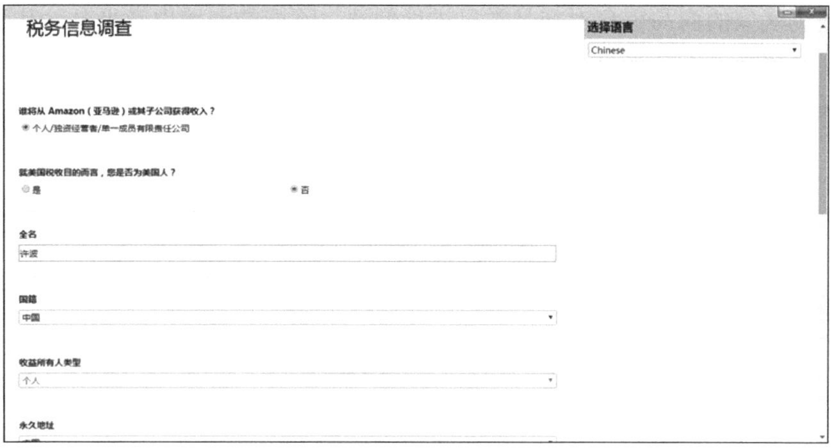

图 4-84

最后提供电子签名，生成 IRS（美国国家税务局）表格 W-8。这一步建议选择同意提供电子签名，简单有效，而不是通过 E-mail 发送表格。如图 4-85 所示。

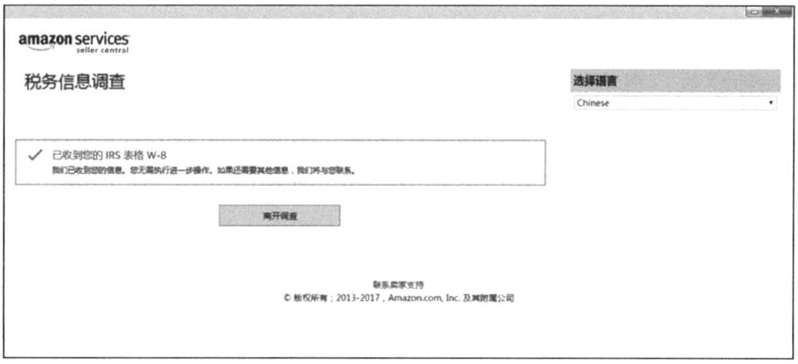

图 4-85

第六步，注册产品信息。根据企业实际的情况，填写商品相关信息，如图 4-86 所示。

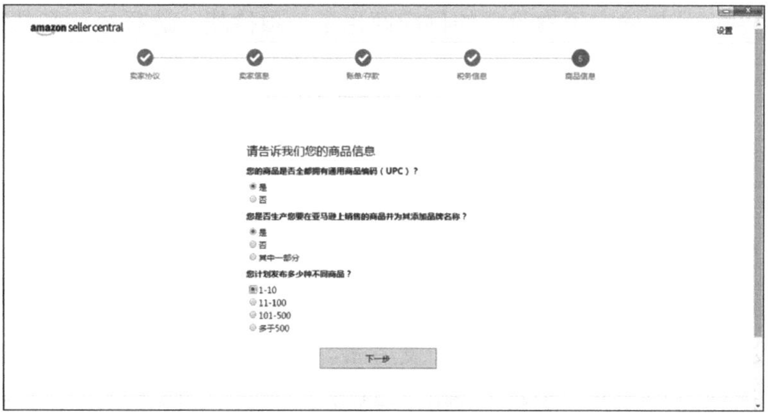

图 4-86

然后根据卖家的商品信息对产品类目进行勾选。不同的跨境电商平台，其商品的类目划分不同，是否选对产品类目直接影响到产品能否得到曝光，从而影响销量，卖家需要结合平台的特点及自身的优势选择合适的类目，如图 4-87 所示。

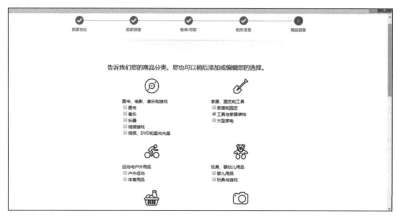

图　4-87

如果卖家对商品类目很熟悉，那么商品类目就会准确。对于部分无法确定其类目的商品，卖家可以通过一种简单、直接、有效的办法来确定该商品的类目，即用商品关键词去亚马逊买家搜索页搜索同类商品，查看销量比较高的同类商品属于什么类目，这样就会大大提升选对类目的概率。例如：一个卖家不知道它所销售的一种新型无纺布所属的类目，就可以用该商品的关键词无纺布（non-woven fabric）在亚马逊上搜索，找到相同并且排名靠前、评分高、成交量大的商品，点击进入该商品的详情页，就可以看到该商品属于哪个具体的类目了。

知识点 2：选择产品和供应商

从注册公司、注册账号开始，企业正式进入亚马逊开店的轨道。对亚马逊店主来说，选择合适的经营产品与确定可靠稳定的供应商也是一项挑战。选择经营产品和选择供应商是企业作出的最重要的商业决策之一，需要谨慎甄别及选取。

一、选择经营产品

（1）选品的禁忌。需要熟悉亚马逊平台的政策，了解在亚马逊上有哪些产品类目受到销售限制，需要向亚马逊进行申请。亚马逊的受限产品类目有动物和动物相关商品、汽车用品、合成木制品、化妆品和护肤/护发用品、货币、硬币、现金等价物和礼品卡、膳食补充剂、药物和药物用具、电视/音响、爆炸物、武器及相关商品、出口控制、食品和饮料、冷藏和冷冻食品、有害商品和危险品、珠宝首饰和贵重宝石、激光商品、照明灯具、开锁和盗窃设备、医疗器械和配件、冒犯性和有争议的商品、有机商品、杀虫剂和杀虫剂设备、植物和种子、回收电视/音响类商品、性健康用品、监控设备、烟草和烟草类商品、质保、服务方案、合约和担保以及未列出的其他受限商品。如：含有酒精的饮品，有些地区是禁止未满 18 周岁的人饮用含有酒精的饮品的。需要根据相应的规则一一甄别。

（2）选品的方法。选品的总体思路是：确定消费者想要购买什么产品，掌握竞争对手表现情况，判断产品是否有利润。

①热销榜单分析法。针对搜索结果分析这一方面，企业可根据一些因素如搜索结果数量、价格区间、整体好评数量、整体好评率等方面的搜索，得到搜索结果。如通过 best sellers 榜单选择某个产品进入店铺，然后在店铺中查找 review 数量在 30 ～ 50 条、上架时间在 3 个月左右的产品，上架时间可以通过产品的首个 review 的时间来估算，接着在其他 BS 店铺查找是否有同款产品，通过 Google trends 分析产品热度趋势。如图 4-88 所示，在新冠病毒疫情期间，防疫物品成为热销榜单上的第一。这对于生产和销售防疫物品的国内中小型企业来说是个发展良机。

图　4-88

②产品数据分析法。在销售数据分析这一方面，可以进入亚马逊前台输入产品关键词，通过相关软件来查看排在首页产品的销量、排名、review 情况，极热门和极冷门的产品一般不要做，但是不绝对。极热门的产品就是首页产品的 review 都是几千条的产品。极冷门的产品就是首页产品日销量大部分都没达到 30 单的产品，但是一些价格高昂、利润率非常高的产品不包括在内。

③竞争对手分析法。这种方法主要是对竞争对手进行分析，从竞争对手品牌影响力、竞品价格和定位、竞品的 Review 分析、竞品的 listing 等方面进行分析。例如，通过竞品的 listing 分析可以判断卖家的专业度，如果同类卖家都是多年的老手，价格优势又比较明显，建议不要与其进行正面竞争。我们可以选择消费者需求未被完全满足或者满足得不好的其他细分市场。

④运营成本分析法。首先通过 FBA 计算器大体估算产品的毛利率。毛利率不能太低，

最好要高于 30%，毛利率太低就只能薄利多销了，但销量是个不可控因素，而且后期还有广告投入、人工成本，所以在选品的时候就应对利润率进行严格的把关。

（3）选品的技巧。企业可以从价格、运输的便利性、货源的充足性、产品的季节性、产品生命周期等方面进行选品。

在产品的价格上，有统计数据显示产品价位在 25 ～ 50 美元区间更容易被消费者所接受，也不会因为价格太低而没有利润空间。

在运输的便利性上，要选择体积不大、不容易破碎、易运输的产品，而且还涉及产品的运费问题，FBA 的收费标准为 2.4 ～ 3.0 美元 / 每件，产品的大小会对运费产生影响。特别注意的是，国际运费的重量以实际重量和体积重量为准，取两者的较大值进行收费。

在货源方面，要保证充足的货源，能够通过多种途径找到供货商。如可以在阿里巴巴、Global Sources 等源头找到充足的货源。

季节性产品是指有销售周期性的产品，如加湿器、雨伞、羽绒服等产品。羽绒服一般在冬季有市场。所以在进行选品时，要考虑到产品的季节性需求，要把目光放长远，做长期计划、充分考虑产品的旺季和淡季的销售计划。

在产品的生命周期方面，尽量不要选择处于产品生命周期衰退期的产品。因为企业总是期冀能够长期地经营并获得利润。处于产品生命周期衰退期的产品往往前途不明，所以不适合经营此类产品。

（4）亚马逊平台的选品。对于大多数的中国卖家来说，亚马逊的选品有自建 listing 和跟卖 listing。那么，中国卖家该如何选品呢？

自建：这类商品大多是已经得到认可的品牌。选择这类商品，除了品牌的良好口碑外，标题、关键词、描述、图片、页面都要自己做。选品的核心是这类商品的市场销售容量。为了在非中国式采购的门槛前、在特定的目标顾客群和竞争小的市场狭缝中获得发展，此类商品往往是非标准化和主观性的小众市场产品，通常竞争对手比较少、毛利比较高。

跟卖：这类商品则大多是标准化的产品。由于亚马逊的规则，很多是 FBA 配送，所以要根据跟卖的母 listing 是否是品牌来确认是否存在侵权问题。在标题、关键词、图片、页面一样的情况下，要判断争夺销量的实力如何。

二、选择供应商

（1）供应商的寻找渠道。企业可以通过两个渠道寻找供应商，即线下渠道和线上渠道。线下渠道，包括去产品聚集地进行开发、通过各种大型展销会进行开发等。我国线下知名的产品带有昆明的鲜花产业带、杭州的女装产业带、沧州大枣产业带等。3C 类周边产品，如深圳华强北一带，是 3C 类目卖家的大本营。箱包类目，如河北白沟，那里有几千上万家个体加工企业，形成了比较完整的箱包上下游的产业链。灯具类目，主要集中在广东中山、浙江余姚和江苏常州等地，其中80%以上的灯具是产自中山市的古镇。还有义乌的小商品产业带等。图4-89所示为知名产品带。

图　4-89

线上渠道，如1688（图4-90）网站和其他一些细分类目的网站。线上渠道主要通过双方的网络沟通来确定对方的专业程度和服务水平。

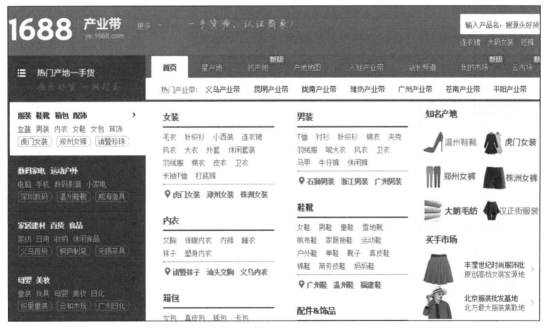

图　4-90

（2）供应商的评估标准。企业可以从以下几个方面来对供应商进行评价。

①供应商的生产能力。可以通过审核供应商资料来了解情况，确定供应商是否有工厂、是否具有生产能力。在生产时间段内要求与厂家进行生产现场的实时视频通信，查看工厂的实际生产情况。

②产品交货。事关供应链的稳定，是比较重要的一环。每个供应商的产品交付期都不

一样。如果一个产品的交货期长于1个月（特殊产品除外），企业就需要寻找更好的货源了。交货期太长可能会导致销售计划出现问题，造成缺货、库存积压等问题。

③售后服务。从国内和国外两个方面考虑，不仅要考虑国内的情况，还要考虑如果货物在国外出现产品问题应该怎么办。若是销售到国外的有质量问题的产品都需要寄回国内进行退换货，所产生的运费是非常高的，有的甚至要高于产品的价值。曾经一个供应商，由于疏忽把两个产品的标签混在了一起，最后产品的挪仓和贴标费用都快超过产品本身的价值。有些供应商会将产品包装得完整而精美，甚至把工厂的其他产品列表也一并放入样品中寄过来。而有些供应商，寄来的样品却是一塌糊涂，甚至有些还是残次品，就不能选择这样的供应商。

④产品报价。产品报价是企业在选择供应商时要考虑的一个非常关键的评价依据。一般情况下，在产品品牌、规格相同的情况下，供应商产品的报价越低，企业获得利润的空间就越大，选择该供应商的可能性就越大。表4-5是北京市戴斯国际贸易有限公司的其中一个供应商的报价表。

表 4-5

商品名称	单位	属性	属性值	采购价/元	建议销售价/元	安全库存/件	日生产量/件
礼帽	件/个	颜色	白色	51.00	71.50	100 000	600
			黑色	51.00	71.50	100 000	600
雷锋帽	件/个	颜色	米色	12.00	16.50	100 000	500
			红色	12.00	16.50	100 000	500
			黑色	12.00	16.50	100 000	500
贝雷帽	件/个	颜色	黑色磨皮绒贝雷帽	6.00	8.40	100 000	600
			浅灰色磨皮绒贝雷帽	6.00	8.40	100 000	600
			灰色磨皮绒贝雷帽	6.00	8.40	100 000	600
鸭舌帽	件/个	颜色	藏青色帽身酒红帽舌	8.00	11.80	100 000	600
			黑色鸭舌帽	8.00	11.80	100 000	600
遮阳帽	件/个	颜色	褐色	27.00	37.80	100 000	600
			粉色	27.00	37.80	100 000	600
			紫罗兰色	27.00	37.80	100 000	600
牛仔帽	件/个	颜色	红色	15.00	20.00	100 000	600
			黑色	15.00	20.00	100 000	600

知识点 3：发布产品

一、添加产品

亚马逊卖家在平台完成产品上架，如图 4-91 所示。上传产品信息之前，需要确定经营的产品类别是否是亚马逊平台所允许销售的类别，因为有些产品品类是受限的。

图 4-91

根据文件夹中的商品信息提供的资料搜索平台中是否有同类的产品在销售，可以按照商品名称、UPC、EAN、ISBN 或 ASIN 等条件进行搜索。如果亚马逊平台中有正在销售的同类商品，则在搜索结果中选择相应的品类点击后，进入添加商品页面，对产品信息进行进一步的编辑。如果在亚马逊平台中没有同类商品，就需要创建新商品信息。如图 4-92 所示。

图 4-92

进入"创建新商品分类"页面，在筛选框中找出适合亚马逊的销售分类，单击"选择"确认品类，如图 4-93 所示。

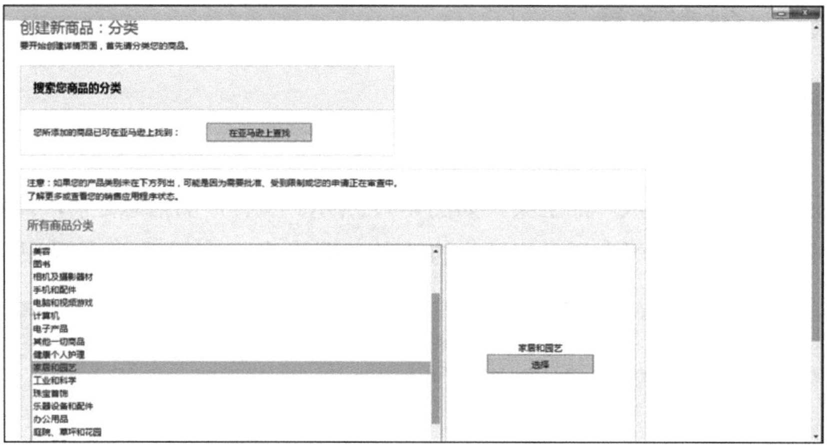

图 4-93

跨境电商产品品类基本和国内的分类一样。但是由于不同的需求，同种类别下国外消费者对产品的需求是不一样的。比如眼影贴，国外经常会举办派对，画眼影非常费力费时，所以有一种眼影贴产品，有各种不同的颜色组合，用时直接贴到眼皮上即可，而我国却几乎不销售这种产品，这是因为不同地区的消费者有不同的需求。图 4-94 是商品品类图。接下来进入产品信息（listing）。

》》》跨境电商商品品类解读（卖家商户端）

单店经营范围	18个经营大类	类目
A	服装配饰&珠宝饰品	Apparel & Accessories
		Jewelry
	手表	Watch
	鞋包	Luggage & Bags
		Shoes
	美容健康	Beauty & Health
	假发及周边配件	Hair & Accessories
	孕婴童	Mother & Kids
	玩具	Toys & Hobbies
B	婚纱	Weddings & Events
C	汽摩配	Automobiles & Motorcycles
D	电脑&办公	Computer & Office
	消费电子	Consumer Electronics
	手机&通讯	Phones & Telecommunications
	安防	Security & Protection
E	运动&休闲	Sports & Entertainment
F	家居生活&家装	Furniture
		Home & Garden
		Food
		Hardware
		Tools
		Construction & Real Estate
		Lights & Lighting
G	家电	Home Appliances
H	其他	Customized Products
		Electrical Equipment & Supplies
		Electronic Components & Supplies
		Industry & Business
		Office & School Supplies
		Travel and Vacations
I	共享类	Special Category

图 4-94

二、添加产品信息

确定选择类目后，就进入产品信息的添加这一步。在产品信息这部分，主要包括重要信息（Vital Info）、属性（Variations）、运费（Offer）、图片（Images）这几部分。

（1）Vital Info 部分。需要填写产品 ID（Product ID）、产品名称（Product name）、品牌名称（Brand Name）、制造商（Manufacturer），在 Product ID 这部分，需要根据填写

的产品类型，在后面的"Select"选择对应的分类，常见的有 UPC、EAN、GTIN、ISBN 等。
Product Name 则是指产品的标题，也就是我们常说的 listing 标题。Brand Name 填的是品牌名，
基本都是填自己店铺的商品品牌。Manufacturer 是制造商，一般填写店铺的名字。请注意，
Vital Info、Variations、Offer、Images 按钮，在相互切换的时候就会自动保存填写的内容，
在所有信息填写完成后才能单击"Save and Finish"。如图 4-95 所示。

图 4-95

这里重点讨论下产品名称部分。产品标题被称为产品基础建设的入门砖，除了能够嵌
入主关键词，也是买家搜索卖家产品的来源之一。一个好的标题可以提高产品的点击率、
转化率。例如：天气变冷时，女性买家如果想要个羽绒服御寒，就可以在平台搜索"女士
羽绒服"，如果对长短有要求，可以加上"长款女士羽绒服"，以便精准地搜索到买家需
要的商品。标题包括的产品属性越精准，所带来的产品转化率就越高。所以卖家想要增加
销量就需要优化标题。图 4-96 是产品标题的示例。

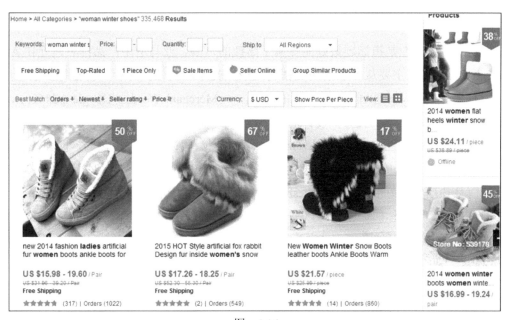

图 4-96

①标题的两个要素。标题尽可能写满，做到一个字符都不要浪费。亚马逊中对标题的字符要求限制在 250 个字符内。尽可能让关键词嵌入产品标题。写标题要有两个要素，第一个要素是标题的可读性，第二个要素是标题的可搜索性。

标题的可读性，顾名思义，就是指打造的标题要有逻辑性，符合目标顾客的所在地的语言习惯，让人一看就知道卖家卖的产品属性是什么，如图 4-97 的标题就不符合要求。

Grill Mat Set of 5-100% Non-Stick BBQ Grill & Baking Mats - FDA-Approved, PFOA Free, Reusable and Easy to Clean - Works on Gas, Charcoal, Electric Grill and More - 15.75 x 13 Inch
by

★★★☆ ∨ 1,988

$13⁹⁷

Eligible for Shipping to Japan
More Buying Choices
$10.83 (2 used & new offers)

图 4-97

这个标题是：某某品牌名 Grill Mat Set of 5-100% Non-Stick BBQ Grill & Baking Mats-FDA-Approved, PFOA Free, Reusable and Easy to Clean – Works on Gas, Charcoal, Electric Grill and More – 15.75×13 Inch。这个标题就过于冗长、复杂，让人没心思看下去。这里用的就是所谓的堆砌法，把产品的主关键词堆砌在标题靠前的位置，但是例子中的这个标题让买家在短时间内不清楚卖家销售的产品是什么，可以对标题进行如下修改：某某品牌名 Grill Mat Set of 5-FDA-Approved, PFOA Free, Reusable and Easy to Clean – Works on Gas, Charcoal, Electric Grill and More – 15.75×13 Inch。可以把关键词提前，接着写产品的属性，买家就会在短时间内知道卖家的产品是 5 件套的烤肉垫。若只是把关键词过多地堆砌到标题中，则会影响购物体验。

标题的可搜索性是指标题最好能够属于热搜的范围。亚马逊中产品排名建立在 A9 算法基础上。A9 算法主要从产品的历史销售记录、文本相关性、库存、价格等因素考虑。在对标题制定之前，可以借助热搜词的工具——Merchant Words、Google Ads Keywords Planner 等确定相关词语的搜索热度。通过热搜词工具，可以选择合适的关键词嵌入标题，以达到标题的可搜索性。以烤肉垫（Grill Mat）为例，假设产品是黑色的、网面花纹的烤肉垫，就可以在 Merchant Words 的搜索框中输入 Grill Mat，如图 4-98 所示。就可以找到适合的而且热度比较好的关键词"mesh grill mat"（网面猪肉垫）"black grill mat"（黑色烤肉垫）等。所以你的标题就可以写成"Black Mesh Grill Mat"。这样的标题不但具有可读性，而且也具备可搜索性，一举两得。

图 4-98

②标题的要求与制作。亚马逊官方对标题的要求有：第一，每个单词的首字母必须大写，但是介词、数量词等除外，如 Mingda Black Mesh Grill Mat。第二，如果标题中需要数字，那么需要用阿拉伯数字，如 BBQ Grill Mat Set of five 就不对，应该写成 BBQ Grill Mat Set of 5。第三，除非是品牌名称的一部分，否则不得在标题中使用诸如"&""。""%""#""and"等特殊符号或词语，这些特殊符号或词语在品牌名称内包含的情况下可以出现。第四，如果尺寸不是相关细节，那么不要在标题中列出，也不要在标题中填写无关的信息，毕竟是有字数限制的。第五，如果产品没有多种颜色，那么标题中不应该注明颜色。除了上述五点要求，还需注意几个问题，如不能有促销、运费等与销售无关的词语。如果自有品牌不是知名品牌，那么可以不用放到开头。符合当地的语言习惯。标题字数严格控制。避免使用自我赞美的词语等。

亚马逊的卖家也会在标题方面出现问题，如不知所云，一个标题里包含了两种产品，会让买家产生疑惑。关键词堆砌，导致产品标题难以阅读，会让买家停下来思考到底卖的是什么产品。优化不足，标题没有针对不同的展示端进行字符的优化，买家在不同的演示端看到的字符数量是不一样的，需要把最关键的词放到最前面，做到在曝光的同时让买家清楚地了解卖家销售的产品。表 4-6 是不同展示端对字符显示数量做的统计。

表 4-6

显示端	显示的字符数
手机浏览器	84
手机 App	78
侧栏广告	34
电脑浏览器	160
电脑安装 App	141

③打造标题的方法。打造标题的方法主要有两种：主关键词和次关键词相结合，关键词包含。以图 4-99 所示的例子为例，来谈论如何利用主关键词和次关键词相结合的方法打造标题。

图　4-99

在这个例子中，品牌名称是 Anker，放到了标题的最前面。如果品牌在消费者市场上已经有了一定的知名度和口碑，放到最前面是可行的，但是如果没有很高的知名度，就不需要放在标题的最前面了。在标题中，品牌名称后面是该产品的主关键词和产品的属性，然后是产品的次关键词和产品的适配场景。这种写法不同于关键词堆砌，在例子中可以看到，主关键词和次关键词以产品的属性间隔开，既能让关键词获得最大限度的曝光，又不会让买家感到疑惑。主关键词和次关键词相结合的标题格式可以拆解为品牌名＋产品主关键词＋产品属性＋产品次关键词＋产品的适配场景。这样能一目了然，既符合亚马逊对此的要求，又满足了标题的可读性，但是也存在没有最大限度获取流量的缺点。

关键词包含这种方法使用得相对较少，需要密切注意热搜词。例如：产品关键词为"mesh grill mat"（网面猪肉垫）"black grill mat"（黑色烤肉垫）等。所以你的标题就可以写成"Black Mesh Grill Mat"。这样用逻辑性的方法把关键词串联在一起也是可以的。

下面是亚马逊官方给出的不同类目的标题模板：

厨房用品：品牌＋尺寸＋产品类型。

床上用品：品牌＋款式＋织物经纬密度＋材质＋尺寸＋产品类型 / 颜色。

电脑：品牌＋型号＋电脑类型。

（2）属性（Variations）部分。单击"Variations"进入"商品子属性"填写页面。根据页面提示，勾选并填写属性参数。服装、鞋帽、箱包等产品属于多属性商品，这类商品一般具有多种尺寸或者数据，多属性商品可以从多角度展示商品的不同特性，有利于吸引客户的注意力，形成重复消费，拉升店铺的整体销量。这些属性包括颜色（color）、尺寸（size）、包装（package）、材料（material）、品牌（brand）、用处（use）等，如图 4-100 所示。

图 4-100

在进入 Variations 页面后可以看到顶部导航栏中多了个新的按钮"Description",如图 4-101 所示。

图 4-101

（3）运费（Offer）部分。Offer 页面要填写的内容和前面运费设置那部分差不多，包括价格（Your price）、卖家 SKU（Seller SKU）、可售卖的数量（Quantity）、运费模板（Shipping-Template）等，如图 4-102 所示。运费模板一般默认选择亚马逊提供的运费模板。

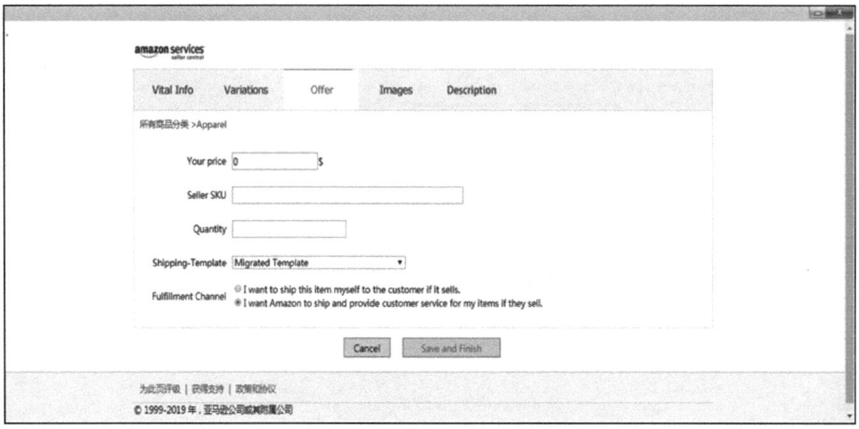

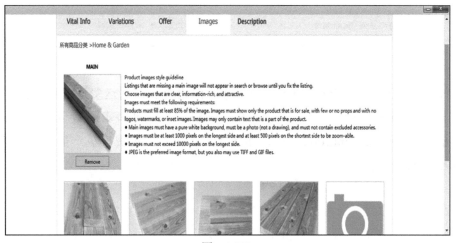

图 4-102

（4）产品图片（Images）部分。单击"Images"进入"上传产品图片"页面。图片具有吸引力是为企业产品带来更高转化率的一个重要因素。不同角度、不同细节的图片使客户在浏览商品的过程中有不同感受，获取有关产品的信息量也是不一样的。很多时候客户在购买产品时，在未接触到实际产品的过程中，可以说购买的就是产品图片，所以产品图片一定要引起卖家的重视。在亚马逊中，产品支持最多9张图片的上传，就是"7+2"，因为产品详情页最多只能展示7张图片，买家如果想看剩下的2张图片，需要单击图片下方的折叠按钮才能看到。第1张图最重要，是主图，第2～7张图次之，第8、9张图是需要点开折叠按钮才能看到的。这部分要特别注意图片的来源，在亚马逊上非法使用有版权问题的图片是要被追究商业侵权等法律责任的。可使用国内或国外网站所提供的图片素材，国外来源优于国内来源，因为国外来源更符合外国人的审美习惯，也可以请外国人拍摄与众不同的图片。图片按照用途可以分为主图、侧面图、功能图、细节图、尺寸图、使用说明图、包装图、拆解结构图、模特图等，如图4-103所示。

图 4-103

亚马逊对于图片标准有以下要求。

①图片必须准确展示商品，且仅显示待售商品，尽量少使用或不使用支撑物。

②主图片必须用纯白色背景（纯白色可与亚马逊搜索和商品详情页面融为一体，RGB值为 255：255：255）。

③主图片必须展示实际商品（不能是图形或插图），且不得显示不包含的配件、可能令买家产生困惑的支撑物、不属于商品一部分的文字或徽标 / 水印 / 嵌入图片。

④商品必须占据图片区域中 85% 或以上的面积。

⑤图片的高度或宽度应至少为 1 000 像素。这一最小尺寸要求可确保在网站上启用缩放功能。事实证明，缩放功能可以提高销量。在缩放到最小时，文件的最长边可以为 500 像素。

⑥亚马逊接受 JPEG（.jpg）、TIFF（.tif）或 GIF（.gif）文件格式，首选 JPEG。

⑦商品不得置于人体模型上。

⑧商品必须具有良好景深，即图片完全聚焦。

⑨商品必须在图片中清晰可见（例如，如果穿在模特身上，则模特不可采取坐姿）。

⑩图片不得包含裸体。

如何做好图片上传，做到图文并茂呢？

①无论是主图还是附图，图片都要突出产品的独特卖点（USP）。多角度的卖点展示图，配合恰当的文字说明、插图、背景、品质细节等完美解读产品卖点和特点。如何定位产品的特点呢？可以从产品信息、产品认证等方面考虑。在产品信息方面，比如电子驱蚊器，产品的卖点就可以是捕蚊率高、健康、环绕式光催化紫光灯、舒适、静音等。再比如金属探测器，产品的卖点就可以定位深度防水，对同类产品排名靠前 ASIN 的评价，显示很多买家反映在水的深度为 1～2 英尺时金属探测器大多可以正常使用。但是水的深度达到 5～6英尺时，好多金属探测器就不能正常使用了。如果企业经营的产品恰好能弥补这方面的缺点，就可以把"深度可达 5～6 英尺"这个卖点加上去。如图 4-104 所示。

图　4-104

251

②在产品认证方面，如果企业经营的产品能取得某种认证，就可以突出这个特点，把认证的图标加入产品图片。亚马逊上常见的认证和证书有：美国食品与药品管理局认证、美国联邦通信委员会（Federal Communication Commission）认证、CE 认证、儿童产品证书、DOT（US Department of Transportation）证书、美国保险商实验所（Underwriter Laboratories Inc.，UL）等。如图 4-105 所示例子，产品通过了 ISO 9000 质量体系认证。

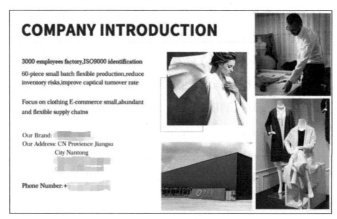

图　4-105

③突出产品的属性、尺寸等。下面两个图都是烤肉垫产品，从图 4-106 中可以很快就知道这个产品的尺寸，而从图 4-107 中则不能迅速地掌握产品的尺寸，需要再查看其他信息才能得到。

图　4-106

图　4-107

也可以用熟悉的参照物来进行对比，就能够更直观地知道产品的大小（图 4-108），但是注意用这种参照物对比的方法时，要模糊参照品的品牌标记，否则可能会引起品牌方的投诉。

图 4-108

（5）产品说明部分。Description 部分所囊括的信息会影响亚马逊 SERP（搜索引擎结果页面）。Description 页面是产品的描述，包括五点描述和产品描述，这一部分在亚马逊平台相当重要。Product Description 就是产品描述，你需要在这一点中列出你产品的具体情况，包括各项参数和制造原料等，还有包裹情况。Bullet Point 就是五点描述，五点描述是亚马逊平台的一个特点，只有亚马逊才有五点描述。一般情况下，编辑新产品信息时，Bullet Point 只有一个选项，这时候，就需要你单击下方的蓝色字 Add More，单击四下，五点描述的选项才会全部显示出来。如图 4-109 所示。

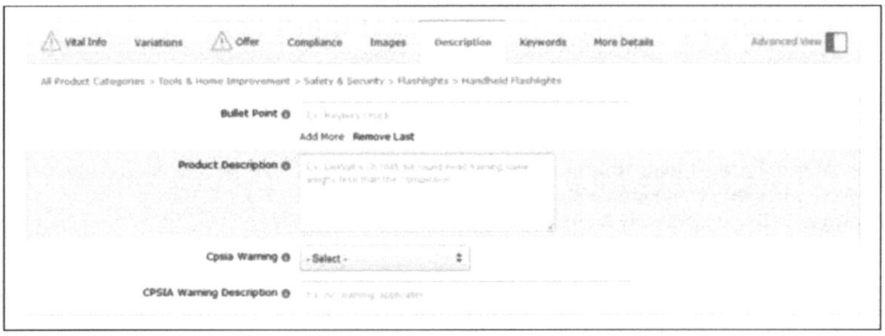

图 4-109

从 Bullet Point 和 Product Description 两方面看一下卖家应该如何完善产品的页面。Product Description 包含产品的主要特性，如大小、样式以及适用范围。亚马逊平台鼓励卖家提供准确的尺寸信息、保养说明和保修信息，并使用正确的语法、标点符号以及完整的句子阐述相关信息。产品详情页面是卖家展示产品的第一位置，完善的产品内容描述可以帮助买家更直接地了解产品的相关信息，并在第一时间决定是否会购买此款产品，因此卖家在此处要真实还原你的产品，如果买家向亚马逊投诉买到的产品与相关描述不符，就会严重影响卖家的店铺绩效。客观描述产品是基本，尽可能地详细描述能为你的产品加分。在这部分最好不要出现卖家姓名、E-mail 地址、网站网址、具体的公司信息等信息。产品描述这部分是非常考验跨境电商文案功力的地方。很多时候，我们只能做到符合目标语国家的表述习惯，用词确切，做到"信和达"，至于"雅"则是可遇不可求。不是每个翻译都能把 Good to the Last Drop 翻译成"滴滴香浓，意犹未尽"。

亚马逊产品详情页面中 Bullet Points 又名 Key Product Features，编辑的位置位于 Descriptions 选项中（图 4-110）。

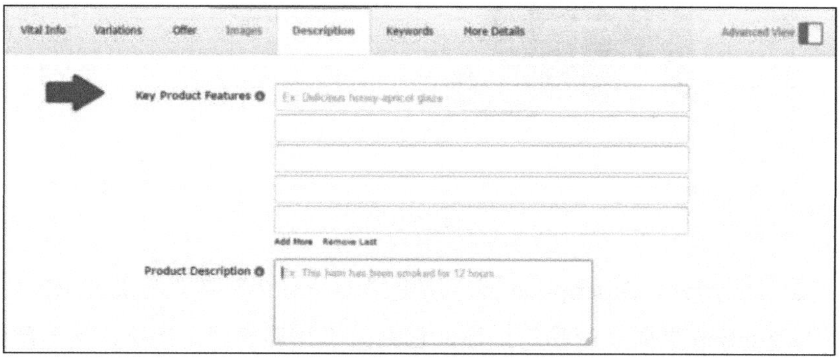

图　4-110

Bullet Point 能够突出商品相关的重要信息或特殊信息，买家会依靠商品的要点来了解重要的商品特征。因为亚马逊平台商最多可以填写 5 条商品要点，所以又被称为五点描述。有效的 Bullet Point 描述能够增加卖家产品在亚马逊的销量。产品页面中，描述性的要点越多，越有利于产品销量的增长。买家会根据产品的 Bullet Point 来识别产品的信息。图 4-111 是亚马逊热卖产品 Kindle 的常用配件——保护套的 Bullet Point。

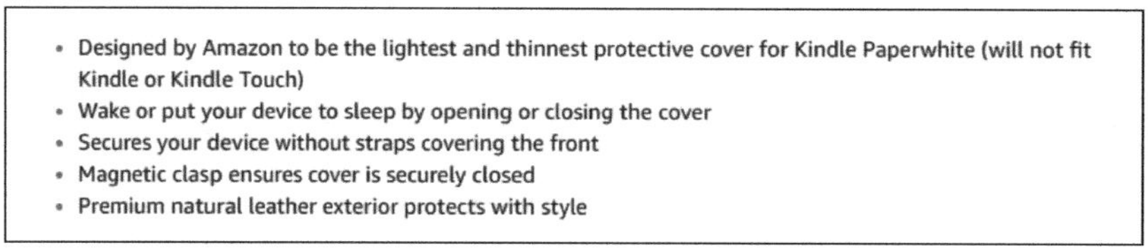

- Designed by Amazon to be the lightest and thinnest protective cover for Kindle Paperwhite (will not fit Kindle or Kindle Touch)
- Wake or put your device to sleep by opening or closing the cover
- Secures your device without straps covering the front
- Magnetic clasp ensures cover is securely closed
- Premium natural leather exterior protects with style

图　4-111

下面对这个 Kindle 保护套的 Bullet Point 进行分析。我们对这五点描述一一进行翻译和分析。五点描述的第 1 句：亚马逊专属设计，用于 Kindle Paperwhite 的最轻薄保护套（不适用于 Kindle 和 Kindle Touch）这一条开宗明义，点出了这款保护套最大的卖点是原厂配件＋最轻薄。五点描述的第 2 句：打开或闭合护盖，即可自动开启或休眠您的 Kindle Paperwhite。这个描述中突出了产品支持自动开启和休眠的功能。五点描述的第 3 句：无绑带设计，更好地保护您的 Kindle Paperwhite，这一点说明产品的设计特点是无绑带设计，作用是能更好地保护产品。五点描述的第 4 句：精致的磁搭扣让护盖能保持紧密闭合，这一句呼应上一条，进一步阐述产品的设计特点是精致的磁搭扣，作用是让护盖能保持紧密闭合。五点描述的第 5 句：高级真皮材质外壳，精心保护更显时尚，这一句点明产品另一个卖点——真皮材质。使用这种材质的保护套很少，因为真皮材质重，但是亚马逊的保护套能做到在使用真皮材质的同时，又是同类型产品中最轻最薄的，再次显示出了原厂的实力。

结合亚马逊热卖产品 Kindle 的常用配件——保护套的 Bullet Point 的例子，总结一下写 Bullet Point 的要点：第一点，产品最大的卖点要放在第一行说，这样能一下子抓住消费者的眼球，吸引消费者继续往后阅读，进一步了解卖家的产品。第二点，每一行只说一个卖点，不要胡子眉毛一把抓，在一条里面试图说完产品所有的卖点。第三点，控制每行要点描述的长度，尽量简洁，翻译的时候注意不要长句、叠从句，消费者的耐心有限。

也可以说五点特征描述的基本原则是——充分了解自己产品的五点属性、重要卖点以及相关的售后保障。五点描述的第 1 点一定是要有技巧地把自己产品的卖点和关键的注意事项展现出来给客户。五点描述的第 2 点至第 5 点，根据大多数客户对于该产品的关注点比如功能、性能、质量、适合的消费人群、产品的便利性等进行排序。如果有必要，可以为每一条五点描述拟定一个中心短语并全部使用大写字母表达出来，方便客户一眼就看到整条描述的中心意思，简称总分结构。卖家在写 Bullet Point 的时候，不妨多学习和借鉴大厂同类型产品的页面。

（6）关键词部分。在填写产品说明这部分后可以看到，导航栏中又多了个关键词（Keywords）按钮（图 4-112）。这就是我们在这里说的关键词部分。

图　4-112

其中 Search Terms 即搜索词，位于产品刊登界面的 Keywords 一栏（图 4-113），通过填写关键词，就会被亚马逊系统收录，从而让消费者通过搜索找到卖家的产品。

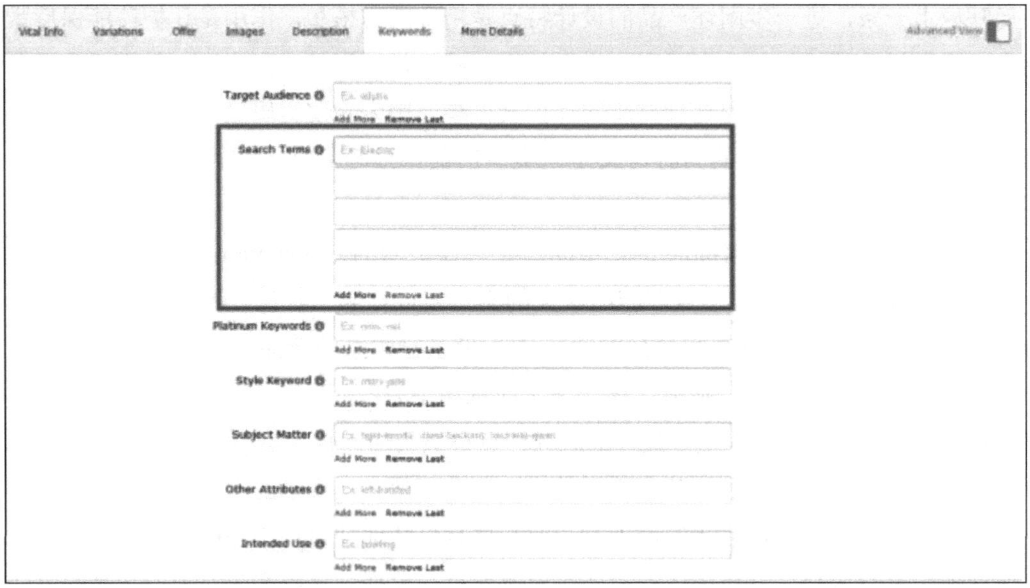

图 4-113

Search Terms 是唯一不被亚马逊在前端公开显示，却影响着 Listing 搜索权重的关键词。虽然 Search Terms 并不是必填的项目，但是每个卖家都不应该放弃填写。卖家应该做到后台关键词与买家搜索词最大限度的匹配。所以，卖家在填写 Search Terms 时也要像写标题那样用心。那么，填写关键词时有哪些地方需要注意呢？下面我们进行详细说明。

哪些关键词可以写入 Search Terms? 与 Listing 相关性高的关键词，可以填写到亚马逊 Search Terms 里面。如果 Listing 描述中带有非常关键的元素（标签）或者极其独特的性质的关键词，也可以放入 Search Terms 里面。但是无论如何，在亚马逊 Search Terms 的填写上，关键词都不能重复堆砌。你可以用同义词表达，或者用意思相近的其他的关键词来表达。如果实在没有好的关键词，相关度略低的关键词也可写入。将几个单词作为一个关键词时，要把它们放在最合乎逻辑的顺序位置，也就是要注意一些语法的书写，比如"红色长裙"，英文的书写是 long red dress，而不是 red long dress。

哪些内容不宜写入 Search Terms? 卖家不宜写入与自己产品没有相关性的关键词，尽管用到某些关键词可能会蹭到更多的曝光率，带来更多的流量。但如果匹配度低，并不是买家需要搜寻的产品，也不会有流量和转化率。卖家更不宜将别人的品牌名称写进 Search Terms 里面，尤其是大牌的名称，否则容易引起法律侵权问题。比如，你卖的是汽配用品，你可以在标题或者描述备注你的产品适合哪种汽车车型。但 Search Terms 里面是不能填写汽车品牌名称的。

隔开符号填写的问题。填写的关键词之间要用符号隔开，对于隔开符号的使用，存在比较大的争议，有人建议使用英文逗号隔开，也有人说一定要用空格隔开。而在实务中，用逗号、空格两种符号都是可以的。另外，在写关键词时，除了使用以上两种符号以外，无须再用别的符号。比如中文逗号、句号或引号，这些都是错误的。

填写关键词的基本要求。首先，放在 Search Terms 的关键词英文拼写一定要正确无误。这是最基本的要求。其次，关键词可以用单词、词组（短词）、长尾词、热词填充。在填写时，将相关性高的关键词放在靠前的位置，而且最好不要与标题重复。至于用单词、词组还是长尾词来填充关键词，就需要看哪一个的效果会更好，哪一个与产品更符合。卖家可以根据产品的特性和行业竞争情况来选择，也可以混合使用。

关键词填写方法。卖家常用的亚马逊 Search Terms 关键词写法有两种：①在 5 行 Search Term 都只填写一个单词或一个词组。加起来一共只填写 5 个关键词。这种写法对填写的关键词要求很精准，关键词肯定要经过层层筛选，并且与搜索词完全匹配。②使用词海战术，在 5 行 Search Terms 里面填写上大量的关键词，甚至是填满，来增加被搜索到的概率。对于采用哪一种写法，卖家要根据产品的实际情况而定。如果企业的产品是比较特别的或者比较冷门的，在细分类目里占有优势，用某个关键词检索时就能在首页或前几页出现的，可以采用第一种写法。但如果企业销售的是普通的产品，类似或相同的产品在平台成千上万，竞争激烈，卖家无法保证自己的产品能在海量产品之中被买家找到，那就要采用第二种写法。

填写完这部分后，单击完成并保存按钮，商品的发布完成。按照以上步骤在亚马逊上完成相关操作后，下方的"Save and Finish"就会变成可单击的橙色按钮（填写完带红色星号标志的选项就会出现了，但如果只填写那些选项的话，产品上传后就会一团糟），这时候，只需单击"Save and Finish"，即可完成商品上传。如图 4-114 所示。

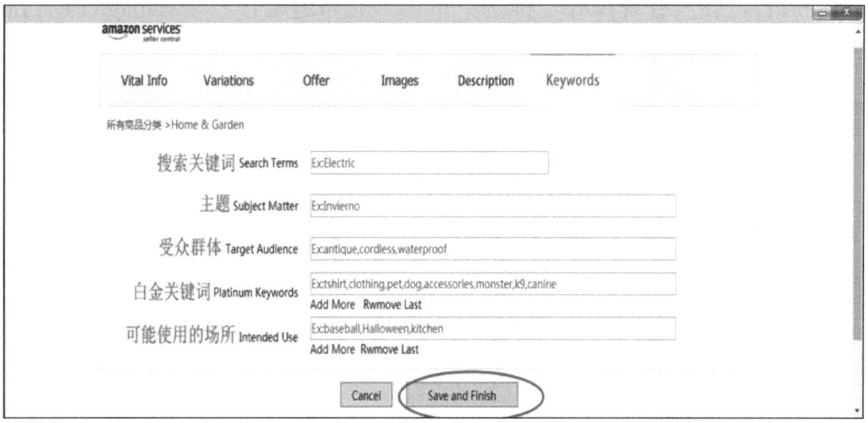

图　4-114

之后会出现一个亚马逊提醒的页面，提醒你的产品 Listing 将在 15 分钟内更新完成。图片是 15 分钟左右才会显示出来，但实际上基本都是上传后一两分钟内就能看了。完成以上的步骤，此时显示 Inactive（未完成 / 不在售）。如图 4-115 所示。

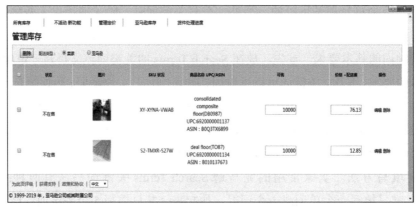

图 4-115

按照以上的步骤发布第二件、第三件……直到把所有的商品都加入亚马逊上去。卖家需要核对上传的商品信息是否正确，也就是要进行商品对应，对上传的商品与商品实际情况做匹配对应，如果自己发布的商品跟实际情况差别较大，需要进行修改，直到完成所有的商品对应。所有的商品都发布完成后，Listing 会直接显示 Active（可售状态），这时就完成了在亚马逊上商品的发布。下面就要联系供应商，将产品发往亚马逊的海外仓。

知识点 4：产品入库

一、进入"亚马逊卖家库存"

卖家登录后台，在"管理库存"标签中单击"亚马逊库存"（Manage FBA Inventory）进入管理库存界面。如图 4-116 所示。

图 4-116

二、转为"FBA配送"

在亚马逊开店的卖家在库存管理页面，可以通过搜索 SKU、标题、ISBN 来找到要转换为 FBA 发货的产品。在这个页面可看到商品发货属性，可以用商品状态（所有、有售、不可售）为主要筛选条件，如果在亚马逊开店的卖家只对单个商品进行转换 FBA，就直接在该产品最左边的框中勾选，同时在该产品最右侧的"编辑"（Edit）里面单击"转换为'亚马逊配送'"（Change to Fulfilled by Amazon）。如果是多个产品都要转换为 FBA 发货，则勾选"全选"，然后在下拉菜单选择"转到'亚马逊配送'"（Change to Fulfilled by Amazon），如图 4-117 所示。

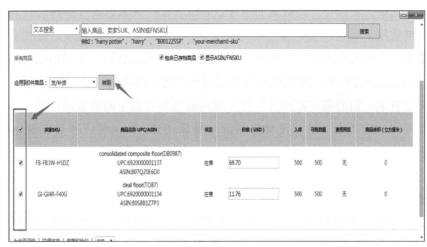

图　4-117

接着会跳到下一页面。此时，进入向亚马逊仓库（发/补货）的流程步骤。

三、发/补货

选择"创建新的入库计划"。在此处，要注意起运地和包装类型。发货地址是自动生成的。包装类型分为混装发货和原厂包装发货。包装是指对某一产品设计并制作容器或包扎物，并将产品盛装或包扎起来的一系列活动。包装有两方面内容：①包装是指为产品设计、制作包扎物的活动过程。②包装即是指包扎物。包装类型中的混装商品是指一箱里面有多个 SKU 产品。原厂包装发货是一箱里只有一个 SKU。包装作为物流过程中重要的一部分，对于物流成本肯定是有很大影响的。比如根据集装箱或者车辆的尺寸来设计包装的尺寸，以及周转箱的合理使用就可以极大地提高装载效率，从而降低物流费用。在品质方面，好的、合理的包装可以有效地保护商品不受损害。运输质量的提高对于成本的降低也是有很大作用的。所以，包装作为物流过程中的一部分，自身成本的降低也是物流成本的降低。在这里，我们介绍一下包装的相关知识。

（1）包装的分类。产品包装按其在流通过程中作用的不同，可以分为运输包装和销售包装两种。我们重点介绍运输包装，运输包装又称外包装或大包装，主要用于保护产品品质安全和数量完整以及便于运输。运输包装可细分为单件运输包装和集合运输包装。

单件运输包装，是指商品在运输过程中以箱、桶、袋、包、坛、罐、篓、笼、筐等单件容器对商品进行的包装。按其使用的包装材料，又可分纸、木、金属、塑料、化学纤维、棉麻织物等制成的容器和绳索。按其包装造型，又可细分为箱、桶、袋、包、捆、瓶、罐、篓等。

集合运输包装，是指将一定数量的单件包装组合在一件大包装容器内而合成的大包装。这种包装方法适应了运输、装卸现代化的要求，可以实现货物整批包装，有利于降低成本、提高工作效率。目前常用的集合运输包装有集装包（或集装袋）、托盘和集装箱等。

（2）亚马逊包装要求。跨境电商包装的操作要求包括抗破损、抗压防震、轻便、防水防潮、简单省事、防静电、粘贴良好等。亚马逊包装有以下的要求。

①商品必须包装完好，确保没有任何部分暴露在外；外包装应密封以避免商品散落。

②对于所有商品，必须在每个可售商品的包装上粘贴亚马逊商品标签（X00 标签），并随附可扫描的 FNSKU（X00 条形码）。卖家使用的 FNSKU 是用来区分不同卖家提供的商品的重要编号，每个 FNSKU 仅对应一件商品。

③如果卖家自己粘贴标签，商品标签应覆盖其原始条码，如 EAN/UPC/ISBN。选择一个易于查看和扫描的位置贴标。有关更多贴标要求，请参阅打印包装标签指南。

④商品包装不得有任何笔迹，并且禁止在商品上贴标任何未经授权的宣传材料，如宣传册、价格标签或其他非亚马逊标签。亚马逊不接受预先确定价格的标签或商品。

⑤对于尖利／有害或易碎商品，亚马逊保留指定需要额外保护包装的商品的权利。这可以确保配送过程中商品的完整性。外包装是纺织材料的商品以及容易沾染灰尘和污垢、容易变湿或容易由于损坏而受到污染的商品必须使用透明的塑料袋进行保护。

⑥如果将包装不完整或不合规的具有以上特性商品发往亚马逊运营中心，亚马逊将拒绝接收或将它们作为无法配送的商品接收，并要求卖家删除这些商品。对于需要亚马逊进行预处理的商品，亚马逊保留收取预处理服务费的权利。

关于包装类型，在亚马逊开店的卖家应如实选择是"混装发货"还是"原厂包装发货"。如果 SKU 比较多的话，建议选择混装。混装一定要确保每一件货品都能彻底分离包装。尤其是一些易碎或者易破损的产品，一定要使用有效的缓冲物进行隔离，最好是专业的气泡膜或者充气袋，而且还要压实。箱子的封装也是非常有技巧的，要选择宽的胶带或者封箱带将箱子整个拉紧封装。如果是封箱带，则用十字交叉的方法拉紧，最好是多个方向做一下包装。如果是胶带，至少需要 6 厘米宽，最好是箱子上下左右所有的接口处都缠一遍。充足有力的空间和隔离措施能够确保给予货品足够的缓冲，避免运送过程中因磕碰造成的对冲破损。确定好起运地、包装类型后，单击"继续处理入库计划"，如图 4-118 所示。

图　4-118

四、继续处理入库计划

选择添加商品，"所有商品"会显示选为 FBA 发货的产品信息。单击"添加商品"，可以对商品数量进行编辑。如果需要删除，则单击每个产品后面的"删除"，即取消向 FBA 仓库发货的任务。在这里，如果需要输入商品包装尺寸，要注意，需要提供制造商的原始商品包装尺寸（英寸）。比如一个在亚马逊开店的卖家是卖杯子的，杯子有包装，需要输入产品的包装尺寸（长、宽、高）和数量，然后单击"保存"。再单击"继续"，继续下一步"预处理商品"。如图 4-119 所示。

图　4-119

五、预处理商品

在这一步也会浏览到卖家之前设置的信息，确定没有问题后，单击"继续"，进行下一步操作。

六、为商品贴标

这时就会转到"为商品贴标"页面。因为发 FBA 仓的每一个产品都要贴上标签，所以这是比较关键的一步。在这里，选择设置打印标签个数和要打印的尺寸。正常情况下，亚马逊默认使用 A4 格式纸张打印，卖家可以自行购买 A4 格式的不干胶纸来打印。一般情况下，每张 A4 纸打印标签个数在 21 ～ 44 个。卖家可以根据产品包装大小来选择相应的规格进行打印。选择完成后，单击"为此页面打印标签"进行标签打印。如图 4-120 所示。

图　4-120

商品标签的要求如下。

（1）国家标。为了分辨货物，FBA 要求外箱要粘贴国家标。国家标的式样、颜色按照《各国标志贴纸 9.18（CS4）转曲（1）》文件要求执行。国家标的尺寸为边长 4 厘米的正方形。国家标粘贴在每箱货物窄侧面的右上角，两张。

（2）检查产品的 SKU。产品的 SKU 是一个种类一个型号一个尺寸，是产品的唯一标识，亚马逊是以 SKU 为准的。如果亚马逊发现卖家贴错了 SKU，由亚马逊进行更换，代价将十分昂贵。有些 SKU 是厂家贴的，就存在检查的问题。检查，当然也不可能每个产品都取出来核对条码，量大的情况下那是不现实的。这就需要和货主充分沟通，这个厂家有没有错过？这个厂家有没有责任心？这个标签是 PDF 截图的还是打印软件生成的？如果这个厂家经常犯错，极其不负责任，那就每一箱都要拆开来检查 SKU。如果这个厂家从来没有错过，那就每个国家每个种类抽出一箱来检查。例如：在实务中，"数字 0"和"字母 o"，"数字 1"和"字母 I"，在大规模检查的时候，用肉眼是很难分辨的，电脑输入的时候也很容易就看错。但 0 就是 0，o 就是 o，扫描枪可是分辨得一清二楚的。所以在这种容易出错的地方，要严格操作流程，避免容易出错的程序发生。如果标签是截图，那就不能编辑。有些亚马逊卖家将货物在国家之间调配的时候，会想要更换 SKU。这个简单，就是一定要把原来的标覆盖掉。但是千万不要一个产品出现两个标，否则就错乱了。另外，贴的时候贴平即可。

（3）FBA 标签。FBA label 为亚马逊仓库收货时确认货物的外包装箱标识，由 FBA 信息和 code128 条码组成。FBA label 为亚马逊系统内生成，每批次货物的 FBA label 编码为前缀加三位数字递增。

（4）超重标。亚马逊规定，单箱包裹不可以超过 15 千克，15 千克是亚马逊的建议标准。因为超过 15 千克的货物，在 Amazon 货物操作规程中必须由两个人来操作。卖家和头程物流商需要做的是：尽量不要让包裹超过 15 千克，否则不仅亚马逊难操作，单箱货物太重，在辗转运输中，也容易破损和跌落；如果超过了 15 千克，就要按照亚马逊 FBA 的规定，贴上"Team Lift"标签，提醒亚马逊操作人员，需要两个人操作。

（5）电池标。如果带电池的货物走空运，一般要加贴电池标识。

那么如何打印出正确的亚马逊标签呢？就需要了解打印所需的硬件设备以及耗材。首先要选择合适的打印机，常用打印纸张一般有两种，一种是普通的铜版纸，一种是热敏纸。通常来说，大家都习惯直接使用热敏纸。因为成本低，使用方便。在有了正确的硬件设备以及耗材的基础上，就可以通过软件设计并打印出标签了。如图 4-121 所示。

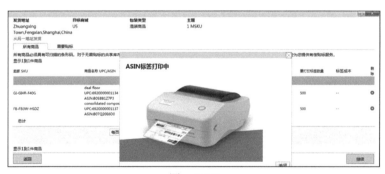

图　4-121

打印出来后，再将标签一个个贴在产品或者产品外包装上。这里特别注意一下，不要贴错产品 SKU。再单击"继续"，进行下一步"检查货件"。

七、检查货件

在"检查货件"这一环节（图 4-122），检查货件的起运地、包装类型、包含商品，商品预处理服务费等信息。在这个页面，亚马逊也会有提示："您运往亚马逊的库存可能会根据卖家 SKU（MSKU）被拆分成多个货件，我们将根据多种因素为每个货件分配运营中心，包括商品的尺寸和分类、您的地址和其他配送渠道因素。"也就是说，在亚马逊开店的卖家创建的产品可能会被分仓，分配到不同的 FBA 仓库，也有可能是全部发到一个 FBA 仓库。总之，是亚马逊系统自动分配的。如果卖家不想分仓，可以提前在后台设置合仓（注意合仓亚马逊需要另外收取费用）。确认信息无误后，单击"批准货件"。这样就完成向亚马逊仓库发货。

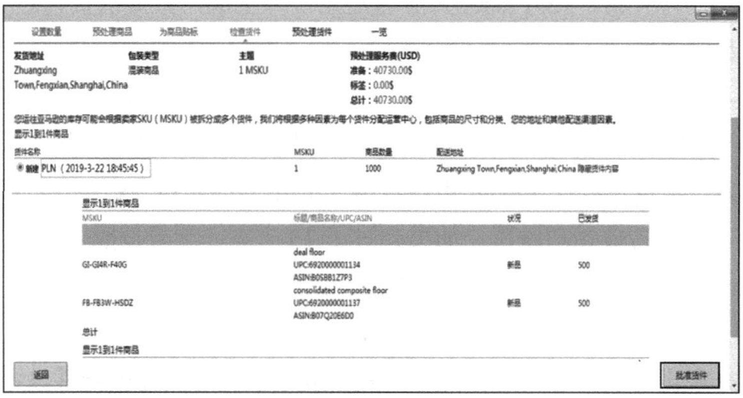

图　4-122

知识点 5：处理订单

在完成向亚马逊仓库发货后，企业就可以进行商品的销售了。买家在亚马逊上搜索产品并了解商品的相关信息，并最终制定购买决策，将商品添加至其购物车并结算。之后卖家开始在亚马逊处理订单。在处理订单时，可以借助 ERP 系统，如图 4-123 所示。

图　4-123

亚马逊里的 ERP 系统是企业资源计划的简称。亚马逊的 ERP 是一款店铺管理软件。

它主要是负责管理企业内部所需的业务应用。跨境电商 ERP 系统的主要功能包括产品采集、产品管理、订单管理、分类管理、物流管理、报表管理以及上传亚马逊店铺的一键式翻译等。卖家通过系统后台可简易直观地进行订单审核、订单发货、挑拣、拆包、检查货品颜色尺码等是否正确，确认无误后将商品发往海外客户手中，并通过物流系统管理及时查询物流状态。

一、查看订单

确认订单付款后，亚马逊将以电子邮件的形式向卖家发送订单通知（图 4-124），也可以通过卖家平台中"管理订单"页面上的选项卡，查看"未发货""等待中""已发货"和"已取消"的订单列表。通过查看邮件的内容，卖家可以收到来自买家的订单，接下来就需要卖家完成发货安排，完成线下"订货"和"发货"操作。

图 4-124

二、订货

单击"企业 ERP"进入订单管理，可以看到订货的信息和订货的状态。然后单击"订货"（图 4-125），继续完成所有订单，直到全部订单都处理完成。

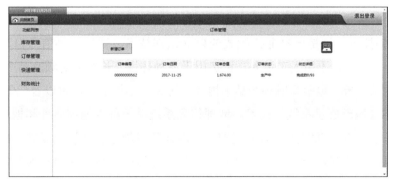

图 4-125

卖家必须在下单之日起30天内向亚马逊确认订单发货。否则，亚马逊将自动取消订单，而且即使卖家已配送订单，也不会获得付款。在30天期限前的一周，卖家会在"管理订单"中看到一条警告消息（"请在[日期]前确认发货，以免订单被取消"），并且卖家还会收到电子邮件通知。

三、发货

完成订货后，到"快递管理"中完成"发货处理"，进行国际物流配送，如图4-126所示。

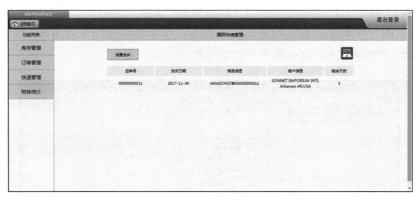

图 4-126

国际物流配送是跨境电商平台销售的商品从供应地到不同国家地域范围内的目的地的实体流动过程，包括国际运输、包装、配送、信息处理等环节。具有物流反应快速化、物流功能的集成化、物流作业的规范化以及物流信息电子化等特征。

1. 物流信息技术

（1）条码技术。条码技术是一种对物流中的货物进行标识和描述的方法，是在计算机应用实践中发展起来的一种自动识别技术。它是POS（销售终端）系统、电子商务、供应链管理的技术基础，是物流管理现代化的重要技术手段。

（2）EDI（电子数据交换）技术。电子数据交换是通过电子方式，采用标准化物流系统规划与设计的格式，以计算机网络为基础进行结构化数据的传输与交换。

（3）射频技术。这是一种非接触式的自动识别技术，通过射频信号自动识别对象从而获取相关交易数据，不用人工涉入，可运用于各种环境。长距离射频产品多用于交通上，识别距离可达几十米；短距离射频产品不怕灰尘污染、不怕油渍，可以替代条码。

（4）GIS（地理信息系统）技术。地理信息系统是一种为地理研究和地理决策服务的计算机技术系统。以地理空间数据为基础，采用地理模型分析方法，提供多种空间的、动态的地理信息。它的显示范围可以从洲际地图到街区地图，显示对象从人到销售情况、运输路线等。

（5）GPS（全球定位系统）技术。全球定位系统具有海陆空全方位实时定位导航能力，在物流领域应用在定位、跟踪调度上，如铁路运输、军事物流等。

（6）亚马逊物流技术。前面所说的传统物流技术在亚马逊里也都是存在的，亚马逊物流技术还包括 ECR（有效客户响应）和 JIT（准时制）系统。ECR 即有效客户信息反馈，依靠这种系统，能够做到客户要什么就生产什么。通过 JIT 系统，可以从客户终端很快地得到销售反馈信息，物流配送不仅实现内部的信息网络化，而且增加了配送货物的跟踪信息，大大提高了物流企业的服务水平，降低了成本。

2. 亚马逊发货方式

一般来说，对于绝大部分亚马逊卖家，要么 FBA 发货，要么 FBM（fulfillment by merchant）自发货。而亚马逊通过倾斜流量的方法，使卖家更倾向于选择 FBA 服务。但物流成本一直是卖家做跨境电商的难题。需要先了解一下物流方式。

（1）FBM。由卖家自行发货，亚马逊仅作为销售平台，卖家需借助如邮政小包、国际快递、专线等第三方快递服务派送至买家。

FBM 有很多的优点：①卖家自行发货可以很大程度保证所发的货物都是完全安全的，所携带的产品配件及赠品都可以临时安排检查或添加。②发货方式灵活多变，可选用邮政包裹、国际专线、国际快递以及海外仓储派送模式等多种方式发货。③对于小卖家来说，有时候前期不敢备太多的货，FBM 发货是比较好的一种选择。④很多货物（如体积大、重量重的货物）使用 FBA 发货会非常不划算。选用 FBM 发货是一个很不错的选择。

那么自发货卖家如何降低成本呢？推荐卖家加入亚马逊 SFP（seller fulfilled Prime）计划，货物同样可以拥有 Prime 标志，拥有和 FBA 发货同样的递送服务。加入 SFP 计划之后，卖家可以使用亚马逊的物流做尾程派送。亚马逊会给卖家一个物流面单，相当于使用 FBA 发货，但是发货的费用会比 FBA 低很多。卖家就可以提前将货物发到海外仓存储，存储费同样也会比 FBA 仓库便宜很多。当订单产生之后，就可以让海外仓的工作人员代理打包、发货了。

（2）FBA。FBA 即亚马逊物流服务，即亚马逊将自身平台开放给第三方卖家，将其库存纳入亚马逊全球的物流网络，为其提供拣货、包装以及终端配送的服务，亚马逊则收取服务费用。在亚马逊，FBA 的主要目的是提升亚马逊的用户体验，提高黏性。对卖家来说，发 FBA 的好处是非常多的，能够推广新品、提高销量、抢占黄金购物车，利用 FBA 服务不仅保证了跨境卖家商品的运输速度，还为其提供了更为便捷的服务，所以很多在亚马逊开店的卖家都会选择发 FBA。FBA 有它独特的优势：①顾客收货很快，可选择的收货方式灵活多变。②由物流问题造成的买家反馈不满意问题亚马逊会帮助买家解决，账号安全性高。③消费者对 FBA 的产品购买的意愿度会高于其他的收货方式。最后亚马逊会对使用 FBA 的卖家有特殊的照顾（如帮助获得购物车、提高 Listing 排名等）。

但是，一般来说 FBA 的运费会很高。并且，由于买家可以 7 天无理由退货，且这期间不会和卖家有任何的沟通交流。而亚马逊规定，相同的标签条码在退仓后，半年内不得返仓。一旦出现退货换货的现象，只能将货物就地销毁。

那么，FBA卖家又如何降低成本呢？推荐卖家采取FBA配合海外仓使用的方式，卖家可以通过海运批量地将货物运输至海外仓，当需要补货的时候可以直接从海外仓发货补货到FBA仓库，最大限度地节省了头程的费用。同时，货物存储在海外仓，仓储费也会比FBA仓库便宜许多。当出现退货、换货问题的时候，可以将货物退运到海外仓，在海外仓更换标签、重新返仓上架销售，最有效地解决了退货问题。

无论是哪种发货方式，都需要卖家根据自己的实际情况权衡利弊，高性价比才是选择发货方式的基本。

在掌握了亚马逊平台进行跨境电商活动的基本程序后，还需要掌握相关知识，如产品的营销推广、客户关系管理等，才能更好地完成亚马逊的跨境电商活动。

1. 亚马逊平台的优势体现在哪里？

2. 亚马逊的客户满意度指标包括哪些？

3. 亚马逊手动广告与自动广告有什么区别？

4. 亚马逊平台注册的费用都包括哪些？

5. 如何在亚马逊平台进行产品入库？

5 第五章
Wish 平台操作

在各大跨境电商平台的激烈竞争中，Wish 平台独树一帜，吸引了全球众多商家和消费者，目前已经发展成为全美领先的移动跨境电商平台。与其他跨境电商平台相比，Wish 平台具有独特的属性，充分地认识 Wish 平台，熟悉 Wish 平台的运营规则及操作技巧，是学习跨境电商运营实务的关键环节，对于跨境电商从业者而言更是至关重要。

1. 了解 Wish 平台的发展历程。
2. 熟悉 Wish 平台的特点。
3. 掌握 Wish 平台的运营规则。

建议学时

6 学时。

第一节　Wish 平台简介

1. 了解 Wish 平台的发展历程。
2. 熟悉 Wish 平台的特点。

0.5 学时。

老师讲

知识点 1：Wish 平台的发展历程

Wish 平台于 2011 年成立于美国硅谷，由 Peter Szulczewski 和 Danny Zhang 两位技术精英共同开发创立。最初，Wish 平台定位于图片社交，利用算法系统向用户推送优质图片。2013 年，Wish 在其平台中添加了商品交易功能，正式转型成为移动购物平台，涉足跨境电商。2013 年，Wish 平台的年交易额已达到近 1 亿美元，2014 年则达到了 4 亿美元，迅速成长为跨境电商领域的一匹黑马。2014—2016 年，Wish 平台实现爆炸式增长，连续 3 年被评为硅谷成功创新平台。截至 2017 年底，Wish 平台的用户数已超过 4 亿，日活跃用户 1 000 万名。目前，Wish 平台已发展成为北美及欧洲地区最大的移动跨境电商平台和全球第六大电商平台，估值超过 112 亿美元。

Wish 平台的买家主要来自欧美地区，而卖家则主要来自中国。秉承着"把更丰富、更优质、性价比更高的中国产品输送到全球"的理念，2014 年 Wish 中国在上海成立，2018 年初已有超过 100 万商户供应逾 2 亿款商品，全球累计用户超过 3.5 亿，月活跃用户超过 7 000 万名，日出货量峰值达到 200 万单，订单主要来自美国、加拿大、欧洲等。

与其他跨境电商平台不同，Wish 平台瞄准移动端，在打造购物平台的同时，致力于成为一个分享和娱乐的平台，深受年轻消费者的青睐。2018 年，Wish App 月均下载量同比提升超过 50%，覆盖了 80% 的欧美国家，且逐渐带动起巴西等新兴国家市场，迎来了新的发展机遇。同时，Wish 凭借其独特的社交属性，以累计近 60 亿的播放量成为全球购物类平台播放量第一品牌。2020 年 1 月，Wish App 以 1 380 万次的安装量成为全球下载量最高的购物类应用，同比增长 38%。

此外，Wish 在发展全品类主平台的基础上，针对主流品类相继开发了多个垂直平台，如主营电子产品的 Geek、主营母婴用品的 Mama、主营美妆用品的 Cute 和主营家居用品的 Home 等。综合与垂直相结合的布局有助于全面阻击行业对手，并通过内部竞争激励自身持续发展。

知识点 2：Wish 平台的特点

一、定位明确

Wish 深谙电子商务用户的消费习惯及变化趋势，定位于移动跨境电商 B2C 领域，主要面向偏年轻化的主流消费群体，经营产品以客单价较低的时尚类目为主。Wish 将其与生俱来的社交属性融入跨境电商，利用主流社交媒体 Facebook、Twitter、Instagram、YouTube 等开展海外营销实现引流，凭借网络社交的互动性、广泛性、娱乐性等特点大大增加了用户黏性，有效提高了销售转化率，践行了 Wish 的口号——"Shopping Made Fun"。

二、风格简约

不同于传统的跨境电商平台，Wish 平台主界面以"瀑布流"形式展示商品图片，只保留价格、销量等关键信息，风格简约，直观清晰，提高了用户的浏览与筛选效率，简化了交易流程。突出单品的展示方式的同时弱化了店铺功能，有助于提高产品曝光有效性，更适于短视频、直播等新媒体营销方式，符合年轻人的购买习惯。在店铺装修和设计方面，Wish 平台也没有传统跨境电商平台的高要求，但商品图片的质量非常重要。

三、推送精准

Wish 平台打破常规，弱化搜索和促销功能，以智能算法技术为核心，一方面通过追踪用户喜好及购买行为向其推送可能感兴趣的商品，满足消费者的个性化需求，剔除无效信息，提升用户体验；另一方面通过向用户展示少量商品实现随机探索，以引导或开发用户需求，深化对用户的偏好了解。精准推送能够实现以最简单、最迅速的方式售出产品，以算法而非竞价的方式展示产品有助于卖家开展公平竞争，对规模相对较小的卖家而言更加友好，同时也有助于消费者作出客观选择。

第二节　Wish 平台运营规则

1. 了解 Wish 平台的注册规则。
2. 熟悉 Wish 平台的禁售品规则。
3. 熟悉 Wish 平台的用户服务规则。
4. 掌握 Wish 平台的产品刊登及促销规则。
5. 掌握 Wish 平台的订单履行规则。

建议学时

2 学时。

老师讲

作为移动跨境电商平台的翘楚，Wish 平台制定了较为完善的运营规则，以保证商户的合规运营，维持公平健康的市场秩序，为消费者提供有效的权益保障。[①]

知识点 1：注册规则

一、信息真实

Wish 平台要求用户在注册期间所提供的信息必须真实准确，否则账户可能会被暂停。

二、账户唯一

Wish 平台要求每个实体只能注册一个账户。如果公司或个人有多个账户，则多个账户都有可能被暂停。

---

① 以下规则来源于 Wish 商户平台"Wish 政策"。

三、数据保密

Wish 平台要求妥善保护用户的个人信息和数据。如果商户出现对外公开用户的姓名和地址、公开发布 API 令牌、分享账户密码等未妥善保护用户数据的行为，账户可能会招致高额赔款、暂停交易和 / 或永久关闭。

知识点 2：产品规则

一、禁售品规则

Wish 平台要求商户所发布的产品清晰、准确并符合 Wish 平台政策，尤其对禁售品的审核非常严格。如果发现某产品不符合 Wish 平台禁售品政策，则商户将被处以罚款且该产品将被系统下架。Wish 平台规定的禁售品主要包括以下方面。

（1）仿品。Wish 平台要求商户所销售的产品不可侵犯 Wish 平台或任何第三方的知识产权。若销售带有品牌标识的产品，商户须提供相关授权证明，否则将被视为仿品，将面临产品下架和 / 或赔款的风险。仿品可以概括为以下几种。

①直接模仿或暗指某种有知识产权的产品。

②相同或趋近于其他具有知识产权的产品。

③图片中包含名人，或遮挡模特面部。

（2）假币。Wish 平台禁止销售假币产品。任何在 Wish 平台销售的游戏币、道具币或复制币均必须遵守平台规则清晰标明或特殊制作，否则将被视为违禁品，面临赔款和 / 或被下架的风险。

（3）未经授权的产品。在未经授权的情况下，部分产品列表 Wish 平台禁止商户销售。对于某些涉及健康安全的特殊产品，即使商家提供足够的安全认证和授权证明，也只能在限定的区域进行销售。未经授权不得销售的产品主要包括以下几种。

①侵犯他人知识产权的产品或图片。

②隐形眼镜、药物与治疗、声称是医疗药物的药物或产品、可注射物质等医用管制物品。

③丁烷、平衡车、活体动物、人体副产品、农药等危险物品。

④食品、饮品、补品和维生素等消费物品。

⑤婴儿及儿童汽车安全座椅、被召回的玩具、婴儿及儿童安全带、安全带及安全带延长器等安全设备。

（4）酒精。在任何情况下，Wish 平台均禁止商户销售酒精。

（5）虚拟 / 数字商品、无形商品或服务。Wish 平台要求平台所有在售产品必须为有形产品,不允许售卖任何数字虚拟内容、服务、优惠及其他非实物商品。

(6)毒品和吸毒用具。Wish平台不允许售卖烟草(包括水烟、电子烟等任何形式的烟草及相关产品)、毒品及吸毒工具。

(7)性爱图片内容。Wish平台禁止销售宣传、暗示和/或描绘与未成年人发生性行为的产品。销售保健类和成人用品类产品的商户,有责任确保产品内容合规,必须通过图片明确展示其属性,不得使用不必要的裸露或淫秽内容。

(8)武器。Wish平台禁止销售枪支、弹药、攻击武器、高能激光器等武器以及可能对自身或他人造成身体伤害的产品。

(9)助长非法活动的电子产品。Wish平台要求商户所售的产品必须符合配送目的国的所有法律法规,禁止销售有利于非法活动的技术或侵犯他人隐私的产品,包括但不限于蓄意阻止信号传输或信号接收的产品、用以违法活动的间谍摄像机或监视设备以及其他此类违法行为。

(10)带有仇恨符号或信息的产品。Wish平台禁止销售利用语言或符号宣扬、美化或支持针对特定人群的种族、性取向或宗教信仰的仇恨或暴力的相关产品。

(11)虚假广告。Wish平台要求商户不得就所售产品作出未经证实或夸大的陈述。未经证实的声明、详情保证或背书的标题、图片和/或描述的产品会被认为是虚假广告。

(12)误导性列表。Wish平台要求商户用于宣传产品的标题、描述、价格、型号/颜色项和图片应清晰准确地反映所售产品的情况,禁止销售故意歪曲信息,以利用错误信息误导消费者的产品。

(13)模棱两可的列表。Wish平台不允许售卖神秘礼物,禁止在某一产品列表中存在多个不相关产品或差异过大的产品。产品标题、图片、零售价及描述应全部与所售产品保持一致。

二、产品刊登规则

商户除了不能发布禁售品之外,还需充分了解其他产品刊登规则并严格遵守,以避免产品刊登过程中违规,提高产品刊登通过率。

(1)信息准确。Wish平台要求商户所刊登产品的信息必须准确。如果对所列产品提供的信息不准确,该产品可能会被移除,且相应的账户可能面临赔款或被暂停的风险。

(2)不得引导用户离开Wish平台。Wish平台要求商户在产品详情页不能提供任何可能引导客户离开Wish平台的信息,包括但不限于网址、微信、手机号、邮箱、第三方Logo等,否则产品将被移除,其账户将被暂停。

(3)严禁刊登重复产品。Wish平台严禁多次上架相同的产品,同质相同颜色、尺寸的产品必须列为一款产品,不得重复上传列为多个产品。如果商户上传重复产品,产品将被移除,且其账户将面临被暂停的风险。

（4）禁止将原产品篡改成新产品。如果商户将原始产品修改成了一个新的产品，那么这个产品将被移除，账号将被处以赔款并将面临暂停交易的风险。

（5）禁止同一产品列表中的极端价格差异。Wish 平台要求在同一产品列表中，最高变体价格必须小于最低变体价格的 4 倍，否则产品将会被移除，并且账户有暂停交易的风险。

（6）同一产品列表内禁止出现极端价格上涨。商户在 4 个月内可将产品价格和 / 或运费提高 1 美元或最高 20%，以数值较高者为准。对于指定产品，该价格限制政策对产品价格和运费单独适用。促销产品不允许涨价。

（7）禁止操控评论和评级。Wish 平台严格禁止任何试图操纵客户评论和 / 或评级的行为，并明确禁止有偿评论和 / 或评级，同时也禁止商户直接或间接进行任何评论和 / 或评级。一旦发现存在受操控的评论和 / 或评级的订单，商户将被处以赔款。

（8）产品参考价格规则。产品列表的参考价格字段（MSRP）为非必填项，如果商户选择填写，则每个参考价格都必须真实且不存在误导，可以是制造商的建议零售价或产品的类似标价，也可以设为该产品最近在合理时段内的售价。

三、产品促销规则

Wish 平台会选择商户的优质产品开展促销，并要求促销产品（黄钻产品）必须符合相关规则，否则商户将受到 Wish 平台的处罚。

（1）禁止提高促销产品的价格和运费。Wish 平台严禁商家提高促销产品的价格或运费，但可以降低促销产品的价格或运费。

（2）促销产品不得在可接受范围之外降低库存数量。Wish 平台规定促销产品可以增加库存，但不得在可接受范围之外降低库存数量。商户可于每 14 天内，在至多 50% 或 5 个库存的范围内（取数额较大者）减少促销产品的库存数量。

（3）禁止下架或移除促销产品。如果店铺下架或移除过去 9 天交易总额超过 500 美元的促销产品，或店铺为一促销产品单独屏蔽某配送国家，且所屏蔽国家在过去 9 天内的销售额超过 100 美元，则店铺将被处以 1 美元的赔款。

（4）不得对促销产品进行编辑。Wish 平台禁止商户编辑促销产品的标题、描述或图片，禁止针对部分变体进行下架或启用。

（5）禁止为促销产品添加新的变体。Wish 平台严禁商户对促销产品添加新的尺码、颜色等变体。

知识点 3：订单履行规则

履行订单是指用户下单后商户标记发货、物流运输配送、用户收货这一流程，保证用户尽快收到准确且完整的货物。为提升用户体验，Wish 平台在订单履行的三个环节对商家制定了相关的规则。

一、标记发货规则

订单履行是指从订单生成到商户标记发货的时间段，必须遵守以下规则。

（1）所有订单必须在 5 天之内履行。若从订单生成到标记发货的时间超过 5 天，该订单将被退款，并且相关的产品将被下架。因未履行而被系统退款的订单，每单将被处以 50 美元的赔款。

（2）若商户因订单未及时履行导致退款订单数量极高，其账户将被暂停。自动退款率是指未在 5 天内履行而自动退款的订单数量与收到的订单总数之比。如果此比率非常高，账户将被暂停。

（3）如果商户的履行率非常低，其账户将被暂停。履行率是指已履行订单数与收到的订单总数之比。如果这个比率极低，账户将被暂停。

（4）商户主动取消订单须赔款。如果订单在确认履行前被取消或被退款，则商户将被处以每个违规订单 2 美元的赔款，所对应商品暂停展示 48 小时。

二、订单确认履行规则

订单确认履行是从商户接收订单至系统追踪到第一条有效物流信息的时间段，必须遵守以下规则。

（1）自订单生成起指定时间内物流服务商未确认发货的订单将被处以赔款。如果订单自生成后未在以下指定时间内由物流服务商确认发货，则商户将被处以赔款，赔款额为订单金额的 20% 或 1 美元，以金额较高者为准，并被计入延时发货率。若每件产品的"商户设定产品价格＋商户设定运费"小于 100 美元且未在订单生成起 168 小时内确认发货，订单将被处以赔款。若每件产品的"商户设定产品价格＋商户设定运费"大于或等于 100 美元且未在订单生成起 336 小时内确认发货，订单将被处以赔款。

（2）使用虚假物流单号履行订单将面临赔款。若使用虚假物流单号履行订单，则商户可能会被处以赔款。赔款金额将为订单金额加上 500 美元。

（3）欺骗性履行订单规则。以欺骗消费者为目的而履行的订单会造成商户浏览量减少和每次 10 000 美元的赔款。

三、订单妥投规则

订单妥投是从订单产生到系统显示订单妥投的时间段，不同目的地的时间长短有所差异，必须遵守以下规则。

（1）普通订单妥投规则。若订单在规定的时间内未妥投，则商户需要承担此订单任何原因退款的 100% 的退款费用。

（2）订单确认妥投规则。部分目的国且达到一定金额的订单要求确认妥投，对于需要确认妥投的产品 / 订单，要求订单必须在 7 天内履行且提供有效的跟踪信息，并使用 Wish 平台认可的且能提供最后一公里物流跟踪信息的物流服务商进行配送。订单须在可履行的 30 天内由确认妥投规则认可的物流服务商确认妥投。确认妥投规则会考核妥投率、有效跟踪率和预履行取消率，未达到要求的商户将面临暂停交易的风险。

知识点 4：用户服务规则

一、用户支持规则

若商户在运营过程中出现影响用户的不恰当行为，其账户可能面临被 Wish 平台暂停的风险。用户支持问题由 Wish 平台负责处理。

（1）如果店铺退款率过高，其账户将被暂停。退款率是指某个时段内退款订单数与收到的总订单数之比。如果这个比率极高，店铺将被暂停交易。

（2）如果店铺的退单率非常高，其账户将被暂停。退单率是指某个时段内退单的订单数与收到的总订单数之比。如果这个比率极高，店铺将被暂停交易。

（3）严禁辱骂用户。严禁对 Wish 平台用户施予辱骂性行为和语言，Wish 平台对此类行为采取零容忍态度。

（4）严禁要求用户绕过 Wish 平台付款。如果商户要求用户在 Wish 平台以外的平台付款，其账户将被暂停。

（5）严禁引导用户离开 Wish 平台。如果商户要求用户访问 Wish 平台以外的店铺，商户账户有被暂停的风险，并且 / 或者面临每次 10 000 美元的赔款。

（6）严禁要求用户提供个人信息。如果商户要求用户提供付款信息、电子邮箱等个人信息，其账户将被暂停。

二、账户暂停规则

账户一旦暂停，账户访问将受限，该店铺的产品不再销售，店铺的付款保留 3 个月。

如果严重违反 Wish 平台政策，店铺的销售额将被永久扣留，店铺需全额承担所有退款成本。账户被暂停的原因包括但不限于以下各项。

（1）询问用户个人信息。如果商户向用户索取个人信息（包括电子邮箱地址），商户账户将面临被暂停的风险。

（2）要求用户汇款。若商户要求用户直接打款，其账户将面临被暂停的风险。

（3）提供不适当的用户服务。如果商户提供了不适当的用户服务，其账户将面临被暂停的风险。

（4）欺骗用户。如果商户正在欺骗用户，其账户将面临被暂停的风险。

（5）要求用户访问 Wish 平台以外的店铺。如果商户要求用户访问 Wish 以外的店铺，商户账户将处于被暂停的风险，并且／或者面临每次 10 000 美元的赔款。

（6）销售假冒伪劣产品。如果商户的店铺正在销售假冒或侵权产品，其账号将面临被暂停的风险。

（7）违反 Wish 平台商户政策。如果商户利用 Wish 平台政策为自己谋利，其账户将面临被暂停的风险。

（8）关联账户被暂停。如果商户的店铺与另一被暂停账号关联，其账号将面临被暂停的风险。

（9）高退款率。如果商户的退款率过高，其账户将面临被暂停的风险。

（10）高自动退款率。如果商户的自动退款率过高，其账户将面临被暂停的风险。

（11）高退单率。如果商户的退单率高到无法接受，其账户将面临被暂停的风险。

（12）注册多个账户。如果商户在 Wish 平台注册了多个账户，其账户将面临被暂停的风险。

（13）使用无法证实的物流单号。如果商户拥有大量无法证实的物流单号，且数量多到无法接受，其账户将面临被暂停的风险。

（14）店铺正在发空包裹给用户。如果商户给用户发送空包裹，其账户将面临被暂停的风险。

（15）使用虚假物流单号。如果商户使用虚假物流单号，其账户将面临赔款或暂停的风险。

（16）发送包裹至错误地址。如果商户有大量"包裹被配送至错误地址"的订单，且数量多到无法接受的程度，其账户将面临被暂停的风险。

（17）高延迟确认履行率。如果商户的延迟发货率过高，其商户的账户将面临被暂停的风险。

（18）过高比例的禁售品和／或虚假物流订单。如果商户的禁售品订单和／或虚假物流订单与收到订单总数之比非常高，则其账户将可能面临暂停交易、扣留货款和减少产品展现量的惩罚。禁售品包括但不仅限于误导性产品。

（19）商户滋扰 Wish 平台员工或财产。任何形式的滋扰、威胁、未经邀请地访问 Wish 平台不动产所在地并拒绝离开，或任何对 Wish 平台员工、办公室或财产的此类不当或非法行为，都将受到处罚。若发现商户进行这些不当行为，该商户的账户付款将被永久扣留，且该商户将被处以每起事件 10 万美元的赔款。

第三节　Wish 平台案例分析

1. 了解 Wish 平台的注册开店流程。
2. 熟悉 Wish 平台发布产品流程。
3. 熟悉 Wish 平台的产品销售要点。
4. 掌握 Wish 平台的物流管理。
5. 掌握 Wish 平台的订单处理。

3.5 学时。

知识点 1：注册开店

如果想要在 Wish 平台上进行交易，首先需要在平台上注册，Wish 平台分为个人用户注册和商户平台注册。按照案例的要求需要在商户平台注册开店，商户平台的注册地址是 https：//merchant.Wish.com/welcome，可以在实训平台上进行模拟商户注册的过程，这也是实训任务需要完成的任务。整个注册过程比较简单，需要的信息包括电子邮箱、手机号、营业执照等，按照系统提示即可轻松完成，所需要的信息可以在模拟系统中找寻得到。需要在模拟系统中单击"我的电脑"，之后进入 Wish 商家平台进行注册，实训平台高度模拟了 Wish 平台，如图 5-1 所示。

图 5-1

在所有资料提交以后，可在实训平台的"我的电脑—电子邮件"里面查看到确认注册的邮件，单击"确认"完成 Wish 平台的开店注册环节。

知识点 2：发布产品

邮件注册确认之后，实训系统会提示你进入第二天的工作，需要把商品信息发布到 Wish 平台上面。在上传产品的时候 Wish 平台有两种方式，一种是手动发布产品，另一种是使用产品 CSV 文件批量添加产品。

一、手动添加产品

你可以通过 Merchant Dashboard add products Manual 页面手动添加产品。

登录你的商户账户 http：//merchant.Wish.com/login。从顶部菜单中，单击产品—添加新产品—手动。这会带你去 https：//merchant.Wish.com/add-products 网站。如图 5-2 所示。

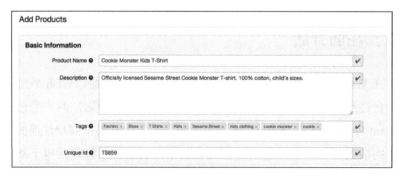

图 5-2

在这个页面你需要添加产品名称、产品描述及标签，填写产品的所有基本信息，包括名称、说明、标签和唯一的产品 ID。单击字段名称旁边的问号将弹出有关要输入该字段的详细信息。你最多可以为你的产品添加 10 个标记。标记越多，用户就越容易找到你的产品。当你适当地填写这些字段时，你的条目旁边会有一个绿色的复选标记。

Wish 平台大力鼓励商家为每一款产品上传多张高质量的图片，这样可以让你的潜在客户从各个角度观看你的产品，并增加其曝光率。你可以使用三种不同的方法上载图像，如图 5-3 所示。

图　5-3

1. 拖放

Wish 平台的拖放功能是为你的产品上载多个图像的最简单方法。单击要添加的图像并将其拖到主图像字段中。通过将产品拖到下面的"附加图像"字段中，你可以轻松地为产品添加附加照片。

2. 从本地添加

若要从计算机添加图像，请选择"从计算机添加"，然后选择要为产品添加的图像。

3. 从网址添加

若要通过网址上载产品图像，请复制并粘贴图像。如果你手头没有图像 URL，可以转到已列出图像的网站，右击产品图像以复制 URL。

1）添加价格和库存

在此字段中，你将输入产品的价格、本地化价格、数量、运输成本和运输时间。你可以从显示的日期范围中选择预先设置的发货时间。如果你的发货时间未列出，则可以手动输入。本地货币基于本地货币代码，可以在"账户—设置—货币设置"下找到。如果当地货币代码设置为人民币，则当地价格只能小于或等于美元价格的 6.886 倍。如果本地货币代码设置为美元，则所有现有产品价格都以美元记录，因此无须采取进一步措施更新本地产品价格，如图 5-4 所示。

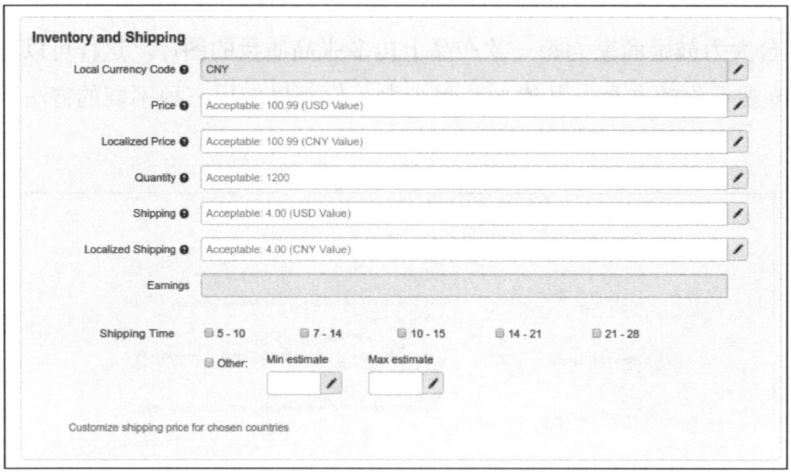

图　5-4

快速可靠的运输对客户满意度至关重要。你越快履行和安全地运送你的订单，你的物品越会得到更多的曝光。另外，为你的产品添加多个高质量的图像也是增加产品曝光率和印象数量的最佳方法之一。

2）添加颜色和大小

增加销售量的最好方法是确保你的产品有合适的尺寸和颜色信息，拥有正确尺寸和颜色信息的产品在 Wish 平台上销售量更多。

客户信任那些有完整尺寸和颜色信息的产品，当他们可以在购买前选择自己喜欢的尺寸和颜色时，他们更有可能购买产品。幸运的是，在你的产品中添加颜色和尺寸很容易。

二、使用产品 CSV 文件批量添加产品

Wish 平台支持通过使用产品 CSV 文件（产品—添加产品—产品 CSV 文件）一次性添加多个产品。现在介绍如何使用 CSV 文件，可以通过如 Microsoft Excel 或 Google Drive 表格等方式创建 CSV 文件。本质上，CSV 文件是一张每个单元格均有对应属性的电子表格。下面，我们将会展示如何通过 Google Drive 表格建立 CSV 文件，并上传到商户后台。

1. 创建 CSV 文件

（1）你可为你的产品创建一个电子表格。可以在 Wish 平台下载一个表格模板供你参考。表格首行列出了一些你可能需要的产品属性，带有星号（*）的都是必填项，其余的可选择性填写。单击这里，你也可下载一个同时包括必填项和可填项的更大的表格模板。

注意：如果存在多余的属性，你可将该属性从表格中删除。例如，你添加了一个女式钱包，不需要尺寸这一项属性，那么你可将"尺寸"属性从该电子表格中删除。

请参阅相关的文献以了解更多关于产品属性的知识。你可以在 CSV 文件中使用与我们所设不同的属性名称。例如，可以使用"库存"这一词组代替"数量"。稍后我们将解释如何将你所命名的属性名称与 Wish 平台的属性名称一一匹配。

（2）填入你的产品和其属性。如果你是新手，建议先尝试上传 10 ～ 20 个少量产品。如果产品具有如颜色、尺码等多个属性，初始可控制在 10 个产品左右。如你在上传产品的尺码、颜色等多属性时有疑问，敬请参阅《添加产品变量》一文，或者也参考我们的 CSV 文件模板。我们在以下 CSV 文件中添加了一些示例产品（图 5-5）。

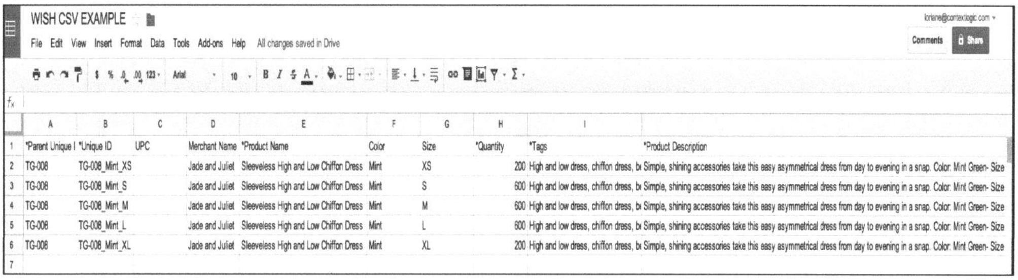

图　5-5

（3）完成产品信息的填写后，将其存为 CSV 文件。若你使用的是 Excel 表格，单击"文件—另存为"，然后选择"逗号分隔值（.csv）"作为存储格式。若你使用的是 Google Drive 表格，单击"文件—下载为—逗号分隔（.csv）"。

2. 上传表格及映射属性

（1）在商户后台登录你的账号，单击"产品—添加新产品—产品 CSV 文件"，你将跳转至 http：//merchant.Wish.com/feed-upload，选择你的 CSV 文件然后单击上传。如图 5-6 所示。

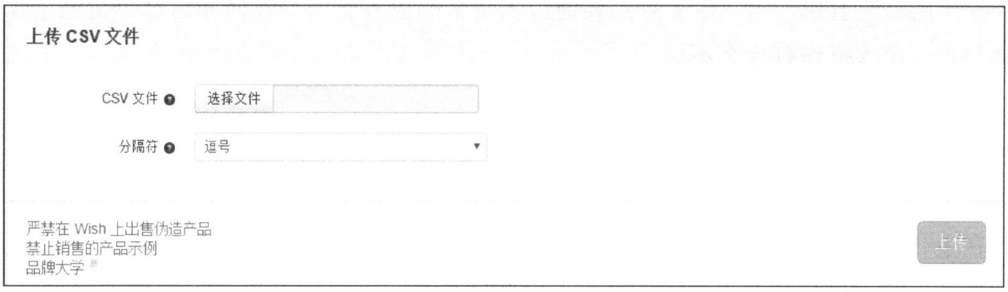

图　5-6

（2）还记得你所上传的表格首行仅为产品属性名称吗？现在你可将上传的属性名称与 Wish 平台的系统属性名称进行匹配，我们称之为"映射"。你可在页面左侧进行属性映射，而在页面右侧你将看到正在上传的产品信息的预览。完成映射后，单击"继续"。在你完成所有所需字段的映射后，该按钮将由蓝变灰从而可被单击，如图 5-7 所示。

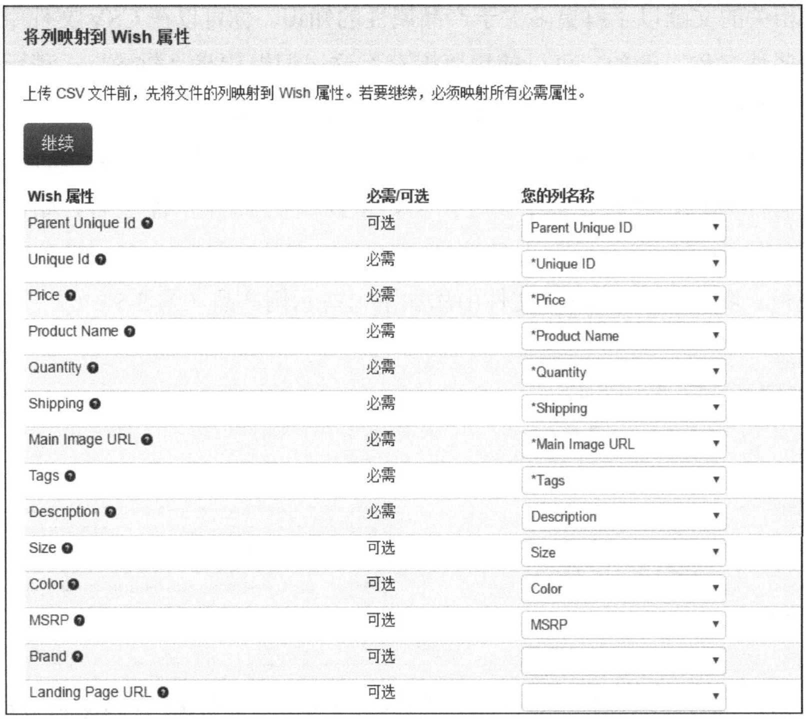
将列映射到 Wish 属性

上传 CSV 文件前，先将文件的列映射到 Wish 属性。若要继续，必须映射所有必需属性。

继续

Wish 属性	必需/可选	您的列名称
Parent Unique Id	可选	Parent Unique ID
Unique Id	必需	*Unique ID
Price	必需	*Price
Product Name	必需	*Product Name
Quantity	必需	*Quantity
Shipping	必需	*Shipping
Main Image URL	必需	*Main Image URL
Tags	必需	*Tags
Description	必需	Description
Size	可选	Size
Color	可选	Color
MSRP	可选	MSRP
Brand	可选	
Landing Page URL	可选	

图 5-7

产品完成上传时将会收到一条即时确认信息，产品录入会在 24 小时内完成。

为检查产品录入状态，可单击蓝色按钮“查阅录入状态页面”，亦可通过单击“产品—产品 CSV 文件状态”找到该页面，然后选择“查阅报告”检查产品上传状态。

在实训平台，上传完产品后需要找同事审核上传的产品，审核通过就可以进入销售工作中。公司为 Wish 平台开设了多个员工操作账号，其他员工也都在辛苦地工作着，你依然用原来的账号登录即可。除了看到其他员工带来的业务支出与收入和总订单量的增长外，不会与你一个人操作有什么不同。

知识点 3：产品销售

在上传完产品之后，就要在 Wish 平台上实现产品的销售、形成订单以及开展物流配送业务了。形成销售是各大电商店铺十分关心的问题，各大电商平台也都推出了各自的营销渠道和方案。

从营销的相关理论来讲，做好产品的销售需要按照 4P 的营销理论来进行相关内容的优化。4P 营销理论被归结为四个基本策略的组合，即产品（product）、价格（price）、渠道（place）、促销（promotion），由于这四个词的英文字头都是 P，再加上策略（strategy），所以简称为“4P’s”。

一、产品策略

从产品的角度来看，随着移动互联网、物联网的发展，消费者越来越重视产品的质量和体验，且体验的方式将越来越多、效率越来越高，产品将会成为企业与消费者之间最好的连接者，通过产品吸引消费者参与、体验和消费，通过非常良好的产品构建竞争壁垒，通过高质量的产品图来让消费者清晰认知，也就建立了企业的核心竞争优势。在移动互联网时代，再不重视和利用产品本身的连接功能，我们甚至连竞争者的资格都会丧失。

在 Wish 平台上如何能够实现销售提升？依赖于我们产品的引流能力和转化率的提高，从 Wish 官方的战略来看，提升复购率、改善用户体验依旧是 Wish 平台的工作重点。2019年下半年，Wish 平台正式向全球商户发起了"店铺排名"机制，引导商户开展精细化运营，提升店铺服务及用户体验。排名越高的店铺，获得的流量自然也就越多。

因此，未来店铺评分将成为影响新商品流量分配的重要基础之一，更高的店铺评分可以帮助新商品得到更多的流量，而高评分的店铺也将优先参与平台新功能、新工具的测试及使用。

Wish 是自动推送规则，精准的标签、高质量的图片、简练的标题、多选 SKU、富有吸引力的价格都是获得推送的维度。

Wish 的规则是每一个通过审核上架的产品都能公平得到推送，周期为 3～7 天。在这个期间，Wish 系统也有一套算法，推送期间流量达标、转化率达标将会继续推送，黄钻也会在这些产品中产生。

平台流量有限，卖家数量与日俱增，卖什么产品似乎都会陷入价格战抑或广告战中。尤其是中小卖家在旺季选品常见的误区就是盲目跟风、以偏概全，看到目前市场上热销什么就卖什么。选品要结合自身的资源优势，可以通过 PB 算法来研究分析。关于 SKU，建议至少 800 个合规的在线，合规很重要，不是从别的平台批量导入，而是纯手工一个个把主图、标签、描述、标题都做到极致。

经营 Wish 没有捷径，很多人都想成功，但成功其实就是一直学习一直做，有了坚固的基础才能提升到更高的层次。事实上，任何一个跨境电商平台都有自己的运营逻辑和玩法。作为卖家，重心应放在找出关键要素，发现规律，进而积极主动地去突破瓶颈，以寻求更广阔的发展空间。

关于 SKU 的叫法还有很多，如最小库存单元、最小库存单位、最小存货单元、最小存货单位等，还有叫单品、囤货单元、存货单元、库存持有单元、库存单品项、有效成品单位、最小发货单元等。行业不同，公司不同，区域不同，叫法也各有差异。

我们生活在 SKU 层面上，不管是计划、生产还是采购、配送，都是针对特定的 SKU 运作。近些年来，SKU 数量泛滥，造成批量越来越小、复杂度越来越高、规模效益越来越低，从根本上决定了供应链的三道防线很难建好。可以说，SKU 泛滥是供应链的大敌。随着业务的多元化和全球化，为了维持高速增长，企业不得不进入边角料市场，SKU 数量也会不可避免地膨胀。让人忧心的是，企业并没有充分认识到 SKU 泛滥的严重程度，而且习惯性地低估 SKU 的复杂度，在大批量行业尤其如此。

比如有个快消品企业，每年几十亿元的营收规模。它说自己的产品很简单：就两个系列，每个系列有 6 个口味，组合起来就十来种。且慢，那包装呢？标准箱、组合箱、三联杯装，以及季节性的产品，如礼盒、家庭装。这已经由原来的十来种变成几十种。这还没有完。该企业有成千个经销商，为了防止串货，每个经销商都有一个唯一的客户码，这就是 1 000 个客户码。同一系列，同一口味，同一包装，打上经销商 A 的客户码，就不能给客户 B。所以，这才是到了真正的 SKU 层面。这不，SKU 数量已经达到万级。这么大的复杂度，给需求预测、库存计划和配送带来的挑战，也就可想而知。

电视机行业也是如此。虽说电视机看上去都差不多，是典型的大批量，但其 SKU 的复杂度不是外行所能想象的。例如显示屏的尺寸、机壳的颜色、结构件的材质，都是基本的 SKU 元素。销售渠道也是：同一款电视机，国美、苏宁等不同渠道也会有差异。这几年国内市场日趋饱和，国内六大厂商努力开拓国际市场，每个市场都有不同的要求，这不，SKU 的复杂度又增加了一维。这几个维度相乘，你就知道电视机的 SKU 有多少了。

所以，虽然名义上是大批量行业，其实越来越小批量化。这也是近年来很多行业的趋势。

电子商务的兴起导致渠道的复杂度继续增加，加速了 SKU 的多样化。例如为了避免与线下渠道混淆，企业针对线上渠道另行开发产品系列，也成为常见的措施。虽说产品大同小异，但从 SKU 的角度，无疑是导致 SKU 更多、更复杂，供应链的需求预测、库存计划和执行更加困难。

例如有个家纺企业，电商业务比线下更复杂，有几千个 SKU，预测的准确度只有 50% 左右，远逊线下的 80%。一个原因是线上业务根据销售做预测。电商的销售普遍年轻，习惯于强势做法，但需求预测是个技术活，并不是说你胳膊粗、后台硬就能做好，结果就是一堆堆的库存。

讲到这里，或许有人会说，我理解 SKU 泛滥的后果，但这是业务的客观需要，没法控制啊。其实不是。就拿手机来说，苹果和三星都针对中高端用户，苹果每年就出一大一小两款手机，而三星呢，多得连三星自己的用户都搞不清。这就是说，SKU 泛滥除了没法控制的外，还有可以作为之处。或者说，多元化的客户需求就如同样一把烂牌，发到不同人的手上，打法不同，结果自然也不同——不要让没法控制的成为不作为的借口。

二、价格策略

在价格方面，会涉及价格策略。价格策略是指企业通过对客户需求的估量和成本分析，选择一种能吸引客户、实现市场营销组合的策略。物流企业的成本比较复杂，包括运输、包装、仓储等方面。所以价格策略的确定一定要以科学规律的研究为依据，以实践经验判断为手段，在维护生产者和消费者双方经济利益的前提下，以消费者可以接受的水平为基准，根据市场变化情况，灵活反应，并由买卖双方共同决策。

定价方法，是企业在特定的定价目标指导下，依据对成本、需求及竞争等状况的研究，运用价格决策理论，对产品价格进行计算的具体方法。定价方法主要包括成本导向、竞争导向和顾客导向三种类型。

1. 成本导向定价法

以产品单位成本为基本依据，再加上预期利润来确定价格的成本导向定价法，是中外企业最常用、最基本的定价方法。成本导向定价法又衍生出总成本加成定价法、目标收益定价法、边际成本定价法、盈亏平衡定价法等定价方法。

（1）总成本加成定价法。在这种定价方法下，把所有为生产某种产品而发生的耗费均计入成本的范围，计算单位产品的变动成本，合理分摊相应的固定成本，再按一定的目标利润率来决定价格。

（2）目标收益定价法。目标收益定价法又称投资收益率定价法，是根据企业的投资总额、预期销量和投资回收期等因素来确定价格。

（3）边际成本定价法。边际成本是指每增加或减少单位产品所引起的总成本变化量。由于边际成本与变动成本比较接近，而变动成本的计算更容易一些，所以在定价实务中多用变动成本替代边际成本，而将边际成本定价法称为变动成本定价法。

（4）盈亏平衡定价法。在销量既定的条件下，企业产品的价格必须达到一定的水平才能做到盈亏平衡、收支相抵。既定的销量就称为盈亏平衡点，这种制定价格的方法就称为盈亏平衡定价法。科学地预测销量和已知固定成本、变动成本是盈亏平衡定价的前提。

2. 竞争导向定价法

在竞争十分激烈的市场上，企业通过研究竞争对手的生产条件、服务状况、价格水平等因素，依据自身的竞争实力，参考成本和供求状况来确定商品价格。这种定价方法就是通常所说的竞争导向定价法，主要包括以下几种。

（1）随行就市定价法。在垄断竞争和完全竞争的市场结构条件下，任何一家企业都无法凭借自己的实力而在市场上取得绝对的优势，为了避免竞争特别是价格竞争带来的损失，大多数企业都采用随行就市定价法，即将本企业某产品价格保持在市场平均价格水平上，利用这样的价格来获得平均报酬。此外，采用随行就市定价法，企业就不必去全面了解消费者对不同价差的反应，也不会引起价格波动。

（2）产品差别定价法。产品差别定价法是指企业通过不同营销努力，使同种同质的产品在消费者心目中树立起不同的产品形象，进而根据自身特点，选取低于或高于竞争者的价格作为本企业产品价格。因此，产品差别定价法是一种进攻性的定价方法。

（3）密封投标定价法。在国内外，许多大宗商品、原材料、成套设备和建筑工程项目的买卖和承包以及出售小型企业等，往往采用发包人招标、承包人投标的方式来选择承包者，确定最终承包价格。一般来说，招标方只有一个，处于相对垄断地位，而投标方有多个，处于相互竞争地位。标的物的价格由参与投标的各个企业在相互独立的条件下来确定。在买方招标的所有投标者中，报价最低的投标者通常中标，它的报价就是承包价格。这样一种竞争性的定价方法就称密封投标定价法。

3. 顾客导向定价法

现代市场营销观念要求企业的一切生产经营必须以消费者需求为中心，并在产品、价格、分销和促销等方面予以充分体现。根据市场需求状况和消费者对产品的感觉差异来确定价格的方法叫作顾客导向定价法，又称市场导向定价法、需求导向定价法。顾客导向定价法主要包括理解价值定价法、需求差异定价法和逆向定价法。

（1）理解价值定价法。理解价值是指消费者对某种商品价值的主观评判。理解价值定价法是指企业以消费者对商品价值的理解度为定价依据，运用各种营销策略和手段，影响消费者对商品价值的认知，形成对企业有利的价值观念，再根据商品在消费者心目中的价值来制定价格。

（2）需求差异定价法。需求差异定价法是指产品价格的确定以需求为依据，首先强调适应消费者需求的不同特性，而将成本补偿放在次要的地位。这种定价方法，对同一商品在同一市场上制定两个或两个以上的价格，或使不同商品价格之间的差额大于其成本之间的差额。其好处是可以使企业定价最大限度地符合市场需求，促进商品销售，有利于企业获取最佳的经济效益。

（3）逆向定价法。这种定价方法主要不是考虑产品成本，而是重点考虑需求状况。依据消费者能够接受的最终销售价格，逆向推算出中间商的批发价和生产企业的出厂价。逆向定价法的特点是：价格能反映市场需求情况，有利于加强与中间商的良好关系，保证中间商的正常利润，使产品迅速向市场渗透，并可根据市场供求情况及时调整，定价比较灵活。

4. 各种定价方法的运用

企业定价方法很多，企业应根据不同经营战略和价格策略、不同市场环境和经济发展状况等，选择不同的定价方法。

（1）从本质上说，成本导向定价法是一种卖方定价导向。它忽视了市场需求、竞争和价格水平的变化，有时候与定价目标相脱节。此外，运用这一方法制定的价格均是建立在对销量主观预测的基础上，从而降低了价格制定的科学性。因此，在采用成本导向定价法时，还需要充分考虑需求和竞争状况，来确定最终的市场价格水平。

（2）竞争导向定价法，是以竞争者的价格为导向的。它的特点是：价格与商品成本和需求不发生直接关系。商品成本或市场需求变化了，但竞争者的价格未变，就应维持原价。相反，虽然成本或需求都没有变动，但竞争者的价格变动了，则相应地调整其商品价格。当然，为实现企业的定价目标和总体经营战略目标，谋求企业的生存或发展，企业可以在其他营销手段的配合下，将价格定得高于或低于竞争对手的价格，并不一定要求和竞争对手的产品价格完全保持一致。

（3）顾客导向定价法是以市场需求为导向的定价方法，价格随市场需求的变化而变化，不与成本因素发生直接关系，符合现代市场营销观念要求，企业的一切生产经营以消费者需求为中心。

企业最后拟定的价格必须考虑以下因素。

（1）同企业定价政策相符合。企业的定价政策是指明确企业需要的定价形象、对价格折扣的态度以及对竞争者的价格的指导思想。

（2）是否符合政府有关部门的政策和法令的规定。

（3）消费者的心理。利用消费者心理，采取声望定价，把实际上价值不大的商品的价格定得很高（如把实际上值 10 元的香水定为 100 元），或者采用奇数定价（如把一台电视机的价格定为 1 299 元），以促进销售。

（4）企业内部有关人员（如推销人员、广告人员等）对定价的意见，考虑经销商、供应商等对所定价格的意见，考虑竞争对手对所定价格的反应。

为了让大家更清楚明白，来举个例子：

（1）假设产品拿货价是 18 元。

（2）产品净重 0.185 kg。

（3）快递费＋挂号费：邮政国际小包发往英国是 90.5 元 /kg，E 邮宝发往美国是 80 元 /kg。

以 E 邮宝为例，运费 =0.185×80+9（挂号费）=23.8 元。

（4）Wish 平台会收取零售价格 15% 的佣金。

假设产品打算卖 12 美元，则产品实际收入为

12×（1−15%）=10.2（美元）

10.2×6.32（汇率）=64.46（元人民币）

64.46−23.8−18=22.66（元）

22.66 元人民币便是产品获得的利润。

如果觉得这个利润高了或低了，可以将预计售价（12 美元）进行调整，从而得出最终售价。（上述涉及的数据均为假设，运费、汇率等请以最新数据为准。）

以上便是笔者个人对 Wish 产品的定价方式，在平台定价之前是需要企业或者店铺运营者进行相当周密的价格策略制定过程的。

为了更好地在 Wish 平台上实现产品销售，帮助商户挖掘更多渠道以提升产品曝光量，并提供更有竞争力的产品价格，Wish 平台的"降价赋能"（price drop）项目允许商户通过

运行"降价赋能"活动来降低部分产品价格，从而有机会获得额外的产品曝光量。同时，商户的产品价格相比 Wish 平台上其他商户的类似产品也会更具竞争力。

目前，"降价赋能"项目仅向部分商户推出，还未全面上线于所有商户店铺。该项目不仅允许商户降低产品的价格，还为其在降价后提供产品曝光量和 GMV 的分析信息，以便商户分析产品降价对产品业绩的影响。

这些商户能通过多种方式为其产品降价，包括充分利用 Wish 平台的"降价赋能"提议渠道，以及自主选择产品并为其创建"降价赋能"活动。以下将重点解读如何自主选择产品，并为这些自选产品创建"降价赋能"活动。如需了解更多有关如何充分利用 Wish 平台的"降价赋能"提议渠道（即 Wish 平台为商户展示一些 Wish 平台精选的"降价赋能"提议，以供商户参考选择进行降价）来为产品进行降价的详情，请查阅这份常见问题解答。

5. 自行选择产品创建"降价赋能"活动

具有创建活动权限的商户可前往商户平台主页的"降价赋能"活动—创建活动页，如图 5-8 所示。

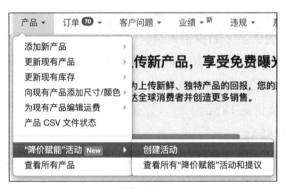

图　5-8

商户可通过在该页面填写各项信息来创建"降价赋能"项目。

从活动的基本信息开始，商户可以填写活动开始日期，并选择是否自动续期。系统将自动设置结束日期为开始日期后的第 7 个自然日，即表示在此页面创建的"降价赋能"活动的单位周期为 7 个自然日。

三、渠道策略

渠道（channel）通常指水渠、沟渠，是水流的通道。但现被引入商业领域，全称为分销渠道（place），引申意为商品销售路线，是商品的流通路线，所指为厂家的商品通向一定的社会网络或代理商或经销商而卖向不同的区域，以达到销售的目的。故而渠道又称网络。按长度划分，渠道有长渠道与短渠道。按宽度划分，渠道有宽渠道与窄渠道。

营销渠道（marketing channels）是指产品或服务转移所经过的路径，由参与产品或服务转移活动以使产品或服务便于使用或消费的所有组织构成。营销渠道可以根据主导成员的不同，分成以制造商为主导、以零售商为主导、以服务提供者为主导的营销渠道，以及其他形式的营销渠道。营销渠道的根本任务，就是把生产经营者与消费者或用户联系起来，使生产经营者生产的产品或是提供的服务能够在恰当的时间、恰当的地点，以恰当的形式送给恰当的人。现代渠道理论已从原来的长线渠道变得逐渐扁平化——传统渠道由经销商、一级批发商、二级批发商、终端店组成，利润被渠道瓜分。近几年，越来越多的企业舍弃一级批发商和二级批发商，直接对终端进行掌控，这样有利于产品的分销。适度在渠道上狙击对手，控制渠道可以说是做好营销的必要手段，甚至有渠道为王的说法。

在电子商务领域，渠道往往指电商平台，也有更加具体地指向电商平台上面的店铺。这就会涉及打造电商平台上面的有价值店铺的内容，金牌店铺等是各电商平台都在推的项目，Wish 平台也不例外。下面，我们看在 Wish 平台上面成为诚信店铺可以获得的益处。

诚信店铺可以获得如下利好：流量增长；产品在搜索端获得优先展示；客户服务权限。

通过链接 http://merchant.Wish.com/trusted-store，你可以查看你的店铺是否满足诚信店铺的要求。

店铺成为诚信店铺需要满足如下要求：有效跟踪率≥95%；延迟发货率≤10%；30天平均评分≥4分；63～93天平均退款率≤10%；仿品率≤0.5%。

成为诚信店铺后会有许多益处。其中之一便是浏览量的增加。诚信店铺未被审核的产品可以直接销售，同时审核通过的产品会有更多的浏览量。

以下示例说明了诚信店铺是如何帮助店铺获得更多浏览量的。

本例中店铺 A 是诚信店铺，店铺 B 不是诚信店铺。

店铺 A 在 1 月 1 日上传了一件新产品。这件产品可在还未被审核的情况下立即进行售卖。且也会获得相应的浏览量支持。

店铺 B 在 1 月 1 日上传了一件新产品。这件产品在通过产品审核前不会获得任何浏览量。

店铺 A 在 1 月 3 日售出一件新上传产品。这件产品会持续获得浏览量的增加。

店铺 B 的新上传产品在 1 月 3 日仍无法售卖。

四、促销策略

促销策略是指企业如何通过人员推销、广告、公共关系和营销推广等各种促销手段，向消费者传递产品信息，引起他们的注意和兴趣，激发他们的购买欲望和购买行为，以达到扩大销售目的的活动。企业将合适的产品，在适当的地点、以适当的价格出售的信息传递到目标市场，一般是通过两种方式：①人员推销，即推销员和顾客面对面地进行推销。②非人员推销，即通过大众传播媒介在同一时间向大量消费者传递信息，主要包括广告、公共关系和营销推广等多种方式。这两种推销方式各有利弊，起着相互补充的作用。此外，目录、通告、赠品、店标、陈列、示范、展销等也都属于促销策略范围。一个好的促销策略，往往能起到多方面作用，如提供信息情况，及时引导采购；激发购买欲望，扩大产品需求；突出产品特点，建立产品形象；维持市场份额，巩固市场地位等。

1. 满减促销

满减促销是目前市面上见得最多的一种促销活动形式，简单来说，满减促销就是当订单满足一定的购物金额后，会再额外优惠一定金额。

满减促销最大的作用，就是会促进产生多个订单，提高整体用户下单率。例如满减规则是满 200 减 30。那么用户为了获得优惠，可能会多买几件来进行凑单。

而满减促销在价格体系中，通常又分为两种体系。

（1）每满减。所谓每满减，就是每满 ×× 元减 ×× 元，比如每满 100 元减 10 元，如果订单里有 5 个商品，满足一个 100 元优惠 10 元，如果订单满足两个 100 元则优惠 20 元，以此类推。

（2）阶梯满减。所谓阶梯满减，就是满 A 元减 X 元，满 B 元减 Y 元，满 C 元减 Z 元，比如满 100 减 10 元，满 200 减 300 元，满 300 减 50 元。

2. 单品促销

单品促销也就是最常见的购物打折，而且选定的商品也多为主推新品或者是清库存商品。单品促销是为了打造爆款或者将往年库存商品尽快清库存。

而单品打折通常也分为两个价格体系。

（1）固定金额打折。这种很简单，如满 200 减 50，若商品售价 400 元，成本 300 元，则最终到手价为 350 元，利润为 50 元。

（2）百分比打折。顾名思义，就是按售价进行整体打折促销，如折扣比例为 9 折，售价还是 400 元，则最终到手价为 360 元，利润为 60 元。

为什么会有这两种价格体系呢？因为主要是考虑到商品价格变动的问题，我们都知道，电商商品随时会根据销售情况进行调价。特别是"6·18"期间，甚至一小时价格变动一次也是有可能的。

那么一旦发生价格变动，对于单品促销来说，价格就不同了，还是按刚刚的例子来算，如果商品价格降到 350 元，则按固定金额打折算，最终到手价为 300 元，利润为 0 元。按百分比打折算，最终到手价为 315 元，利润为 15 元。

3. 赠品促销

赠品促销目前比较多，一般是主打爆款产品搭配一个滞销的产品，很多用户以为赠品是免费获得，一看有赠品就会选择下单，但其实赠品的部分成本会转移到爆款产品上，而这种策略也是针对用户爱占小便宜的心理。

而想获得赠品目前有两种常见的玩法：购买主商品、购物满足 ×× 金额。

这两种玩法大同小异，主要考虑主商品的 SKU，通常都是根据各个店铺实际情况来选择。

4. 多产品优惠

多产品优惠的展现形式比较多，常见的包括买三送一、第二件打半价、满三件享八折、购物满 ×× 元可加购 A 产品。

这种玩法的核心本质就是让用户多下单，买得越多，优惠越大。

5. 定金促销

定金促销是近几年才开始流行的一种玩法，一般主要用在商品预售的时候，商铺一旦进行预售开卖，则消费者可以提前支付定金，锁定购物优惠。

这种购物优惠一般额度不高，最常见的就是支付 1 元享 50 元，或者支付 10 元抵扣 50 元，当商铺进行发售的时候支付剩余尾款即可。

这种促销方式主要是为商家提供用户对该产品的意向度，并通过支付定金的形式锁定客户源，在竞争激烈的市场中突围。

Wish 平台会定期开展促销活动，以期给平台上的产品带来额外流量。系统会根据热销产品的相关用户、转化率和流行度来选择加入促销产品项目。

如何增加产品被选入产品促销项目？为产品增加更多的尺寸和颜色信息是非常必要的，确保为产品编辑了合适的标签。

系统会自动向用户推送与其愿望清单相似的产品。此功能依据的是后端关联算法，即选取与你的产品关联的用户，将你的产品推送到这些用户的产品列表中。

用户可收藏你的产品并分享给朋友们，由此产生滚雪球效应：你的产品越受欢迎，它出现在用户产品列表的次数越多。

如何知道我的产品是否入选促销产品项目？除邮件通知外，你还可以在"查看所有产品"页面，看到入选促销产品项目的产品有黄钻标志（图 5-9）。

图　5-9

促销产品会受到哪些限制？在产品被标记为促销产品期间，你不能进行以下操作：编辑产品主图；编辑产品副图；编辑产品标题；编辑产品描述；提高产品价格或运费；降低库存；增加新变体；下架已有变体。

如果想变更促销产品的价格、运费、图片、产品描述、库存，该怎么办？在上传产品时，商户应确保准确填写产品的全部信息，包含产品图片、产品描述、运费和库存信息。这是因为 Wish 后台算法必须有效将相关产品推送给合适的用户。Wish 平台不允许商户对促销产品进行更新。Wish 平台允许商户对促销产品降低产品价格、运费或上调库存，但是商户不能为促销产品上调价格或降低库存。如果你计划为促销产品降低库存，请使用预设库存更新工具。

如何停止产品的促销状态？Wish 平台不鼓励商户在产品促销期内修改其价格和库存。Wish 平台的智能算法会定期开展多个促销活动，为促销产品带来更多流量，因此促销产品需要保持可销售的状态。根据商户政策第 3.3 条，太平洋时间 2019 年 8 月 6 日晚 8 时起，如果店铺下架或移除过去 9 天交易总额超过 500 美元的促销产品，或如果店铺为一促销产品单独屏蔽某配送国家，且所屏蔽国家在过去 9 天内的销售额超过 100 美元，则店铺将被处以 1 美元的罚款。

五、Wish 平台产品推广

如何加入和创建产品推广活动（product boost）？

首先使用商户账户登录。商户可通过商户后台、API 和 CSV 三种方式创建 ProductBoost 活动。

下面介绍通过商户后台手动创建产品推广活动。

简单 5 步，就可以完成产品推广（ProductBoost）的设定！

（1）菜单里选择"ProductBoost"—"创建活动"（图 5-10）。

图 5-10

（2）完成"活动基本信息"的填写。编辑活动名称和活动的起止时间，活动页面自动选择"循环更新"（图 5-11）。

商户可以选择启用 IntenseBoost 功能。开启此功能后，产品将会更快地获得曝光，同时推广费用也相对更高。具体而言，若产品的 ProductBoost 活动开启了 IntenseBoost，Wish App 或购物官网（Wish.com）将在曝光度更高的优质位置展示该产品。此功能对新上传的产品和曝光量较低的产品尤为有帮助。注意：IntenseBoost 目前仅限在商户平台上手动开启，暂无法通过 API 开启。

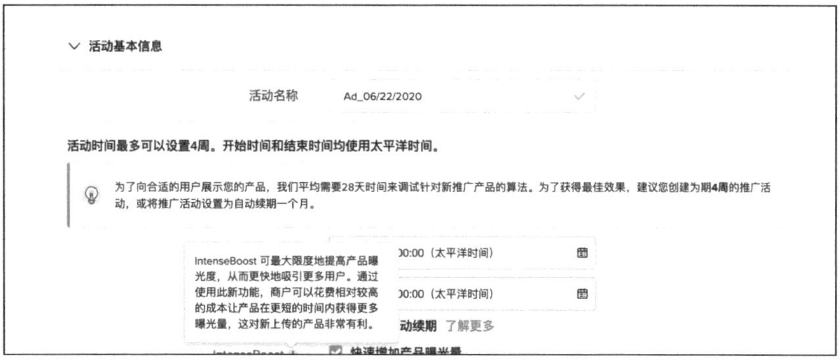

图　5-11

注意：为了帮助商户更好地提升新产品的展现量，在 UTC 时间 2020 年 4 月 2 日 7 时后，凡包含此前未曾做过任何活动的新产品的新创建的 ProductBoost 活动，将会受到最低总花费的限制。但如果该活动的持续时长为大于或等于 5 天，则可以免除最低总花费的限制。关于最低总花费的更多详情，可在商户后台创建活动时查看（merchant.Wish.com）。

（3）选择参加产品推广（ProductBoost）的商品，商户可以通过产品的 ID/SUK 或者产品名称来编辑。一次活动最多可选择 200 个活动商品，如图 5-12 所示。

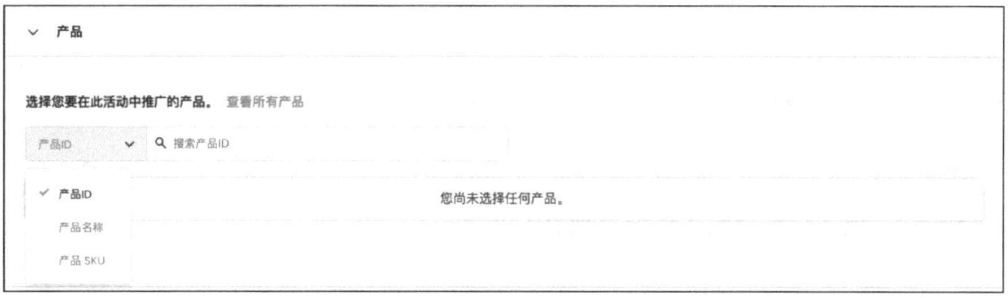

图　5-12

（4）通过关键字工具来为你的活动添加备选关键词，如图 5-13 所示。

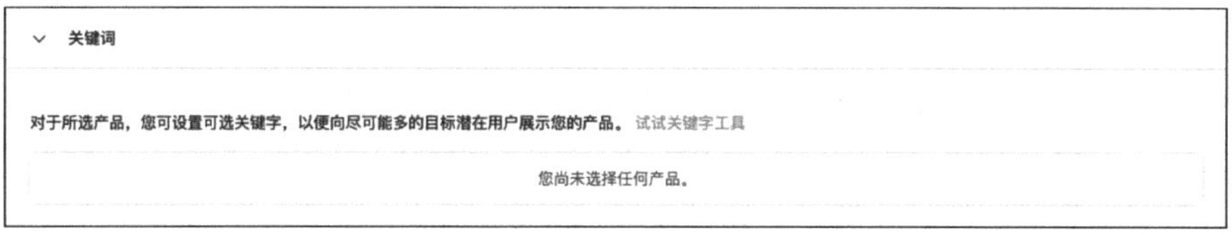

图　5-13

（5）根据商品的特性和商户的预期设定本次活动的预算。系统会根据商品的特性自动建议最低预算，若预算金额低于系统建议，预算将在你计划的结束日期之前用完。为了确保此活动的流量，请增加你的预算。

最新的操作界面还在页面底部为你呈现本次活动预算的计算公式，帮助你更有效快捷地完成活动的设定，如图 5-14 所示。

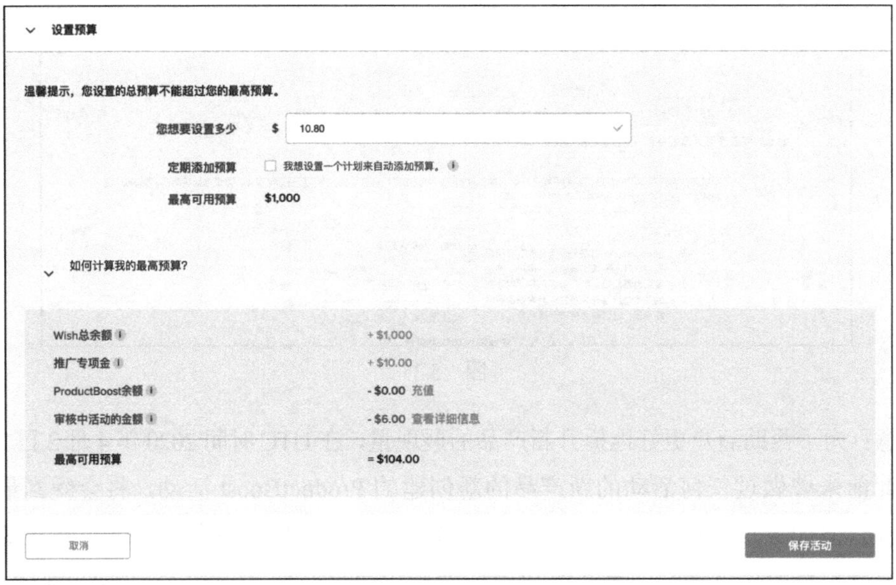

图　5-14

请注意有一项每天及每个产品所要求的最低预算。如果你设置了比这项最低预算值更低的预算，你将收到一项错误信息"预算必须大于或等于 US$×"（× 值是基于最低预算和您的活动持续天数）。

检查以上所有内容准确填写后，单击"保存活动"。

知识点 4：Wish 平台的物流计划

一、"A+ 物流计划"项目背景

"A+ 物流计划"是 Wish 平台推出的、针对某些国家路向的托管式物流服务，旨在以统一、综合的物流解决方案整体提高所支持的路向国的物流表现和用户体验。商户开启项目所支持的路向国后将自动加入"A+ 物流计划"，只需将"A+ 物流计划订单"对应的包裹寄到指定的国内仓库，后续的工作将由 Wish 平台负责。

二、选择适当的物流渠道来履行 A+ 物流计划订单

符合"A+ 物流计划"条件的订单将在 Wish 商户后台示以"A+ 物流计划订单"的标志，商户须使用以下 WishPost 物流渠道之一来履行这些订单，并将相关产品配送至 Wish 商户后台和 WishPost 指定配送地址的仓库。

（1）安速派经济（otype：5001-1）。

（2）安速派标准（otype：5002-1）。

选择合适的物流渠道的标准如下（适用于不同"A+ 物流计划"路向目的国上线时间之后释放给商户的订单）：

如果在 WishPost 中创建的运单中至少有一件产品的"商户设定产品价格 + 商户设定运费"大于等于 10 美元，则商户必须选择 WishPost 的"安速派标准"来履行运单。

如果在 WishPost 中创建的运单中所有产品的"商户设定产品价格 + 商户设定运费"都小于 10 美元，商户可以选择 WishPost 的"安速派经济"或"安速派标准"来履行运单。

注意：对于目前只需提供人民币产品价格的商户，以上物流渠道选择标准的门槛值为 70 元人民币。上述两个 WishPost 物流渠道仅适用于履行"A+ 物流计划订单"，并不适用于一般订单。

目前，"A+ 物流计划"已覆盖 11 个国家 / 地区，包括巴西、智利、马来西亚、芬兰、加拿大、澳大利亚、法国、意大利、韩国、泰国和美国（截至 2020 年 7 月 1 日），并将陆续覆盖更多的国家 / 地区。

符合"A+ 物流计划"的订单将可享受其一系列利好政策，同时将受到"商户服务条款和协议"和"A+ 物流计划政策"的约束。相关的政策和利好包括但不限于以下：

商户需在"A+ 物流计划订单"释放后的 168 小时（7 个自然日）内将订单配送至仓库。若订单未在 168 小时内配送至"A+ 物流计划"仓库，则商户将按照价格表被收取 100% 运费，外加 50% 原运费。

商户可通过 Wish 平台支持的揽收服务商或自配送的方式，将相关订单配送至"A+ 物流计划"仓库，其配送地址可在 Wish 商户后台和 WishPost 上找到。

对于从中国内地以外地区发货的"A+ 订单"，商户可以在商户平台上将相应订单从"A+ 物流计划"中移除，以便从中国内地以外地区的仓库发货，从而缩短妥投时间，提高用户体验。

从"A+ 物流计划"移除的订单须遵守商户政策 5.8 中规定的相关要求：商户履行此类订单时必须使用 Wish 平台认可的可确认妥投的物流服务商。因此，这些订单也必须遵守商户政策 5.4 和商户政策 7.5 中有关确认妥投时效的要求。

如果此类订单从位于中国内地的仓库发货，一经发现，每个违规订单将被处以 100 美元赔款。

目前，商户仅可将芬兰路向的订单从"A+ 物流计划"中移除。

"A+ 物流计划订单"只有满足了以下条件要求才可能有资格更快速地获得付款资格（即订单已确认履行之后第 10 个自然日获得付款资格）：

店铺必须在订单释放至商户账户时拥有白银、黄金或铂金店铺排名。

"A+ 物流计划订单"必须拥有一个可跟踪的确认履行时间点。

"A+物流计划订单"需在订单释放时间之后168小时（即7个自然日）内被配送到指定的仓库。

尤其针对更快速获得付款资格的利好，若以上三项要求均满足，UTC时间2019年12月6日0时起释放至商户账户的"A+物流计划订单"或在订单已确认履行之后第10个自然日获得付款资格。

商户可通过以下商户平台路径查看到哪些"A+物流计划订单"更快速地获得付款资格。

（1）在商户平台中访问"订单—历史记录"或"订单—待处理"页面，并锁定View Product（SKU）列表下方带有绿色图标的订单。

"订单—历史记录"页面，如图5-15所示。

图　5-15

"订单—待处理"页面，如图5-16所示。

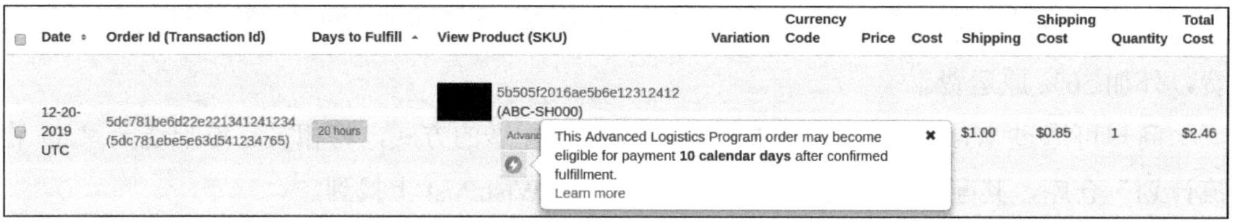

图　5-16

（2）在"订单—历史记录"页面，单击Payment Status（支付状态）列表下方的链接，可查看支付状态，如图5-17所示。

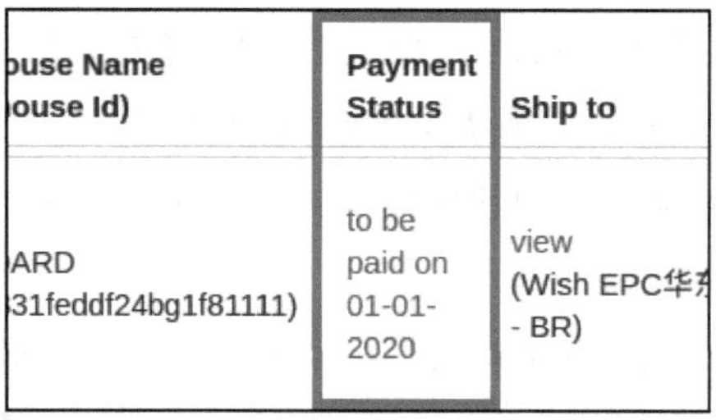

ouse Name (ouse Id)	Payment Status	Ship to
ARD (31feddf24bg1f81111)	to be paid on 01-01-2020	view (Wish EPC华东 - BR)

图　5-17

在紧接着跳出的窗口中，查看Eligible for Payment Date（可支付日期）一行旁的提示信息，以了解更多细节，如图5-18所示。

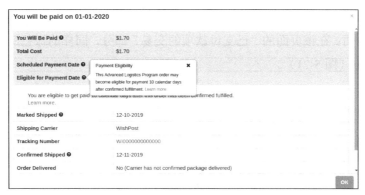

图　5-18

（3）通过订单 ID 访问详情页。指示更快速获得付款资格的绿色图标将出现在页面左侧列表中 Payment information（支付信息）一栏旁，如图 5-19 所示。

图　5-19

请注意浏览到该页面最下方的"支付信息"部分，单击"查看详细信息"，跳出的窗口可向商户显示更多相关细节，如图 5-20 所示。

图　5-20

（4）查找到"账户—付款历史记录"页面，单击付款 ID 下方的链接而到达相应付款项的付款详情页面。在该页面的"已支付款项的交易"部分，同样的绿色图标将出现在"订单 ID"列表下方（图 5-21）。

图　5-21

若商户在 Wish 商户平台中开启的国家 / 地区路向属于"A+ 物流计划"所支持的国家，则该路向的订单将被自动纳入"A+ 物流计划"。

在 Wish 商户后台的"订单—待处理"页面中，"A+ 物流计划订单"将在订单的"查看产品（SKU）"列下，显示"A+ 物流计划"的标志，如图 5-22 所示。

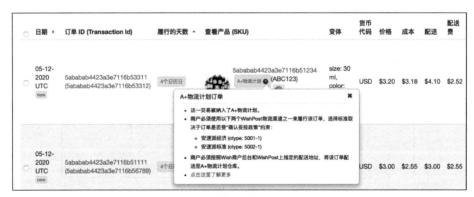

图　5-22

凡符合"A+ 物流计划"条件的订单，将会展示"A+ 物流计划订单"的标志。商户须按规则使用合适的"A+ 物流计划"WishPost 物流渠道（即"安速派经济"或"安速派标准"），将相关产品订单配送至 Wish 商户平台和 WishPost 上指定的"A+ 物流计划仓库地址"。

请看下方一份订单履行流程图（图 5-23）。

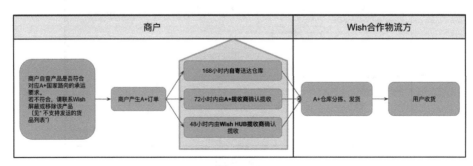

图　5-23

知识点 5：Wish 订单的处理

首先要关注履行天数，这个履行天数是指从客户下订单一直到商户在后台单击配送，填写发货单号。Wish 承认的最长履行天数为 5 天，要求商户在 5 天之内一定要点配送并填写物流单号，否则订单会被自动退款。

其次需要注意的是总成本，这里的总成本是已经去掉了平台 15% 佣金的价格，也就是商户最终收到款项时所得的金额。

最后还要注意"措施"这个按钮，单击"措施"按钮之后会出现一大串菜单栏，里面有所有订单的详细信息，如单击"查看状态"，可以看到订单详细的物流状态，单击"配送"按钮就可以发货了。如果有一些地址上的错误需要用户去进行变更，商户就可以单击"联系用户"去进行提醒。

注意需要确认妥投的 Wish 订单。

还需要注意，有些订单会出现需要确认妥投的标识，这就表明物流信息需提供最后一层的跟踪信息，且订单必须在 30 天内确认妥投，另外订单还必须 7 天内确认发货。

对未处理订单单击"配送"按钮之后，会出现什么样的界面？不需要确认妥投的订单和需要确认妥投的订单在单击"措施"—"配送"后，出现的 Save Shipping Information 界面有所不一样，如图 5-24 所示。

图　5-24

需要确认妥投的订单单击"配送"后会出现一个红色框提示：受确认妥投政策影响的订单须使用确认妥投政策认可，可提供最后一公里物流跟踪信息的物流服务商来进行配送。大家可以单击这里的超链接来查看确认妥投政策认可的物流服务商有哪些。

如果说产品销售的目的地大多数都是需要确认妥投的，或者是产品的金额大多数都是需要妥投的，则建议选择确认妥投政策认可的物流服务商来进行配送，这样可以降低因为物流风险因素导致的退款。

查看 Wish 认可的物流服务商：

路径：Wish 商户后台单击"业绩"—"物流表现"—"路向指南"，就可以看到针对不同目的地 Wish 平台认可的所有物流服务商。Wish 平台把所有的物流服务商根据他们表现的优劣分为四个等级。

以下是一些不同情况订单的案例。我们将解释哪些订单会受到确认妥投政策的影响。

（1）商户有一款产品单价是 9.00 美元，运费是 1.00 美元，因此总价为 10.00 美元。该产品收到一个来自法国路向的订单。那么该订单需按确认妥投政策进行考核。

（2）商户有一款产品单价是 3.00 美元，运费是 1.00 美元，因此总价为 4 美元。该产品收到一个来自法国路向的订单。该订单无须按确认妥投政策进行考核。

（3）商户收到来自美国路向价值 14 美元的订单，该订单包含两款产品。第一款产品的单价是 5.00 美元，运费是 1.00 美元。第二款产品的单价是 6.00 美元，运费是 2.00 美元。以上两款产品的总价分别是 6.00 美元和 8.00 美元。这两款产品的总价都不到 10 美元。因此，该价值 14 美元的订单无须按确认妥投政策进行考核。

（4）商户有一款产品单价是 9.00 美元，运费是 1.00 美元，因此总价为 10.00 美元。该产品收到一个来自加拿大路向的订单。该订单需按确认妥投政策进行考核。

（5）商户有一款产品单价是 9.00 美元，运费是 1.00 美元，因此总价为 10.00 美元。该产品收到一个来自墨西哥路向的订单。该订单需按确认妥投政策进行考核。

（6）商户有一款产品单价是 1.00 美元，运费是 1.00 美元，因此总价为 2.00 美元。该产品收到一个来自哥伦比亚的订单。该订单无须按确认妥投政策进行考核。

（7）商户有一款产品单价是 6.00 美元，运费是 4.00 美元，因此总价为 10.00 美元。该产品收到一个来自阿根廷的订单。该订单需按确认妥投政策进行考核。

查看产品价格和运费：可以通过路径"产品"—"查看所有产品"，进入相关页面查看详情（图 5-25）。

图　5-25

查看产品是否受妥投政策影响且需要确认妥投：可以通过路径"订单"—"未处理"，确认订单是否受确认妥投政策影响。需要确认妥投的订单将展示对应标识。该标识同样会出现在"订单—历史记录"页面的需确认妥投订单中。如图 5-26 所示。

图　5-26

受确认妥投政策影响的目的国有：阿根廷、加拿大、智利、哥伦比亚、哥斯达黎加、丹麦、法国、德国、意大利、墨西哥、俄罗斯、沙特阿拉伯、西班牙、瑞典、英国和美国。

受确认妥投政策影响的订单需满足如下要求。

（1）订单必须在配送过程中提供有效物流信息。

（2）订单必须在 7 天内确认发货。

（3）订单必须在确认发货 30 天内，由物流服务商确认妥投。

（4）订单必须由能够提供最后一公里物流跟踪信息的确认妥投物流服务商配送。

需确认妥投订单有效跟踪比例，确认妥投比例过低或预履行取消率过高的店铺将有被暂停交易的风险。

政策生效时间：此政策将适用于所有 PST 时间 2018 年 4 月 9 日 17 时后产生的订单。

对于 PST 时间 2018 年 4 月 9 日 17 时之前产生的订单，仍遵循之前不同目的国家对应的"价格＋运费阈值"政策要求：加拿大 $0（现在调整为 $10），沙特阿拉伯 $7（现在调整为 10），阿根廷 $5（现在调整为 $10），墨西哥、智利、哥伦比亚 $3（现在调整为 $10）。

查看需确认妥投订单的配送及物流表现：请访问确认妥投表现页面，查看需确认妥投订单的配送及物流表现。

确认妥投物流服务商可提供最后一公里物流跟踪信息：请访问确认妥投物流服务商页面，查看能提供最后一公里物流跟踪信息的物流服务商列表。温馨提示，确认妥投物流服务商拥有不同等级的物流服务（不同资费）。为更好遵守平台政策，请你选用物流服务商所提供的最适合等级的物流服务，同时确保所选物流服务产品能提供最后一公里物流跟踪信息。

知识点 6：Wish 平台标记发货

待履行的 Wish 订单都会显示在"订单"—"未处理"页面里。可以在此浏览具体的订单信息、联系用户、编辑配送地址及进行标记发货操作。无法在 5 天内发货的订单会被自动退款。在顶部导航栏，单击订单—未处理，即可找到你的新订单。以上操作将跳转到 http：//merchant.Wish.com/transactions/action.

一、为单个订单标记发货

找到对应的订单，单击该订单所在行最右端的操作按钮，然后单击"配送"按钮，如图 5-27 所示。

可在如图 5-28 所示处填写包裹尺寸或选择"跳至 doit myself"直接选择物流承运商并填入物流单号，如图 5-29 所示。

图 5-27

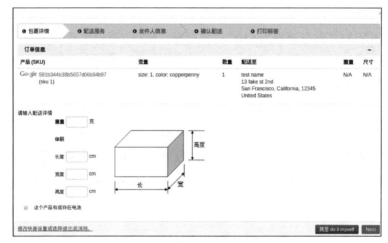

图 5-28

图 5-29

单击 Next 将订单标记为已发货。完成此操作后用户会收到一条通知,提示:①购买的产品已发货。②订单的物流信息。

二、手动为多个订单标记发货

也可以一次性将多个订单标记为"发货"状态。选择你想要标记发货的订单，如图 5-30 所示。

图 5-30

单击未处理订单页面上方的"配送选定商品"，如图 5-31 所示。

图 5-31

这时会弹出一个新窗口，可在此窗口中为多个订单填物流信息。请反复确认为所有订单填入准确的物流单号且物流单号与订单能够一一对应，如图 5-32 所示。

图 5-32

当你完成填写后，单击"全部配送"就完成了。

你不需要联系用户告知他们的物流单号和查询链接。当一个订单标记发货后，它会从未处理订单中转移到历史记录中。如果你要查看已发货的订单，可单击导航栏中订单—历史记录，该操作将会使页面跳转至 http：//merchant.Wish.com/transactions/history。

三、通过批量编辑文件为多个订单标记发货

对于每天接受大量订单的商户，可以通过批量编辑文件为多个订单标记发货。开始之前，需要创建一个 CSV 文件，这个文件须包含正在履行的订单信息。从商户平台上方导航栏中进入订单—完成订单—完成 CSV 文件。页面将会跳转至 http：//merchant.Wish.com/fulfill-order，如图 5-33 所示。

图 5-33

当上传批量编辑文件时，文件中每一列需包含该订单的订单 ID 和物流承运商。如还需要填入物流信息，也可以在对应的订单中增加一列为物流单号信息。

四、Wish 发货步骤

使用商家账户登录 Wish 商户平台，查看相关通知。当 Wish 卖家有需要履行的订单时，系统会通过卖家提供的邮箱地址提醒您发货。在订单菜单中看到有红色提示，其中的数字是指新的 / 审核中的或还没有进行发货订单的数量。

接着进入待发订单列表，待履行的 Wish 订单都会显示在"订单"—"未处理"页面里。你可以在此浏览具体的订单信息，并可以进行联系用户、编辑配送地址及进行标记发货操作。需要注意：无法在 5 天内发货的订单会被自动退款。

1. 单个订单标记发货

找到对应的订单，单击该订单所在行最右端的操作按钮，然后单击"发货"。也可填写包裹尺寸或选择"跳过此步骤"直接选择物流承运商并填入物流单号。单击"下一步"，将订单标记为已发货。

2. 多个订单标记发货

订单较多时，也可以一次性地将多个订单标记为"发货"状态，选择统一发货。然后单击未处理订单页面上方的"配送选定商品"，在弹出的新窗口中，为多个订单填物流信息。完成填写后，单击"全部配送"即可。

3. 用 CSV 文件批量发货

面对大量订单，卖家可以通过批量编辑文件为多个订单标记发货。

需要创建一个 CSV 文件，这个文件中须包含卖家正在履行的订单信息。从商户平台上方导航栏中进入订单—完成订单—完成 CSV 文件。

上传批量编辑文件时，文件中每一列需包含该订单的订单 ID 和物流承运商。如还需要填入物流信息，也可在对应的订单中增加一列为物流单号信息。

成功上传 CSV 文件后，将批量编辑文件中的订单属性映射到 Wish 平台上。

确认所有信息显示都是正确以后，单击"提交"，来导入批量编辑文件到 Wish 平台。提交了批量编辑文件后，可在订单—完成 CSV 文件状态中查看上传状态。

Wish 平台本身除了 Wish post 没有别的物流服务，而且 Wish 新规出台后，发货时效要求更高了。Wish 卖家在稳健运营的同时，也要为自身多做打算。Wish 卖家可以择优寻求一家海外仓进行合作。

知识点 7：Wish 平台的运营主要指标

Wish 的售后指标考核是相当复杂的，需要卖家认真地根据要求来调整和应对。

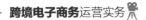

一、发货速度（权重很高）

（1）订单响应时间系统要求 2 天之内上传订单号是最好的。

（2）系统跟踪到时间系统要求 3 天之内能在网上查询到订单号。

（3）配送完成时间系统要求 14 天之内是最好的。

二、订单满足率（无货退款率）

（1）涉及用户体验。

（2）无货产品尽量不要在前台显示（下架）。

（3）不要只是把库存量设置为"0"。

三、Ticket 处理速度以及投诉率

（1）投诉、售后问题都用 Ticket 来呈现。

（2）Ticket 显示出来会有延时（Wish 先审）。

（3）尽量在 24 小时之内处理，越快越好。

四、商品反馈评价（权重一般）

对产品和服务质量的评价，商家无法删除，可以与客户协商，但是不能打扰客户，不要向客户索要好评。

五、系统取消订单，消费者取消订单

（1）高风险订单。

（2）售后处理不及时。

（3）在单号上网之前，消费者有权利取消订单。

六、系统退单率（Wish 主动退款，Wish 承担）（权重高）

客户投诉（质量不好、尺码错误、不合身、货物损毁、与描述不符等），客户要求退款。

知识点 8：Wish 平台的运营

一、Wish 平台运营中的误区与思维

（一）Wish 平台运营中的误区

看哪家店铺产品卖得好，我就跟卖。店铺没流量没生意，我就去刷单，以虚假地加大收藏、点击、购买等数据来带动真实的购买。这是很多 Wish 新手卖家都存在的误区。

据不完全统计，96.9% 刷过单的受访者觉得刷单"没用"！另外 3.1% 则表示"刷单后好像有来几单生意，但是之后又恢复正常，照样没单"。所以先抛开商道不说，其实跟卖和刷单是非常非常愚蠢的做法。

为什么呢？原因就是没有弄明白 Wish 算法和平台的特性。Wish 是移动平台，屏幕小，瀑布流展示方式，淡化搜索和店铺功能，采用根据标签、诚信、店铺等级的推荐算法进行推送。

Wish 推荐算法的标准依据如下。

依据一：违规率（是否诚信店铺、仿品率小于 0.5%）。

依据二：迟发率（履行订单的时效、订单上网时效）。

依据三：取消率（有买家取消订单和卖家因缺货等各种原因取消订单，超标是会封店的）。

依据四：有效跟踪率（物流渠道不好，订单长时间才能出现跟踪信息，尤其是平邮，则不靠谱）。

依据五：签收率（能在规定时间内签收是会加分的）。

依据六：订单缺陷率（中评、差评、投诉、纠纷）。

依据七：退款率。

依据八：退货率。

依据九：反馈及时率（客户给你发 Tickets，一定要及时回复，换位思考，没人喜欢等待。）

依据十：推送转化率。

以上大致就是 Wish 平台推送产品的依据核心维度，你满足了条件，系统就会帮你推送，这就是很多卖家反映某天会看 Wish 店铺流量激增的原因，但是如果你的产品推送转化率无法达标，那系统不会在不受欢迎的产品上浪费太多时间，会把推送机会转到下一个符合条件的产品，所以会出现流量图像坐过山车的景象。遗憾的是，很多卖家看到这种过山车图没有引起警惕，只会抱怨，而不知道重新定位产品策略，调研开发上架受欢迎的产品或优化产品，实在是很可惜。

（二）Wish 平台运营的思维

1. 碎片化思维

碎片化思维即是地点碎片化、时间碎片化、需求碎片化。如何运用到 Wish 平台上呢？在回答这个问题之前，大家把下面几个问题解答了，自然答案就正确了。

（1）如何让用户在碎片时间主动找到你的产品？

（2）如何让用户在一分钟内决定购买你的产品？

（3）如何在一个碎片小窗口里提供令客户尖叫的商品和服务？

（4）如何通过全渠道覆盖用户的全部碎片时间？

2. 粉丝思维

我们从 iPhone、小米的成功，诺基亚、摩托罗拉的黯然失败可以看到得粉丝才可以得天下。

（1）一定要重新定义品牌的理念和价值的主张，吸引同频道的粉丝，参考"苹果粉"和"米粉"。

（2）一定要将品牌的消费部落打造成粉丝温暖的精神家园。在 Facebook 群组的建设就是经典。

（3）一定要激发出粉丝的激情和参与感，小米手机是发布 miui 系统后根据粉丝的意见每周升级，"米粉"们的自己意见得到重视，有的意见甚至被采用，这种参与感是无法形容的。Wish 平台节省了与客户对话的环节，但是在 Facebook 的社群，就可以畅所欲言，帮助客户满足他们的美好愿望，使客户参与到销售活动中来，从他们晒出把产品推荐给身边小伙伴的照片看到，就是一种参与。

3. 快

"天下武功无坚不破，唯快不破。"引用这句火云邪神的话来点题实在再恰当不过了，因为在移动互联网时代，人们的在线时间从过去的 6 小时延长至 18 小时以上，所以我们得到优势和失去优势的时间可能是同样的短。因此我们要解决如何快速找到发展的道路，并且将整个组织的速度和用户的速度协调一致，如果客户买个东西等你发平邮几十天才到货，这种速度，除了无语，只能无语。

4. 第一思维

这不是移动互联网才有的产物，现实世界就如此，很少人记得第二名，只是在移动互联网更上了一层楼而已，所以如何在用户心里建立第一地位，除了品牌，只能是品牌了。

（三）商品的授权

如果你正在销售的产品有合法授权，你有责任提交充分的授权证据。授权包括以下三种类型。

（1）你是知识产权（商标、专利或版权）所有者。

（2）你拥有知识产权所有者的官方授权。

（3）你的合作供应商分销某品牌产品，且该供应商拥有知识产权所有者的转售授权。

如果你不符合以上三种类型的任意一种，即不具备品牌授权资格。

（1）如果你是知识产权所有者，需要提供：商标、专利、版权的证明图片；证明文件所示的姓名或实体须与店铺信息相符；可证明你是证明文件所示姓名或实体的有效证据。

（2）如果你拥有知识产权所有者的授权，需要提供：商标许可证、专利证明、版权证明；知识产权文件的图片；给予产品售卖权利的授权书；知识产权所有者的联系方式；授权书务必带有知识产权所有者公司的抬头，提供的联系方式务必与在授权书上签字人的联系方式一致。

（3）如果你的合作供应商分销某品牌产品，且该供应商拥有知识产权所有者的转售授权，你需要提供以下材料：商标许可证、专利证明、版权证明；知识产权文件的图片；证明该供应商有转售授权的文件；证明你与该供应商合作伙伴关系的文件；该供应商业务发展代表的联系方式。

若需提供你的供应商拥有转售授权的证明文件，你可提供如下任一文件：知识产权所有者提供给你供应商的转售权利授权书；你供应商开具的可确认他们拥有来自知识产权所有者转售授权的证明。

若需提供你与供应商合作伙伴关系的证明文件，你可提供如下任一文件：供应商开具的合作关系证明，以此确认该品牌产品转售权利；近期从供应商处采购该品牌产品的发票。

Wish 平台尊重并保护知识产权。Wish 平台严禁销售仿品。卖家有责任确保所售产品未侵犯第三方合法权益。

Wish 平台对仿品和侵犯知识产权采取严格的零容忍政策。

审核所有产品是否属于伪造品，是否侵犯了知识产权。如果发现某款产品违反了 Wish 平台的政策，则会将其删除并扣留所有付款。商户将会被罚以每个仿品 10 美元。

自 2019 年 1 月 15 日 0 时起（世界标准时间），该项罚款金额提高至每个伪造品 50 美元。

商户可对这些罚款进行申诉。

从 2018 年 5 月 14 日 0 时（太平洋时间）开始，如果商户反复刊登侵犯他人知识产权的产品，那么相关侵权产品将会被系统移除，商户账号也将面临至少 500 美元的罚款和 / 或被暂停交易的风险。如果商户持续地反复侵犯他人的知识产权，那么该账号将面临更高的处罚。当产品被发现侵犯知识产权后，商户可针对所选产品提交产品编辑请求。产品编辑请求可以更新产品以便删除侵犯知识产权的元素。然而，商户不得将产品完全变更为另一个全新的产品。

在商户提交产品编辑请求之后，Wish 平台管理员将对其进行审核。

如果产品编辑请求获得批准，产品将根据编辑请求进行更新；产品将被重新激活；与产品相关的订单货款将被释放。

如果产品编辑请求未获批准，不会有任何后果：商家不会受到额外的罚款，也不会面临停业的风险。

商家可提交其他产品编辑请求。

在编辑产品以删除侵犯知识产权的元素时，商家应从产品列表中删除以下内容：产品名称及产品描述中的你未被授权出售的品牌名称；所有图片中的品牌标识、品牌名称、品牌包装和品牌标签；所有图片中的模糊标签；所有图片中的名人或名模；所有图片中脸部模糊的模特。

提交产品编辑请求的步骤如下。

（1）单击与该产品相关的违规页面底部的"编辑产品列表"按钮。

（2）编辑并移除产品列表中涉及品牌的信息：产品标题；产品描述；所有产品图片。

（3）当你将所有涉嫌侵权的品牌信息移除后，单击"提交编辑请求"。

重新编辑的产品列表将会被再次审核。

Wish 平台尊重并保护第三方知识产权，在 Wish 平台上销售伪造品牌产品是严令禁止的。卖家有义务确保销售的产品未侵犯任何第三方的合法权利。

以下产品将被视作"伪造品"：直接复制或模仿暗指某一知识产权产品；产品命名与知识产权所有者的命名相同或基本无法区分；产品图片中包含名人或知名模特照片；在知识产权拥有者不知情及未授权情况下的销售是严令禁止的。

以下是将被视作伪造品并禁售的产品示例：欲了解更多，请访问 https：//merchant.Wish.com/policy/inAppropriate-reasons/1。

（1）直接模仿或复制某一品牌或 Logo 的产品，如图 5-34 所示。

图　5-34

若产品信息中出现品牌 Logo 或品牌名，如 D&G、Tommy Hilfiger 或 Oakleys，那么此产品将被视作伪造品。

（2）与某品牌或 Logo 相似的产品。使用与品牌相似但不完全相同的 Logo 的产品，将被视作故意误导用户认为购买的是品牌产品。

（3）修改遮盖品牌或 Logo 的产品，如图 5-35 所示。

图　5-35

明显的模糊或用画笔遮盖以隐藏品牌标志的产品将被视作伪造品。若产品图片背景中出现品牌标志，也会被视作伪造品（不论是否遮盖）。

（4）模仿品牌设计和图案的产品。有些品牌用细微标志进行辨别。例如，为独特的红色鞋底高跟鞋注册商标。Levi's 为针脚设计及口袋旁的红色标签注册商标。还有 Burberry 的格纹设计图案也是商标。模仿品牌设计的产品将被视作伪造品。

（5）出现名人或知名模特的产品，如图 5-36 所示。

图　5-36

使用知名模特或人物照片的产品将被视作伪造品。许多此类产品都是模仿名人身着服装的设计。

（6）图片中展示品牌名称的产品。将产品与带品牌信息的包装盒或衣架等一同拍摄并作为图片的产品会误导用户，这些产品将被视作伪造品。

（7）图片中模糊或遮挡人物面部的产品，如图 5-37 所示。

图　5-37

Wish 平台严令禁止商户未经允许使用任何网站、博客等渠道的图片。

二、Wish 平台运营技巧

（1）批量上传并不代表不细致。批量上传，对 Listing 进行逐条手工优化，使每个产品对应自己的 Tags，使定位更精准，提高曝光量。参考 Wish 大卖家标题表达，人工细致优化 Title，突出了关键词。

（2）注册多账号不是做大的必然条件。除非产品的 SKU 很多，可以分账号、分类别来销售，否则基本没有什么特别大的意义。注册多账号，产品雷同，会降低客户对 Wish 平台的购物体验，Wish 平台也会对多账号重复铺货进行严格管理，这也是 eBay 和速卖通同样面临的问题。

（3）Wish 平台不提供比价功能。那么 Wish 平台是如何决定一个卖家商品的排名规则的？有什么决定曝光率的算法吗？

Wish 联合创始人 Danny 说过："Wish 追求简单直接的风格，无意讨好大卖家，也不扶持小卖家。Wish 是一个比较简单的技术性公司，偏重于让数据和发生了的事情来决定平台的走向。"

这就说明，作为卖家，其实不用挖空心思去研究 Wish 的排名算法规则。Wish 平台，客观上讲就是，一个商品，买的人多了，它的曝光率就高，曝光率越高，买的人越多。规则很简单，根据客户的喜好决定你产品的推送力度。

（4）Wish 平台不同于 eBay 和速卖通平台。Wish 平台的客户 95% 来自 Facebook，根据用户在 Facebook 上的喜好与兴趣进行数据分析和挖掘，很谨慎地向他们推送他们有可能喜欢的产品。所以 Wish 平台的营销最主要是 Facebook 营销。

（5）价格战完全不适用于 Wish 平台。eBay 和 Aliexpress 的大卖家都非常热衷于打价格战，在 Wish 平台也有很多卖家参与价格战，主动也好，被动也罢，结果只能降低利润。在 eBay 和 Aliexpress 的排名算法基因中，价格权重天生就是相当大的。

（6）Wish 平台的基因决定了价格不是最重要的权重。Wish 是个简单的移动端平台，页面展示的空间也有限，不提供比价功能。

（7）平台面前人人平等。Wish 平台的毛利润率目前设置在 30% ～ 40%。至于合理范围是多少，要根据公司具体情况而定。如果你的产品非常有个性化，同质化不严重，那么你就算定 50% ～ 100% 的毛利润率也都可以。如果卖的是大路货，那么 30% ～ 40% 的毛利润率是 OK 的。不要卖得太便宜，或者为了短时间内提高销量而平价或者亏本销售，因为 Wish 上价格不敏感，你卖那么便宜没意义。Wish 平台不偏袒大卖家，也不支持小卖家。

（8）客户体验：用最好的物流。做好 Wish 的第一个重要环节就是物流方面，要尽快把货物发出去，尽快上网，选用好的物流方式，让客户尽快收到。一分价钱一分货，最贵的通常是最好的。

（9）标题不要堆砌关键词。描述中也不要故意提高关键词密度，Tags 要精准，一定要仔细优化。你要想想，Wish 平台的两个创始人分别来自 Google、Yahoo，对排名搜索的算法研究很精通，不要拿 eBay 和速卖通上的那些小伎俩去"欺骗"平台。有时间，认真了解下 Google 的排名算法，也许对你很有帮助。顺便说一下，Wish 的描述是纯文本的，很简单。描述就写产品的描述，不要去写 Shipping Policy, Feedback Policy 这些废话。

（10）没有必要去花时间花精力去琢磨什么技巧，因为根本没有什么技巧。很多人都是忽略了根本性的东西，一上来就奔"高大上"，试想连地基都没打好，怎么可能做大、做强？认真通读一遍 Wish 官网上的卖家规则，然后完全按照规则办事，同时回归到优化产品自身的本质上，稳扎稳打，你会有意想不到的收获。

三、Wish 平台的关键词设置技巧

1. Tags 设置要精准

对于 Wish Tags 的设置，不是关键词的堆砌，而是精准关键词的匹配。在别的平台上，可能为了让产品有更多的曝光量，堆砌很多相关的、不相关的偏冷门的词语，但在 Wish 平台 Tags 的设置中，则一定要尽可能精准。因为只有精准，才能让系统识别中不出错误，才能够把你的产品推送到真正需要的用户面前。

2. Tags 标签不等同于关键词

设置 Tags 之前，卖家需要考虑产品定位、群体属性、目标群体品质诉求，一步步分析下去，新的 Tags 标签就会产生了。

例如，"美瞳产品"热门的标签有 Contact Lenses，Eye，Blues，Makeup，Eye Makeup，Angel，Beauty，Eye Shadow，Fashion Accessories，Health & Beauty。

其实，Wish 产品发布中的 10 个 Tags 标签的设置，应该以 N 个 Tags 标签 +N 个产品关键词的方式设置更适宜。注意两个挨在一起的标签一定要有关联，买家在搜索中可能不是搜索你的产品，但如果你的标签和这个产品有关联，有可能也会将你的产品推送到买家的眼前，从而增加成交量。

3. 参考热卖品的 Tags 写法

参考热卖品的 Tags 写法也是一种方式，但不是让你照搬照抄。也可以去 eBay 和速卖通上搜索关键词，进行参考。

4. 在 Tags 加入小语种关键词

Wish 标签一般都是英文，很多小语种国家的人在搜索自己喜欢的产品时，第一反应是使用自己的母语，假如你的部分品类针对的地区已经明确，不妨另辟蹊径，使用德语、法语等进行 Tags 的设置，那么你的产品就有可能被更多的用户收到。

知识点 9：模拟平台销售操作

我的同事告诉我，我已经在我的 Wish 平台完成了商品发布的任务，接下来开始处理客户订单，如图 5-38 所示。

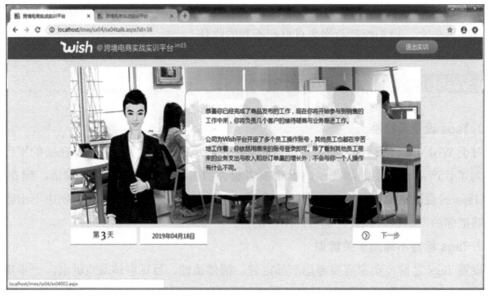

图 5-38

单击"下一步",则会看到有新邮件到达,如图 5-39 所示。

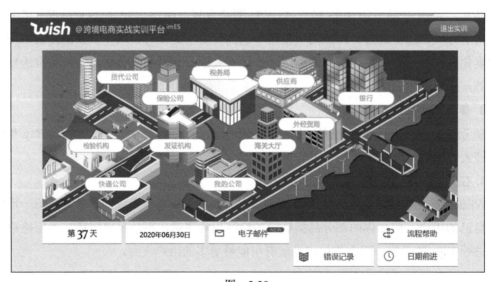

图 5-39

此时,邮件的内容显示,我们收到了客户的订单,让我们完成发货安排。返回"我的公司",到我们的电脑桌面中进入"ERP"进行"订货"操作。

之后需要到快递管理中查看是否有待发货订单,如果有,则单击"发货",这里快递公司默认选择 Wishpost(Wish 邮),其相关协议附后,如图 5-40 所示。

国际快递发件

| 订单编号 | 00000100812 | ⌄ |

	客户名	PRESENT ENTERPRISE CO.,LTD
客户信息	地址	P.O.BOX 665,SUNGAI PETANI,DERBY,Derby,BRITAIN
	商品总重	23.45千克
	商品体积	0.084立方米

| 快递公司 | Wishpost | ⌄ |

快递总价　¥ 59.64

| 商品名称：**松木地板** | | | 单位: **件/个** |

| 商品详细 | 颜色 | 售价 | 数量 |
| | TO87 | $12.85 | 7 |

$ 99.41

发货

图　5-40

注意：日期每前进一天都会产生一个新的订单需要处理，直到收不到新的订单邮件，才算完成所有的订单处理。我们收到的所有客货订单默认都是从 FBA 海外仓库进行发货，在产生订单的过程中注意海外仓库存，及时进行补货。

确认完成所有订单后，到"日期前进"单击"到最后一天"。当还有订单没有处理就会提示不能到最后一天。这时就需要去检查一下订单是否全部处理完毕。

一、思考题

1. 相对于其他跨境电商平台，Wish 平台有哪些特点？

2. 哪些产品属于 Wish 平台的禁售品？

3. Wish 平台对促销产品有哪些规则？

4. 订单履行有哪几个环节？应该注意哪些问题？

5. 如果你的合作供应商分销某品牌产品，且该供应商拥有知识产权所有者的转售授权，你需要准备哪些材料？

6. 简述 Wish 平台手动添加产品的步骤。

7. 在 Wish 平台上高质量的"清晰图片"具有哪些特质？

8. Wish 平台上的常用促销手段有哪些？

9. Wish 平台中关键词设置需要注意哪些问题？

10. Wish 平台中产品定价必须考虑哪些因素？

二、实训题

利用跨境电商实训平台（http：//103.38.252.123/imes/）完成 Wish 平台案例实训任务。

参 考 文 献

[1]　柳永浩 . 亚马逊经济学 [M]. 北京：电子工业出版社，2014.

[2]　丁晖 . 跨境电商多平台运营 [M]. 北京：电子工业出版社，2016.

[3]　阿里巴巴（中国）网络技术有限公司，浙江商业职业技术学院 . 跨境电商 B2B 立体化实战教程 [M]. 北京：
　　　电子工业出版社，2019.

[4]　阿里巴巴商学院 . 跨境电商运营实务：跨境营销、物流与多平台实践 [M]. 北京：电子工业出版社，
　　　2019.

[5]　速卖通大学 . 跨境电商：阿里巴巴速卖通宝典 [M]. 2 版 . 北京：电子工业出版社，2015.

[6]　易传识网络科技，丁晖 . 跨境电商多平台运营：实战基础 [M].2 版 . 北京：电子工业出版社，2017.

[7]　关继超 . 跨境电商 [M]. 广州：广东人民出版社，2016.

[8]　Wish 电商学院 . Wish 官方运营手册 [M]. 北京：电子工业出版社，2019.

[9]　叶华 . 从亚马逊看进口跨境电商问题 [J]. 现代商贸工业，2015（15）.

[10]　陈伟东，朱建明 . 跨境商务中的支付风险分析与对策建议 [J]. 管理现代化，2016（2）.

[11]　吕宏晶 . 中小外贸企业借用速卖通平台实行运营的主要环节及操作方法 [J]. 对外经贸实务，2016（9）.

[12]　郑海宇，李林 . 第三方跨境支付平台的现状分析及建议 [J]. 物流科技，2017（1）.

[13]　张夏恒 . 跨境电子商务支付表征、模式与影响因素 [J]. 企业经济，2017（7）.

[14]　刘存丰 . 速卖通与亚马逊的跨境支付模式比较研究 [J]. 中国商论，2017（28）.

[15]　陈尔东 .Amazon Go 无缝购物体验的营销启示 [J]. 新营销，2017（3）.

[16]　张鑫 . 亚马逊平台的中小卖家如何做好站内引导流量的几点思考 [J]. 对外经贸实务，2017（8）.

[17]　苏旭，籍慧娟，孙邢安 . 亚马逊跨境电商平台吸引站内流量的几点启示 [J]. 改革与开发，2018（15）.

[18]　周世平，张梓锐，陈树漫 . 跨境电商运作分析——以亚马逊平台为例 [J]. 物流技术，2018（12）.

[19]　张秀飞 . 亚马逊平台上如何打造高质量的产品 LISTING[J]. 现代营销，2019（4）.

[20]　唐艳，崔丽芳 . 基于亚马逊平台的在线 listing 界面优化对策 [J]. 现代商业，2020（9）.

[21]　郑碧莲 . 亚马逊平台上商品标题和推介英文文本特征分析 [J]. 时代经贸，2020（3）.

[22]　阿里巴巴国际站 . 疫情期间信用保障（TA）＋一达通资金外汇业务相关 FAQ [EB/OL].（2020-02）.

[23]　阿里巴巴国际站 . 新手商家必修课 [DB/OL]. 阿里巴巴外贸学院，2020.

[24]　阿里巴巴国际站 . 商家星等级必修课 [DB/OL]. 阿里巴巴外贸学院，2020.

[25]　黄仙姜 . 外贸单证操作实务 [DB/OL]. 道客巴巴，2017.

[26]　https://sell.aliexpress.com/zh/__pc/newsellerlanding.htm.

[27] https://sell.aliexpress.com/zh/__pc/NewSellerGuidelines.htm?spm=5261.11333555.100.3.68e42fe0UTnZyN.

[28] https://sell.aliexpress.com/zh/__pc/rules/index.htm?spm=5261.ams_93381.100.22.a2742df1Tk0kca.

[29] https://sell.aliexpress.com/zh/__pc/ForeverLily.htm?spm=5261.11333555.0.0.30b32fe0a4M6PR.

[30] https://service.aliexpress.com/page/knowledge?pageId=42&category=1000013524&knowledge=1060040809&language=zh.

[31] https://sell.aliexpress.com/zh/__pc/post001.htm?spm=5261.8113681.0.0.142970faizo4pv.

[32] https://sell.aliexpress.com/zh/__pc/ipr_rules.htm?spm=5261.8113681.0.0.293270fa7RPZbA.

[33] https://sell.aliexpress.com/zh/__pc/d.htm?spm=5261.8113035.110.2.5ccd7c27wvqliP.

[34] Wish 如何优化产品最有效？Wish 产品优化步骤分享 [EB/OL]. (2020-09-04). https://www.sohu.com/a/412620730_120724779.

[35] 干匠 .Wish 上传产品后，怎样获得平台推送？[EB/OL]. (2018-04-02). https://www.cifnews.com/App/postsinfo/23413.

[36] Wish 商户平台 [EB/OL]. （2020-05-09）. https://merchantfaq.Wish.com/hc/zh-cn.

[37] Wish 图片处理要求 [EB/OL]. （2016-09-28）. https://www.chinaz.com/biz/taoke/2016/0928/587300.shtml.

[38] Wish 爆款产品优化方案全揭秘 [EB/OL]. （2016-12-28）. https://www.cifnews.com/article/23820.

[39] Wish 产品文案优化技巧 [EB/OL]. （2019-06-01）. https://www.sohu.com/a/318026132_100284916.

[40] Wish 产品上架常见问题汇总 [EB/OL]. （2020-07-06）. https://www.cifnews.com/article/71591.

[41] 阿里巴巴国际站，浙江大学中国跨境电子商务研究院 . 中国中小企业跨境电商白皮书 [R]. 杭州：阿里巴巴国际站，2019.

教师服务

感谢您选用清华大学出版社的教材！为了更好地服务教学，我们为授课教师提供本书的教学辅助资源，以及本学科重点教材信息。请您扫码获取。

>> 教辅获取

本书教辅资源，授课教师扫码获取

>> 样书赠送

电子商务类重点教材，教师扫码获取样书

 清华大学出版社

E-mail: tupfuwu@163.com

电话：010-83470332 / 83470142

地址：北京市海淀区双清路学研大厦 B 座 509

网址：http://www.tup.com.cn/

传真：8610-83470107

邮编：100084